I0168774

NORUEGUÊS
VOCABULÁRIO

PORTUGUÊS
NORUEGUÊS

Para alargar o seu léxico e apurar
as suas competências linguísticas

9000 palavras

Vocabulário Português-Norueguês - 9000 palavras

Por Andrey Taranov

Os vocabulários da T&P Books destinam-se a ajudar a aprender, a memorizar, e a rever palavras estrangeiras. O dicionário é dividido em temas, cobrindo todas as principais esferas de atividades quotidianas, negócios, ciência, cultura, etc.

O processo de aprendizagem, utilizando os dicionários baseados em temáticas da T&P Books dá-lhe as seguintes vantagens:

- Informação de origem corretamente agrupada predetermina o sucesso em fases subsequentes da memorização de palavras
- Disponibilização de palavras derivadas da mesma raiz, o que permite a memorização de unidades de texto (em vez de palavras separadas)
- Pequenas unidades de palavras facilitam o processo de estabelecimento de vínculos associativos necessários para a consolidação do vocabulário
- O nível de conhecimento da língua pode ser estimado pelo número de palavras aprendidas

T&P Books Publishing
www.tpbooks.com

ISBN: 978-1-78492-031-9

Este livro também está disponível em formato E-book.
Por favor visite www.tpbooks.com ou as principais livrarias on-line.

VOCABULÁRIO NORUEGUÊS
palavras mais úteis

Os vocabulários da T&P Books destinam-se a ajudar a aprender, a memorizar, e a rever palavras estrangeiras. O vocabulário contém mais de 9000 palavras de uso comum organizadas tematicamente.

O vocabulário contém as palavras mais comummente usadas
Recomendado como adicional para qualquer curso de línguas
Satisfaz as necessidades dos iniciados e dos alunos avançados de línguas estrangeiras
Conveniente para o uso diário, sessões de revisão e atividades de auto-teste
Permite avaliar o seu vocabulário

Características especias do vocabulário

* As palavras estão organizadas de acordo com o seu significado, e não por ordem alfabética
* As palavras são apresentadas em três colunas para facilitar os processos de revisão e auto-teste
* As palavras compostas são divididas em pequenos blocos para facilitar o processo de aprendizagem
* O vocabulário oferece uma transcrição simples e adequada de cada palavra estrangeira

O vocabulário contém 256 tópicos incluindo:

Conceitos básicos, Números, Cores, Meses, Estações do ano, Unidades de medida, Roupas & Acessórios, Alimentos & Nutrição, Restaurante, Membros da Família, Parentes, Caráter, Sentimentos, Emoções, Doenças, Cidade, Passeios, Compras, Dinheiro, Casa, Lar, Escritório, Trabalho no Escritório, Importação & Exportação, Marketing, Pesquisa de Emprego, Desportos, Educação, Computador, Internet, Ferramentas, Natureza, Países, Nacionalidades e muito mais ...

TABELA DE CONTEÚDOS

Guia de pronunciação   11
Abreviaturas   13

CONCEITOS BÁSICOS   15
Conceitos básicos. Parte 1   15

1. Pronomes   15
2. Cumprimentos. Saudações. Despedidas   15
3. Como se dirigir a alguém   16
4. Números cardinais. Parte 1   16
5. Números cardinais. Parte 2   17
6. Números ordinais   18
7. Números. Frações   18
8. Números. Operações básicas   18
9. Números. Diversos   18
10. Os verbos mais importantes. Parte 1   19
11. Os verbos mais importantes. Parte 2   20
12. Os verbos mais importantes. Parte 3   21
13. Os verbos mais importantes. Parte 4   22
14. Cores   23
15. Questões   23
16. Preposições   24
17. Palavras funcionais. Advérbios. Parte 1   24
18. Palavras funcionais. Advérbios. Parte 2   26

Conceitos básicos. Parte 2   28

19. Opostos   28
20. Dias da semana   30
21. Horas. Dia e noite   30
22. Meses. Estações   31
23. Tempo. Diversos   32
24. Linhas e formas   33
25. Unidades de medida   34
26. Recipientes   35
27. Materiais   36
28. Metais   37

O SER HUMANO   38
O ser humano. O corpo   38

29. Humanos. Conceitos básicos   38
30. Anatomia humana   38

31. Cabeça   39
32. Corpo humano   40

Vestuário & Acessórios   41

33. Roupa exterior. Casacos   41
34. Vestuário de homem & mulher   41
35. Vestuário. Roupa interior   42
36. Adereços de cabeça   42
37. Calçado   42
38. Têxtil. Tecidos   43
39. Acessórios pessoais   43
40. Vestuário. Diversos   44
41. Cuidados pessoais. Cosméticos   44
42. Joalheria   45
43. Relógios de pulso. Relógios   46

Alimentação. Nutrição   47

44. Comida   47
45. Bebidas   48
46. Vegetais   49
47. Frutos. Nozes   50
48. Pão. Bolaria   51
49. Pratos cozinhados   51
50. Especiarias   52
51. Refeições   53
52. Por a mesa   54
53. Restaurante   54

Família, parentes e amigos   55

54. Informação pessoal. Formulários   55
55. Membros da família. Parentes   55
56. Amigos. Colegas de trabalho   56
57. Homem. Mulher   57
58. Idade   57
59. Crianças   58
60. Casais. Vida de família   59

Caráter. Sentimentos. Emoções   60

61. Sentimentos. Emoções   60
62. Caráter. Personalidade   61
63. O sono. Sonhos   62
64. Humor. Riso. Alegria   63
65. Discussão, conversação. Parte 1   63
66. Discussão, conversação. Parte 2   64
67. Discussão, conversação. Parte 3   66
68. Acordo. Recusa   66
69. Sucesso. Boa sorte. Insucesso   67
70. Conflitos. Emoções negativas   68

Medicina	70
71. Doenças	70
72. Sintomas. Tratamentos. Parte 1	71
73. Sintomas. Tratamentos. Parte 2	72
74. Sintomas. Tratamentos. Parte 3	73
75. Médicos	74
76. Medicina. Drogas. Acessórios	74
77. Fumar. Produtos tabágicos	75

HABITAT HUMANO	76
Cidade	76
78. Cidade. Vida na cidade	76
79. Instituições urbanas	77
80. Sinais	78
81. Transportes urbanos	79
82. Turismo	80
83. Compras	81
84. Dinheiro	82
85. Correios. Serviço postal	83

Moradia. Casa. Lar	84
86. Casa. Habitação	84
87. Casa. Entrada. Elevador	85
88. Casa. Eletricidade	85
89. Casa. Portas. Fechaduras	85
90. Casa de campo	86
91. Moradia. Mansão	86
92. Castelo. Palácio	87
93. Apartamento	87
94. Apartamento. Limpeza	88
95. Mobiliário. Interior	88
96. Quarto de dormir	89
97. Cozinha	89
98. Casa de banho	90
99. Eletrodomésticos	91
100. Reparações. Renovação	91
101. Canalizações	92
102. Fogo. Deflagração	92

ATIVIDADES HUMANAS	94
Emprego. Negócios. Parte 1	94
103. Escritório. O trabalho no escritório	94
104. Processos negociais. Parte 1	95
105. Processos negociais. Parte 2	96
106. Produção. Trabalhos	97
107. Contrato. Acordo	98
108. Importação & Exportação	99

109. Finanças 99
110. Marketing 100
111. Publicidade 101
112. Banca 101
113. Telefone. Conversação telefónica 102
114. Telefone móvel 103
115. Estacionário 103
116. Vários tipos de documentos 104
117. Tipos de negócios 105

Emprego. Negócios. Parte 2 107

118. Espetáculo. Feira 107
119. Media 108
120. Agricultura 109
121. Construção. Processo de construção 110
122. Ciência. Investigação. Cientistas 111

Profissões e ocupações 112

123. Procura de emprego. Demissão 112
124. Gente de negócios 112
125. Profissões de serviços 113
126. Profissões militares e postos 114
127. Oficiais. Padres 115
128. Profissões agrícolas 115
129. Profissões artísticas 116
130. Várias profissões 116
131. Ocupações. Estatuto social 118

Desportos 119

132. Tipos de desportos. Desportistas 119
133. Tipos de desportos. Diversos 120
134. Ginásio 120
135. Hóquei 121
136. Futebol 121
137. Esqui alpino 123
138. Ténis. Golfe 123
139. Xadrez 124
140. Boxe 124
141. Desportos. Diversos 125

Educação 127

142. Escola 127
143. Colégio. Universidade 128
144. Ciências. Disciplinas 129
145. Sistema de escrita. Ortografia 129
146. Línguas estrangeiras 130

147.	Personagens de contos de fadas	131
148.	Signos do Zodíaco	132

Artes 133

149.	Teatro	133
150.	Cinema	134
151.	Pintura	135
152.	Literatura & Poesia	136
153.	Circo	136
154.	Música. Música popular	137

Descanso. Entretenimento. Viagens 139

155.	Viagens	139
156.	Hotel	139
157.	Livros. Leitura	140
158.	Caça. Pesca	142
159.	Jogos. Bilhar	142
160.	Jogos. Jogar cartas	143
161.	Casino. Roleta	143
162.	Descanso. Jogos. Diversos	144
163.	Fotografia	144
164.	Praia. Natação	145

EQUIPAMENTO TÉCNICO. TRANSPORTES 147
Equipamento técnico. Transportes 147

165.	Computador	147
166.	Internet. E-mail	148
167.	Eletricidade	149
168.	Ferramentas	149

Transportes 152

169.	Avião	152
170.	Comboio	153
171.	Barco	154
172.	Aeroporto	155
173.	Bicicleta. Motocicleta	156

Carros 157

174.	Tipos de carros	157
175.	Carros. Carroçaria	157
176.	Carros. Habitáculo	158
177.	Carros. Motor	159
178.	Carros. Batidas. Reparação	160
179.	Carros. Estrada	161
180.	Sinais de trânsito	162

PESSOAS. EVENTOS 163
Eventos 163

181. Férias. Evento 163
182. Funerais. Enterro 164
183. Guerra. Soldados 164
184. Guerra. Ações militares. Parte 1 166
185. Guerra. Ações militares. Parte 2 167
186. Armas 168
187. Povos da antiguidade 170
188. Idade média 171
189. Líder. Chefe. Autoridades 172
190. Estrada. Caminho. Direções 173
191. Viloação da lei. Criminosos. Parte 1 174
192. Viloação da lei. Criminosos. Parte 2 175
193. Polícia. Lei. Parte 1 176
194. Polícia. Lei. Parte 2 177

NATUREZA 179
A Terra. Parte 1 179

195. Espaço sideral 179
196. A Terra 180
197. Pontos cardeais 181
198. Mar. Oceano 181
199. Nomes de Mares e Oceanos 182
200. Montanhas 183
201. Nomes de montanhas 184
202. Rios 184
203. Nomes de rios 185
204. Floresta 185
205. Recursos naturais 186

A Terra. Parte 2 188

206. Tempo 188
207. Tempo extremo. Catástrofes naturais 189
208. Ruídos. Sons 189
209. Inverno 190

Fauna 192

210. Mamíferos. Predadores 192
211. Animais selvagens 192
212. Animais domésticos 193
213. Cães. Raças de cães 194
214. Sons produzidos pelos animais 195
215. Animais jovens 195
216. Pássaros 196
217. Pássaros. Canto e sons 197
218. Peixes. Animais marinhos 197
219. Anfíbios. Répteis 198

220.	Insetos	199
221.	Animais. Partes do corpo	199
222.	Ações dos animais	200
223.	Animais. Habitats	201
224.	Cuidados com os animais	201
225.	Animais. Diversos	202
226.	Cavalos	202

Flora 204

227.	Árvores	204
228.	Arbustos	204
229.	Cogumelos	205
230.	Frutos. Bagas	205
231.	Flores. Plantas	206
232.	Cereais, grãos	207
233.	Vegetais. Verduras	208

GEOGRAFIA REGIONAL 209
Países. Nacionalidades 209

234.	Europa Ocidental	209
235.	Europa Central e de Leste	211
236.	Países da ex-URSS	212
237.	Asia	213
238.	América do Norte	215
239.	América Central do Sul	215
240.	Africa	216
241.	Austrália. Oceania	217
242.	Cidades	217
243.	Política. Governo. Parte 1	218
244.	Política. Governo. Parte 2	220
245.	Países. Diversos	221
246.	Grupos religiosos mais importantes. Confissões	221
247.	Religiões. Padres	223
248.	Fé. Cristianismo. Islão	223

TEMAS DIVERSOS 226

249.	Várias palavras úteis	226
250.	Modificadores. Adjetivos. Parte 1	227
251.	Modificadores. Adjetivos. Parte 2	229

500 VERBOS PRINCIPAIS 232

252.	Verbos A-B	232
253.	Verbos C-D	233
254.	Verbos E-J	236
255.	Verbos L-P	238
256.	Verbos Q-Z	240

GUIA DE PRONUNCIAÇÃO

Letra	Exemplo Norueguês	Alfabeto fonético T&P	Exemplo Português
Aa	plass	[ɑ], [ɑ:]	amar
Bb	bøtte, albue	[b]	barril
Cc [1]	centimeter	[s]	sanita
Cc [2]	Canada	[k]	kiwi
Dd	radius	[d]	dentista
Ee	rett	[e:]	plateia
Ee [3]	begå	[ɛ]	mesquita
Ff	fattig	[f]	safári
Gg [4]	golf	[g]	gosto
Gg [5]	gyllen	[j]	géiser
Gg [6]	regnbue	[ŋ]	alcançar
Hh	hektar	[h]	[h] suave
Ii	kilometer	[ɪ], [i]	sinónimo
Kk	konge	[k]	kiwi
Kk [7]	kirke	[h]	[h] suave
Jj	fjerde	[j]	géiser
kj	bikkje	[h]	[h] suave
Ll	halvår	[l]	libra
Mm	middag	[m]	magnólia
Nn	november	[n]	natureza
ng	id_langt	[ŋ]	alcançar
Oo [8]	honning	[ɔ]	emboço
Oo [9]	fot, krone	[u]	bonita
Pp	plomme	[p]	presente
Qq	sequoia	[k]	kiwi
Rr	sverge	[r]	riscar
Ss	appelsin	[s]	sanita
sk [10]	skikk, skyte	[ʃ]	mês
Tt	stør, torsk	[t]	tulipa
Uu	brudd	[y]	questionar
Vv	kraftverk	[v]	fava
Ww	webside	[v]	fava
Xx	mexicaner	[ks]	perplexo
Yy	nytte	[ɪ], [i]	sinónimo
Zz [11]	New Zealand	[s]	spitz alemão
Ææ	vær, stær	[æ]	semana
Øø	ørn, gjø	[ø]	orgulhoso
Åå	gås, værhår	[o:]	albatroz

Comentários

[1] antes de **e, i**
[2] noutras situações
[3] não acentuado
[4] antes de **a, o, u, å**
[5] antes de **i** e **y**
[6] em combinação **gn**
[7] antes de **i** e **y**
[8] antes de duas consoantes
[9] antes de uma consoante
[10] antes de **i** e **y**
[11] apenas em estrangeirismos

ABREVIATURAS
usadas no vocabulário

Abreviaturas do Português

adj	-	adjetivo
adv	-	advérbio
anim.	-	animado
conj.	-	conjunção
desp.	-	desporto
etc.	-	etecetra
ex.	-	por exemplo
f	-	nome feminino
f pl	-	feminino plural
fem.	-	feminino
inanim.	-	inanimado
m	-	nome masculino
m pl	-	masculino plural
m, f	-	masculino, feminino
masc.	-	masculino
mat.	-	matemática
mil.	-	militar
pl	-	plural
prep.	-	preposição
pron.	-	pronome
sb.	-	sobre
sing.	-	singular
v aux	-	verbo auxiliar
vi	-	verbo intransitivo
vi, vt	-	verbo intransitivo, transitivo
vr	-	verbo reflexivo
vt	-	verbo transitivo

Abreviaturas do Norueguês

f	-	nome feminino
f pl	-	feminino plural
m	-	nome masculino
m pl	-	masculino plural
m/f	-	masculino, neutro
m/f pl	-	masculino/feminino plural
m/f/n	-	masculino/feminino/neutro
m/n	-	masculino, feminino

n	-	neutro
n pl	-	neutro plural
pl	-	plural

CONCEITOS BÁSICOS

Conceitos básicos. Parte 1

1. Pronomes

eu	jeg	['jæj]
tu	du	[dʉ]
ele	han	['han]
ela	hun	['hʉn]
ele, ela (neutro)	det, den	['de], ['den]
nós	vi	['vi]
vocês	dere	['derə]
eles, elas	de	['de]

2. Cumprimentos. Saudações. Despedidas

Olá!	Hei!	['hæj]
Bom dia! (formal)	Hallo! God dag!	[ha'lʉ], [gʊ 'da]
Bom dia! (de manhã)	God morn!	[gʊ 'mɔ:n]
Boa tarde!	God dag!	[gʊ'da]
Boa noite!	God kveld!	[gʊ 'kvɛl]
cumprimentar (vt)	å hilse	[ɔ 'hilsə]
Olá!	Hei!	['hæj]
saudação (f)	hilsen (m)	['hilsən]
saudar (vt)	å hilse	[ɔ 'hilsə]
Como vai?	Hvordan står det til?	['vʊ:dan sto:r de til]
Como vais?	Hvordan går det?	['vʊ:dan gor de]
O que há de novo?	Hva nytt?	[va 'nʏt]
Adeus! (formal)	Ha det bra!	[ha de 'bra]
Até à vista! (informal)	Ha det!	[ha 'de]
Até breve!	Vi ses!	[vi sɛs]
Adeus!	Farvel!	[far'vɛl]
despedir-se (vr)	å si farvel	[ɔ 'si far'vɛl]
Até logo!	Ha det!	[ha 'de]
Obrigado! -a!	Takk!	['tak]
Muito obrigado! -a!	Tusen takk!	['tʉsen tak]
De nada	Bare hyggelig	['barə 'hʏgeli]
Não tem de quê	Ikke noe å takke for!	['ikə 'nʊe ɔ 'takə fɔr]
De nada	Ingen årsak!	['iŋən 'o:ʂak]
Desculpa!	Unnskyld, ...	['ʉn‚sʏl ...]
Desculpe!	Unnskyld meg, ...	['ʉn‚sʏl me ...]

desculpar (vt)	å unnskylde	[ɔ 'ʉnˌsʏlə]
desculpar-se (vr)	å unnskylde seg	[ɔ 'ʉnˌsʏlə sæj]
As minhas desculpas	Jeg ber om unnskyldning	[jæj ber ɔm 'ʉnˌsʏldniŋ]
Desculpe!	Unnskyld!	['ʉnˌsʏl]
perdoar (vt)	å tilgi	[ɔ 'tilˌji]
Não faz mal	Ikke noe problem	['ikə 'nʉe prʉ'blem]
por favor	vær så snill	['vær sɔ 'snil]

Não se esqueça!	Ikke glem!	['ikə 'glem]
Certamente! Claro!	Selvfølgelig!	[sɛl'følgəli]
Claro que não!	Selvfølgelig ikke!	[sɛl'følgəli 'ikə]
Está bem! De acordo!	OK! Enig!	[ɔ'kɛj], ['ɛni]
Basta!	Det er nok!	[de ær 'nɔk]

3. Como se dirigir a alguém

Desculpe (para chamar a atenção)	Unnskyld, ...	['ʉnˌsʏl ...]
senhor	Herr	['hær]
senhora	Fru	['frʉ]
rapariga	Frøken	['frøkən]
rapaz	unge mann	['ʉŋə ˌman]
menino	guttunge	['gʉtˌʉŋə]
menina	frøken	['frøkən]

4. Números cardinais. Parte 1

zero	null	['nʉl]
um	en	['en]
dois	to	['tʉ]
três	tre	['tre]
quatro	fire	['fire]

cinco	fem	['fɛm]
seis	seks	['sɛks]
sete	sju	['ʂʉ]
oito	åtte	['ɔtə]
nove	ni	['ni]

dez	ti	['ti]
onze	elleve	['ɛlvə]
doze	tolv	['tɔl]
treze	tretten	['trɛtən]
catorze	fjorten	['fjɔːtən]

quinze	femten	['fɛmtən]
dezasseis	seksten	['sæjstən]
dezassete	sytten	['sʏtən]
dezoito	atten	['atən]
dezanove	nitten	['nitən]
vinte	tjue	['çʉe]
vinte e um	tjueen	['çʉe en]

| vinte e dois | tjueto | ['çʉe tʉ] |
| vinte e três | tjuetre | ['çʉe tre] |

trinta	tretti	['trɛti]
trinta e um	trettien	['trɛti en]
trinta e dois	trettito	['trɛti tʉ]
trinta e três	trettitre	['trɛti tre]

quarenta	førti	['fœ:ʈi]
quarenta e um	førtien	['fœ:ʈi en]
quarenta e dois	førtito	['fœ:ʈi tʉ]
quarenta e três	førtitre	['fœ:ʈi tre]

cinquenta	femti	['fɛmti]
cinquenta e um	femtien	['fɛmti en]
cinquenta e dois	femtito	['fɛmti tʉ]
cinquenta e três	femtitre	['fɛmti tre]

sessenta	seksti	['sɛksti]
sessenta e um	sekstien	['sɛksti en]
sessenta e dois	sekstito	['sɛksti tʉ]
sessenta e três	sekstitre	['sɛksti tre]

setenta	sytti	['sʏti]
setenta e um	syttien	['sʏti en]
setenta e dois	syttito	['sʏti tʉ]
setenta e três	syttitre	['sʏti tre]

oitenta	åtti	['ɔti]
oitenta e um	åttien	['ɔti en]
oitenta e dois	åttito	['ɔti tʉ]
oitenta e três	åttitre	['ɔti tre]

noventa	nitti	['niti]
noventa e um	nittien	['niti en]
noventa e dois	nittito	['niti tʉ]
noventa e três	nittitre	['niti tre]

5. Números cardinais. Parte 2

cem	hundre	['hʉndrə]
duzentos	to hundre	['tʉ ˌhʉndrə]
trezentos	tre hundre	['tre ˌhʉndrə]
quatrocentos	fire hundre	['fire ˌhʉndrə]
quinhentos	fem hundre	['fɛm ˌhʉndrə]

seiscentos	seks hundre	['sɛks ˌhʉndrə]
setecentos	syv hundre	['sʏv ˌhʉndrə]
oitocentos	åtte hundre	['ɔtə ˌhʉndrə]
novecentos	ni hundre	['ni ˌhʉndrə]

mil	tusen	['tʉsən]
dois mil	to tusen	['tʉ ˌtʉsən]
De quem são ...?	tre tusen	['tre ˌtʉsən]

dez mil	ti tusen	['ti ˌtʉsən]
cem mil	hundre tusen	['hʉndrə ˌtʉsən]
um milhão	million (m)	[mi'ljun]
mil milhões	milliard (m)	[mi'lja:d]

6. Números ordinais

primeiro	første	['fœʂtə]
segundo	annen	['anən]
terceiro	tredje	['trɛdjə]
quarto	fjerde	['fjærə]
quinto	femte	['fɛmtə]
sexto	sjette	['ʂɛtə]
sétimo	sjuende	['ʂʉenə]
oitavo	åttende	['ɔtenə]
nono	niende	['nienə]
décimo	tiende	['tienə]

7. Números. Frações

fração (f)	brøk (m)	['brøk]
um meio	en halv	[en 'hal]
um terço	en tredjedel	[en 'trɛdjəˌdel]
um quarto	en fjerdedel	[en 'fjærəˌdel]
um oitavo	en åttendedel	[en 'ɔtenəˌdel]
um décimo	en tiendedel	[en 'tienəˌdel]
dois terços	to tredjedeler	['tʊ 'trɛdjəˌdelər]
três quartos	tre fjerdedeler	['tre 'fjærˌdelər]

8. Números. Operações básicas

subtração (f)	subtraksjon (m)	[sʉbtrak'ʂʊn]
subtrair (vi, vt)	å subtrahere	[ɔ 'sʉbtraˌherə]
divisão (f)	divisjon (m)	[divi'ʂʊn]
dividir (vt)	å dividere	[ɔ divi'derə]
adição (f)	addisjon (m)	[adi'ʂʊn]
somar (vt)	å addere	[ɔ a'derə]
adicionar (vt)	å addere	[ɔ a'derə]
multiplicação (f)	multiplikasjon (m)	[mʉltiplika'ʂʊn]
multiplicar (vt)	å multiplisere	[ɔ mʉltipli'serə]

9. Números. Diversos

algarismo, dígito (m)	siffer (n)	['sifər]
número (m)	tall (n)	['tal]

numeral (m)	tallord (n)	['tɑlˌuːr]
menos (m)	minus (n)	['minʉs]
mais (m)	pluss (n)	['plʉs]
fórmula (f)	formel (m)	['fɔrməl]

cálculo (m)	beregning (m/f)	[be'rɛjniŋ]
contar (vt)	å telle	[ɔ 'tɛlə]
calcular (vt)	å telle opp	[ɔ 'tɛlə ɔp]
comparar (vt)	å sammenlikne	[ɔ 'samənˌliknə]

| Quanto? | Hvor mye? | [vʊr 'mye] |
| Quantos? -as? | Hvor mange? | [vʊr 'maŋə] |

soma (f)	sum (m)	['sʉm]
resultado (m)	resultat (n)	[resʉl'tɑt]
resto (m)	rest (m)	['rɛst]

alguns, algumas ...	noen	['nʊən]
poucos, -as (~ pessoas)	få, ikke mange	['fɔ], ['ikə ˌmaŋə]
um pouco (~ de vinho)	lite	['litə]
resto (m)	rest (m)	['rɛst]
um e meio	halvannen	[hal'anən]
dúzia (f)	dusin (n)	[dʉ'sin]

ao meio	i 2 halvdeler	[i tʊ hal'delər]
em partes iguais	jevnt	['jɛvnt]
metade (f)	halvdel (m)	['haldel]
vez (f)	gang (m)	['gaŋ]

10. Os verbos mais importantes. Parte 1

abrir (vt)	å åpne	[ɔ 'ɔpnə]
acabar, terminar (vt)	å slutte	[ɔ 'şlʉtə]
aconselhar (vt)	å råde	[ɔ 'roːdə]
adivinhar (vt)	å gjette	[ɔ 'jɛtə]
advertir (vt)	å varsle	[ɔ 'vaşlə]

ajudar (vt)	å hjelpe	[ɔ 'jɛlpə]
almoçar (vi)	å spise lunsj	[ɔ 'spisə ˌlʉnş]
alugar (~ um apartamento)	å leie	[ɔ 'læjə]
amar (vt)	å elske	[ɔ 'ɛlskə]
ameaçar (vt)	å true	[ɔ 'trʉə]

anotar (escrever)	å skrive ned	[ɔ 'skrivə ne]
apanhar (vt)	å fange	[ɔ 'faŋə]
apressar-se (vr)	å skynde seg	[ɔ 'şynə sæj]
arrepender-se (vr)	å beklage	[ɔ be'klɑgə]
assinar (vt)	å underskrive	[ɔ 'ʉnəˌskrivə]

atirar, disparar (vi)	å skyte	[ɔ 'şytə]
brincar (vi)	å spøke	[ɔ 'spøkə]
brincar, jogar (crianças)	å leke	[ɔ 'lekə]
buscar (vt)	å søke ...	[ɔ 'søkə ...]
caçar (vi)	å jage	[ɔ 'jagə]

cair (vi)	à falle	[ɔ 'falə]
cavar (vt)	à grave	[ɔ 'gravə]
cessar (vt)	à slutte	[ɔ 'ʂlʉtə]
chamar (~ por socorro)	à tilkalle	[ɔ 'til‚kalə]
chegar (vi)	à ankomme	[ɔ 'an‚kɔmə]
chorar (vi)	à gråte	[ɔ 'groːtə]

começar (vt)	à begynne	[ɔ be'jinə]
comparar (vt)	à sammenlikne	[ɔ 'samən‚liknə]
compreender (vt)	à forstå	[ɔ fɔ'ʂtɔ]
concordar (vi)	à samtykke	[ɔ 'sam‚tʏkə]
confiar (vt)	à stole på	[ɔ 'stʉlə pɔ]

confundir (equivocar-se)	à forveksle	[ɔ fɔr'vɛkʂlə]
conhecer (vt)	à kjenne	[ɔ 'çɛnə]
contar (fazer contas)	à telle	[ɔ 'tɛlə]
contar com (esperar)	à regne med ...	[ɔ 'rɛjnə me ...]
continuar (vt)	à fortsette	[ɔ 'fɔrt‚sɛtə]

controlar (vt)	à kontrollere	[ɔ kʉntrɔ'lerə]
convidar (vt)	à innby, à invitere	[ɔ 'inby], [ɔ invi'terə]
correr (vi)	à løpe	[ɔ 'løpə]
criar (vt)	à opprette	[ɔ 'ɔp‚rɛtə]
custar (vt)	à koste	[ɔ 'kɔstə]

11. Os verbos mais importantes. Parte 2

dar (vt)	à gi	[ɔ 'ji]
dar uma dica	à gi et vink	[ɔ 'ji et 'vink]
decorar (enfeitar)	à pryde	[ɔ 'prydə]
defender (vt)	à forsvare	[ɔ fɔ'ʂvarə]
deixar cair (vt)	à tappe	[ɔ 'tapə]

descer (para baixo)	à gå ned	[ɔ 'gɔ ne]
desculpar (vt)	à unnskylde	[ɔ 'ʉn‚ʂylə]
desculpar-se (vr)	à unnskylde seg	[ɔ 'ʉn‚ʂylə sæj]
dirigir (~ uma empresa)	à styre, à lede	[ɔ 'styrə], [ɔ 'ledə]
discutir (notícias, etc.)	à diskutere	[ɔ diskʉ'terə]
dizer (vt)	à si	[ɔ 'si]

duvidar (vt)	à tvile	[ɔ 'tvilə]
enganar (vt)	à fuske	[ɔ 'fʉskə]
entrar (na sala, etc.)	à komme inn	[ɔ 'kɔmə in]
enviar (uma carta)	à sende	[ɔ 'sɛnə]

errar (equivocar-se)	à gjøre feil	[ɔ 'jørə ‚fæjl]
escolher (vt)	à velge	[ɔ 'vɛlgə]
esconder (vt)	à gjemme	[ɔ 'jɛmə]
escrever (vt)	à skrive	[ɔ 'skrivə]
esperar (o autocarro, etc.)	à vente	[ɔ 'vɛntə]
esperar (ter esperança)	à håpe	[ɔ 'hoːpə]
esquecer (vt)	à glemme	[ɔ 'glemə]
estudar (vt)	à studere	[ɔ stʉ'derə]
exigir (vt)	à kreve	[ɔ 'krevə]

existir (vi)	å eksistere	[ɔ ɛksi'sterə]
explicar (vt)	å forklare	[ɔ fɔr'klarə]
falar (vi)	å tale	[ɔ 'talə]
faltar (clases, etc.)	å skulke	[ɔ 'skʉlkə]
fazer (vt)	å gjøre	[ɔ 'jørə]
ficar em silêncio	å tie	[ɔ 'tie]
gabar-se, jactar-se (vr)	å prale	[ɔ 'pralə]

gostar (apreciar)	å like	[ɔ 'likə]
gritar (vi)	å skrike	[ɔ 'skrikə]
guardar (cartas, etc.)	å beholde	[ɔ be'holə]
informar (vt)	å informere	[ɔ infɔr'merə]
insistir (vi)	å insistere	[ɔ insi'sterə]

insultar (vt)	å fornærme	[ɔ fɔː'ɳærmə]
interessar-se (vr)	å interessere seg	[ɔ intəre'serə sæj]
ir (a pé)	å gå	[ɔ 'gɔ]
ir nadar	å bade	[ɔ 'badə]
jantar (vi)	å spise middag	[ɔ 'spisə 'mi̥da]

12. Os verbos mais importantes. Parte 3

ler (vt)	å lese	[ɔ 'lesə]
libertar (cidade, etc.)	å befri	[ɔ be'fri]
matar (vt)	å døde, å myrde	[ɔ 'dødə], [ɔ 'mʏːɖə]
mencionar (vt)	å omtale, å nevne	[ɔ 'ɔm̩talə], [ɔ 'nɛvnə]
mostrar (vt)	å vise	[ɔ 'visə]

mudar (modificar)	å endre	[ɔ 'ɛndrə]
nadar (vi)	å svømme	[ɔ 'svœmə]
negar-se a ...	å vegre seg	[ɔ 'vɛgrə sæj]
objetar (vt)	å innvende	[ɔ 'in̩vɛnə]

observar (vt)	å observere	[ɔ ɔbsɛr'verə]
ordenar (mil.)	å beordre	[ɔ be'ɔrdrə]
ouvir (vt)	å høre	[ɔ 'hørə]
pagar (vt)	å betale	[ɔ be'talə]
parar (vi)	å stoppe	[ɔ 'stɔpə]

participar (vi)	å delta	[ɔ 'dɛlta]
pedir (comida)	å bestille	[ɔ be'stilə]
pedir (um favor, etc.)	å be	[ɔ 'be]
pegar (tomar)	å ta	[ɔ 'ta]
pensar (vt)	å tenke	[ɔ 'tɛnkə]

perceber (ver)	å bemerke	[ɔ be'mærkə]
perdoar (vt)	å tilgi	[ɔ 'til̩ji]
perguntar (vt)	å spørre	[ɔ 'spørə]
permitir (vt)	å tillate	[ɔ 'ti̩latə]
pertencer a ...	å tilhøre ...	[ɔ 'til̩hørə ...]

planear (vt)	å planlegge	[ɔ 'plan̩legə]
poder (vi)	å kunne	[ɔ 'kʉnə]
possuir (vt)	å besidde, å eie	[ɔ bɛ'sidə], [ɔ 'æjə]

21

preferir (vt)	à foretrekke	[ɔ 'fɔrə‚trɛkə]
preparar (vt)	à lage	[ɔ 'lagə]

prever (vt)	à forutse	[ɔ 'fɔrʉt‚sə]
prometer (vt)	à love	[ɔ 'lɔvə]
pronunciar (vt)	à uttale	[ɔ 'ʉt‚talə]
propor (vt)	à foreslå	[ɔ 'fɔrə‚ʂlɔ]
punir (castigar)	à straffe	[ɔ 'strafə]

13. Os verbos mais importantes. Parte 4

quebrar (vt)	à bryte	[ɔ 'brytə]
queixar-se (vr)	à klage	[ɔ 'klagə]
querer (desejar)	à ville	[ɔ 'vilə]
recomendar (vt)	à anbefale	[ɔ 'anbe‚falə]
repetir (dizer outra vez)	à gjenta	[ɔ 'jɛnta]

repreender (vt)	à skjelle	[ɔ 'ʂɛːlə]
reservar (~ um quarto)	à reservere	[ɔ resɛr'verə]
responder (vt)	à svare	[ɔ 'svarə]
rezar, orar (vi)	à be	[ɔ 'be]
rir (vi)	à le, à skratte	[ɔ 'le], [ɔ 'skratə]

roubar (vt)	à stjele	[ɔ 'stjelə]
saber (vt)	à vite	[ɔ 'vitə]
sair (~ de casa)	à gå ut	[ɔ 'gɔ ʉt]
salvar (vt)	à redde	[ɔ 'rɛdə]
seguir ...	à følge etter ...	[ɔ 'følə 'ɛtər ...]

sentar-se (vr)	à sette seg	[ɔ 'sɛtə sæj]
ser necessário	à være behøv	[ɔ 'værə bə'høv]
ser, estar	à være	[ɔ 'værə]
significar (vt)	à bety	[ɔ 'bety]

sorrir (vi)	à smile	[ɔ 'smilə]
subestimar (vt)	à undervurdere	[ɔ 'ʉnərvuː‚derə]
surpreender-se (vr)	à bli forundret	[ɔ 'bli fɔ'rʉndrət]
tentar (vt)	à prøve	[ɔ 'prøvə]

ter (vt)	à ha	[ɔ 'ha]
ter fome	à være sulten	[ɔ 'værə 'sʉltən]
ter medo	à frykte	[ɔ 'frʏktə]
ter sede	à være tørst	[ɔ 'værə 'tœʂt]

tocar (com as mãos)	à røre	[ɔ 'rørə]
tomar o pequeno-almoço	à spise frokost	[ɔ 'spisə ‚frʊkɔst]
trabalhar (vi)	à arbeide	[ɔ 'ar‚bæjdə]
traduzir (vt)	à oversette	[ɔ 'ɔvə‚sɛtə]
unir (vt)	à forene	[ɔ fɔ'renə]

vender (vt)	à selge	[ɔ 'sɛlə]
ver (vt)	à se	[ɔ 'se]
virar (ex. ~ à direita)	à svinge	[ɔ 'sviŋə]
voar (vi)	à fly	[ɔ 'fly]

14. Cores

cor (f)	farge (m)	['fargə]
matiz (m)	nyanse (m)	[ny'ansə]
tom (m)	fargetone (m)	['fargə,tʊnə]
arco-íris (m)	regnbue (m)	['ræjn,bʉ:ə]

branco	hvit	['vit]
preto	svart	['sva:t]
cinzento	grå	['grɔ]

verde	grønn	['grœn]
amarelo	gul	['gʉl]
vermelho	rød	['rø]

azul	blå	['blɔ]
azul claro	lyseblå	['lysə,blɔ]
rosa	rosa	['rɔsa]
laranja	oransje	[ɔ'ranʂɛ]
violeta	fiolett	[fiʉ'lət]
castanho	brun	['brʉn]

dourado	gullgul	['gʉl]
prateado	sølv-	['søl-]

bege	beige	['bɛ:ʂ]
creme	kremfarget	['krɛm,fargət]
turquesa	turkis	[tʉr'kis]
vermelho cereja	kirsebærrød	['çisəbær,rød]
lilás	lilla	['lila]
carmesim	karminrød	['karmʉ'sin,rød]

claro	lys	['lys]
escuro	mørk	['mœrk]
vivo	klar	['klar]

de cor	farge-	['fargə-]
a cores	farge-	['fargə-]
preto e branco	svart-hvit	['sva:t vit]
unicolor	ensfarget	['ɛns,fargət]
multicor	mangefarget	['maŋə,fargət]

15. Questões

Quem?	Hvem?	['vɛm]
Que?	Hva?	['va]
Onde?	Hvor?	['vʊr]
Para onde?	Hvorhen?	['vʊrhen]
De onde?	Hvorfra?	['vʊrfra]
Quando?	Når?	[nɔr]
Para quê?	Hvorfor?	['vʊrfʉr]
Porquê?	Hvorfor?	['vʊrfʉr]
Para quê?	Hvorfor?	['vʊrfʊr]

Como?	Hvordan?	['vʊːɖɑn]
Qual?	Hvilken?	['vilkən]
Qual? (entre dois ou mais)	Hvilken?	['vilkən]

A quem?	Til hvem?	[til 'vɛm]
Sobre quem?	Om hvem?	[ɔm 'vɛm]
Do quê?	Om hva?	[ɔm 'vɑ]
Com quem?	Med hvem?	[me 'vɛm]

Quantos? -as?	Hvor mange?	[vʊr 'mɑŋə]
Quanto?	Hvor mye?	[vʊr 'mye]
De quem? (masc.)	Hvis?	['vis]

16. Preposições

com (prep.)	med	[me]
sem (prep.)	uten	['ʉtən]
a, para (exprime lugar)	til	['til]
sobre (ex. falar ~)	om	['ɔm]
antes de ...	før	['før]
diante de ...	foran, framfor	['fɔrɑn], ['frɑmfɔr]

sob (debaixo de)	under	['ʉnər]
sobre (em cima de)	over	['ɔvər]
sobre (~ a mesa)	på	['pɔ]
de (vir ~ Lisboa)	fra	['frɑ]
de (feito ~ pedra)	av	[ɑː]

| dentro de (~ dez minutos) | om | ['ɔm] |
| por cima de ... | over | ['ɔvər] |

17. Palavras funcionais. Advérbios. Parte 1

Onde?	Hvor?	['vʊr]
aqui	her	['hɛr]
lá, ali	der	['dɛr]

| em algum lugar | et sted | [et 'sted] |
| em lugar nenhum | ingensteds | ['iŋənˌstɛts] |

| ao pé de ... | ved | ['ve] |
| ao pé da janela | ved vinduet | [ve 'vindʉe] |

Para onde?	Hvorhen?	['vʊrhen]
para cá	hit	['hit]
para lá	dit	['dit]
daqui	herfra	['hɛrˌfrɑ]
de lá, dali	derfra	['dɛrˌfrɑ]

perto	nær	['nær]
longe	langt	['lɑŋt]
perto de ...	nær	['nær]

| ao lado de | i nærheten | [i 'nær,hetən] |
| perto, não fica longe | ikke langt | ['ikə 'laŋt] |

esquerdo	venstre	['vɛnstrə]
à esquerda	til venstre	[til 'vɛnstrə]
para esquerda	til venstre	[til 'vɛnstrə]

direito	høyre	['højrə]
à direita	til høyre	[til 'højrə]
para direita	til høyre	[til 'højrə]

à frente	foran	['foran]
da frente	fremre	['frɛmrə]
em frente (para a frente)	fram	['fram]

atrás de ...	bakom	['bakɔm]
por detrás (vir ~)	bakfra	['bak,fra]
para trás	tilbake	[til'bakə]

| meio (m), metade (f) | midt (m) | ['mit] |
| no meio | i midten | [i 'mitən] |

de lado	fra siden	[fra 'sidən]
em todo lugar	overalt	[ɔvər'alt]
ao redor (olhar ~)	rundt omkring	['runt ɔm'kriŋ]

de dentro	innefra	['inə,fra]
para algum lugar	et sted	[et 'sted]
diretamente	rett, direkte	['rɛt], ['di'rɛktə]
de volta	tilbake	[til'bakə]

| de algum lugar | et eller annet steds fra | [et 'elər ,aːnt 'stɛts fra] |
| de um lugar | et eller annet steds fra | [et 'elər ,aːnt 'stɛts fra] |

em primeiro lugar	for det første	[fɔr de 'fœ̈ştə]
em segundo lugar	for det annet	[fɔr de 'aːnt]
em terceiro lugar	for det tredje	[fɔr de 'trɛdje]

de repente	plutselig	['plutseli]
no início	i begynnelsen	[i be'jinəlsən]
pela primeira vez	for første gang	[fɔr 'fœ̈ştə ,gaŋ]
muito antes de ...	lenge før ...	['leŋə 'før ...]
de novo, novamente	på nytt	[pɔ 'nʏt]
para sempre	for godt	[fɔr 'gɔt]

nunca	aldri	['aldri]
de novo	igjen	[i'jɛn]
agora	nå	['nɔ]
frequentemente	ofte	['ɔftə]
então	da	['da]
urgentemente	omgående	['ɔm,gɔːnə]
usualmente	vanligvis	['vanli,vis]

a propósito, ...	forresten, ...	[fɔ'rɛstən ...]
é possível	mulig, kanskje	['muli], ['kanşə]
provavelmente	sannsynligvis	[san'sʏnli,vis]

25

talvez	kanskje	['kanʂə]
além disso, ...	dessuten, ...	[des'ʉtən ...]
por isso ...	derfor ...	['dɛrfɔr ...]
apesar de ...	på tross av ...	['pɔ 'trɔs ɑː ...]
graças a ...	takket være ...	['takət ˌværə ...]

que (pron.)	hva	['va]
que (conj.)	at	[at]
algo	noe	['nʉe]
alguma coisa	noe	['nʉe]
nada	ingenting	['iŋəntiŋ]

quem	hvem	['vɛm]
alguém (~ teve uma ideia ...)	noen	['nʉən]
alguém	noen	['nʉən]

ninguém	ingen	['iŋən]
para lugar nenhum	ingensteds	['iŋənˌstɛts]
de ninguém	ingens	['iŋəns]
de alguém	noens	['nʉəns]

tão	så	['sɔː]
também (gostaria ~ de ...)	også	['ɔsɔ]
também (~ eu)	også	['ɔsɔ]

18. Palavras funcionais. Advérbios. Parte 2

Porquê?	Hvorfor?	['vʊrfʊr]
por alguma razão	av en eller annen grunn	[ɑː en elər 'anən ˌgrʉn]
porque ...	fordi ...	[fo'di ...]
por qualquer razão	av en eller annen grunn	[ɑː en elər 'anən ˌgrʉn]

e (tu ~ eu)	og	['ɔ]
ou (ser ~ não ser)	eller	['elər]
mas (porém)	men	['men]
para (~ a minha mãe)	for, til	[fɔr], [til]

demasiado, muito	for, altfor	['fɔr], ['altfɔr]
só, somente	bare	['barə]
exatamente	presis, eksakt	[prɛ'sis], [ɛk'sakt]
cerca de (~ 10 kg)	cirka	['sirka]

aproximadamente	omtrent	[ɔm'trɛnt]
aproximado	omtrentlig	[ɔm'trɛntli]
quase	nesten	['nɛstən]
resto (m)	rest (m)	['rɛst]

o outro (segundo)	den annen	[den 'anən]
outro	andre	['andrə]
cada	hver	['vɛr]
qualquer	hvilken som helst	['vilkən sɔm 'hɛlst]
muito	mye	['mye]
muitas pessoas	mange	['maŋə]
todos	alle	['alə]

em troca de ...	til gjengjeld for ...	[til 'jɛnjɛl fɔr ...]
em troca	istedenfor	[i'steden‚fɔr]
à mão	for hånd	[fɔr 'hɔn]
pouco provável	neppe	['nepə]

provavelmente	sannsynligvis	[sɑn'sʏnli‚vis]
de propósito	med vilje	[me 'vilje]
por acidente	tilfeldigvis	[til'fɛldivis]

muito	meget	['meget]
por exemplo	for eksempel	[fɔr ɛk'sɛmpəl]
entre	mellom	['mɛlɔm]
entre (no meio de)	blant	['blɑnt]
tanto	så mye	['sɔ: mye]
especialmente	særlig	['sæ:ḷi]

Conceitos básicos. Parte 2

19. Opostos

rico	rik	['rik]
pobre	fattig	['fɑti]
doente	syk	['syk]
são	frisk	['frisk]
grande	stor	['stʊr]
pequeno	liten	['litən]
rapidamente	fort	['fʊːt]
lentamente	langsomt	['lɑŋsɔmt]
rápido	hurtig	['høːʈi]
lento	langsom	['lɑŋsɔm]
alegre	glad	['glɑ]
triste	sørgmodig	[sør'mʊdi]
juntos	sammen	['sɑmən]
separadamente	separat	[sepɑ'rɑt]
em voz alta (ler ~)	høyt	['højt]
para si (em silêncio)	for seg selv	[fɔr sæj 'sɛl]
alto	høy	['høj]
baixo	lav	['lɑv]
profundo	dyp	['dyp]
pouco fundo	grunn	['grʉn]
sim	ja	['ja]
não	nei	['næj]
distante (no espaço)	fjern	['fjæːn]
próximo	nær	['nær]
longe	langt	['lɑŋt]
perto	i nærheten	[i 'nær‚hetən]
longo	lang	['lɑŋ]
curto	kort	['kʊːt]
bom, bondoso	god	['gʊ]
mau	ond	['ʊn]
casado	gift	['jift]

solteiro	ugift	[u:'jift]
proibir (vt)	å forby	[ɔ fɔr'by]
permitir (vt)	å tillate	[ɔ 'ti,lɑtə]
fim (m)	slutt (m)	['şlʉt]
começo (m)	begynnelse (m)	[be'jinəlsə]
esquerdo	venstre	['vɛnstrə]
direito	høyre	['højrə]
primeiro	første	['fœştə]
último	sist	['sist]
crime (m)	forbrytelse (m)	[for'brytəlsə]
castigo (m)	straff (m)	['strɑf]
ordenar (vt)	å beordre	[ɔ be'ɔrdrə]
obedecer (vt)	å underordne seg	[ɔ 'ʉnər,ɔrdnə sæj]
reto	rett	['rɛt]
curvo	kroket	['krɔkət]
paraíso (m)	paradis (n)	['pɑrɑ,dis]
inferno (m)	helvete (n)	['hɛlvetə]
nascer (vi)	å fødes	[ɔ 'fødə]
morrer (vi)	å dø	[ɔ 'dø]
forte	sterk	['stærk]
fraco, débil	svak	['svɑk]
idoso	gammel	['gɑməl]
jovem	ung	['ʉŋ]
velho	gammel	['gɑməl]
novo	ny	['ny]
duro	hard	['hɑr]
mole	bløt	['bløt]
tépido	varm	['vɑrm]
frio	kald	['kɑl]
gordo	tykk	['tʏk]
magro	tynn	['tʏn]
estreito	smal	['smɑl]
largo	bred	['bre]
bom	bra	['brɑ]
mau	dårlig	['do:li]
valente	tapper	['tɑpər]
cobarde	feig	['fæjg]

20. Dias da semana

segunda-feira (f)	mandag (m)	['mɑnˌdɑ]
terça-feira (f)	tirsdag (m)	['tiʂˌdɑ]
quarta-feira (f)	onsdag (m)	['ʊnsˌdɑ]
quinta-feira (f)	torsdag (m)	['tɔʂˌdɑ]
sexta-feira (f)	fredag (m)	['frɛˌdɑ]
sábado (m)	lørdag (m)	['løɾˌdɑ]
domingo (m)	søndag (m)	['sønˌdɑ]
hoje	i dag	[i 'dɑ]
amanhã	i morgen	[i 'mɔːən]
depois de amanhã	i overmorgen	[i 'ɔvəɾˌmɔːən]
ontem	i går	[i 'gɔr]
anteontem	i forgårs	[i 'fɔrˌgɔʂ]
dia (m)	dag (m)	['dɑ]
dia (m) de trabalho	arbeidsdag (m)	['ɑrbæjdsˌdɑ]
feriado (m)	festdag (m)	['fɛstˌdɑ]
dia (m) de folga	fridag (m)	['friˌdɑ]
fim (m) de semana	ukeslutt (m), helg (f)	['ʉkəˌslʉt], ['hɛlg]
o dia todo	hele dagen	['helə 'dɑgən]
no dia seguinte	neste dag	['nɛstə ˌdɑ]
há dois dias	for to dager siden	[for tʊ 'dɑgər ˌsidən]
na véspera	dagen før	['dɑgən 'før]
diário	daglig	['dɑgli]
todos os dias	hver dag	['vɛr dɑ]
semana (f)	uke (m/f)	['ʉkə]
na semana passada	siste uke	['sistə 'ʉkə]
na próxima semana	i neste uke	[i 'nɛstə 'ʉkə]
semanal	ukentlig	['ʉkəntli]
cada semana	hver uke	['vɛr 'ʉkə]
duas vezes por semana	to ganger per uke	['tʊ 'gaŋər per 'ʉkə]
cada terça-feira	hver tirsdag	['vɛr 'tiʂdɑ]

21. Horas. Dia e noite

manhã (f)	morgen (m)	['mɔːən]
de manhã	om morgenen	[ɔm 'mɔːenən]
meio-dia (m)	middag (m)	['miˌdɑ]
à tarde	om ettermiddagen	[ɔm 'ɛtərˌmidɑgən]
noite (f)	kveld (m)	['kvɛl]
à noite (noitinha)	om kvelden	[ɔm 'kvɛlən]
noite (f)	natt (m/f)	['nɑt]
à noite	om natta	[ɔm 'nɑtɑ]
meia-noite (f)	midnatt (m/f)	['midˌnɑt]
segundo (m)	sekund (m/n)	[se'kʉn]
minuto (m)	minutt (n)	[mi'nʉt]
hora (f)	time (m)	['timə]

meia hora (f)	**halvtime** (m)	['hal͵timə]
quarto (m) de hora	**kvarter** (n)	[kvɑːʈer]
quinze minutos	**femten minutter**	['fɛmtən mi'nʉtər]
vinte e quatro horas	**døgn** (n)	['døjn]

nascer (m) do sol	**soloppgang** (m)	['sʉlɔp͵gɑŋ]
amanhecer (m)	**daggry** (n)	['dɑg͵gry]
madrugada (f)	**tidlig morgen** (m)	['tili 'mɔːən]
pôr do sol (m)	**solnedgang** (m)	['sʉlned͵gɑŋ]

de madrugada	**tidlig om morgenen**	['tili ɔm 'mɔːenən]
hoje de manhã	**i morges**	[i 'mɔrəs]
amanhã de manhã	**i morgen tidlig**	[i 'mɔːən 'tili]

hoje à tarde	**i formiddag**	[i 'formi͵dɑ]
à tarde	**om ettermiddagen**	[ɔm 'ɛtər͵midɑgən]
amanhã à tarde	**i morgen ettermiddag**	[i 'mɔːən 'ɛtər͵midɑ]

hoje à noite	**i kveld**	[i 'kvɛl]
amanhã à noite	**i morgen kveld**	[i 'mɔːən ͵kvɛl]

às três horas em ponto	**presis klokka tre**	[prɛ'sis 'klɔkɑ tre]
por volta das quatro	**ved fire-tiden**	[ve 'fire ͵tidən]
às doze	**innen klokken tolv**	['inən 'klɔkən tɔl]

dentro de vinte minutos	**om tjue minutter**	[ɔm 'çʉe mi'nʉtər]
dentro duma hora	**om en time**	[ɔm en 'timə]
a tempo	**i tide**	[i 'tidə]

menos um quarto	**kvart på ...**	['kvɑːʈ pɔ ...]
durante uma hora	**innen en time**	['inən en 'timə]
a cada quinze minutos	**hvert kvarter**	['vɛːʈ kvɑː'ʈer]
as vinte e quatro horas	**døgnet rundt**	['døjne ͵rʉnt]

22. Meses. Estações

janeiro (m)	**januar** (m)	['janʉ͵ɑr]
fevereiro (m)	**februar** (m)	['febrʉ͵ɑr]
março (m)	**mars** (m)	['mɑʂ]
abril (m)	**april** (m)	[ɑ'pril]
maio (m)	**mai** (m)	['mɑj]
junho (m)	**juni** (m)	['jʉni]

julho (m)	**juli** (m)	['jʉli]
agosto (m)	**august** (m)	[aʉ'gʉst]
setembro (m)	**september** (m)	[sep'tɛmbər]
outubro (m)	**oktober** (m)	[ɔk'tʉbər]
novembro (m)	**november** (m)	[nʉ'vɛmbər]
dezembro (m)	**desember** (m)	[de'sɛmbər]

primavera (f)	**vår** (m)	['vɔːr]
na primavera	**om våren**	[ɔm 'voːrən]
primaveril	**vår-, vårlig**	['vɔːr-], ['vɔːli]
verão (m)	**sommer** (m)	['sɔmər]

| no verão | om sommeren | [ɔm 'sɔmerən] |
| de verão | sommer- | ['sɔmər-] |

outono (m)	høst (m)	['høst]
no outono	om høsten	[ɔm 'høstən]
outonal	høst-, høstlig	['høst-], ['høstli]

inverno (m)	vinter (m)	['vintər]
no inverno	om vinteren	[ɔm 'vinterən]
de inverno	vinter-	['vintər-]
mês (m)	måned (m)	['mo:nət]
este mês	denne måneden	['dɛnə 'mo:nedən]
no próximo mês	neste måned	['nɛstə 'mo:nət]
no mês passado	forrige måned	['foriə ,mo:nət]

há um mês	for en måned siden	[fɔr en 'mo:nət ,sidən]
dentro de um mês	om en måned	[ɔm en 'mo:nət]
dentro de dois meses	om to måneder	[ɔm 'tʊ 'mo:nedər]
todo o mês	en hel måned	[en 'hel 'mo:nət]
um mês inteiro	hele måned	['helə 'mo:nət]

mensal	månedlig	['mo:nədli]
mensalmente	månedligt	['mo:nedlət]
cada mês	hver måned	[,vɛr 'mo:nət]
duas vezes por mês	to ganger per måned	['tʊ 'gaŋər per 'mo:nət]

ano (m)	år (n)	['ɔr]
este ano	i år	[i 'o:r]
no próximo ano	neste år	['nɛstə ,o:r]
no ano passado	i fjor	[i 'fjɔr]
há um ano	for et år siden	[fɔr et 'o:r ,sidən]
dentro dum ano	om et år	[ɔm et 'o:r]
dentro de 2 anos	om to år	[ɔm 'tʊ 'o:r]
todo o ano	hele året	['helə 'o:re]
um ano inteiro	hele året	['helə 'o:re]

cada ano	hvert år	['vɛːʈ 'o:r]
anual	årlig	['o:[i]
anualmente	årlig, hvert år	['o:[i], ['vɛːʈ 'ɔr]
quatro vezes por ano	fire ganger per år	['fire 'gaŋər per 'o:r]

data (~ de hoje)	dato (m)	['datʊ]
data (ex. ~ de nascimento)	dato (m)	['datʊ]
calendário (m)	kalender (m)	[ka'lendər]

meio ano	halvår (n)	['hal,o:r]
seis meses	halvår (n)	['hal,o:r]
estação (f)	årstid (m/f)	['o:ʂ,tid]
século (m)	århundre (n)	['ɔr,hʉndrə]

23. Tempo. Diversos

| tempo (m) | tid (m/f) | ['tid] |
| momento (m) | øyeblikk (n) | ['øjə,blik] |

instante (m)	øyeblikk (n)	['øjə‚blik]
instantâneo	øyeblikkelig	['øjə‚blikəli]
lapso (m) de tempo	tidsavsnitt (n)	['tids‚afsnit]
vida (f)	liv (n)	['liv]
eternidade (f)	evighet (m)	['ɛvi‚het]

época (f)	epoke (m)	[ɛ'pʊkə]
era (f)	æra (m)	['æra]
ciclo (m)	syklus (m)	['syklʉs]
período (m)	periode (m)	[pæri'ʊdə]
prazo (m)	sikt (m)	['sikt]

futuro (m)	framtid (m/f)	['fram‚tid]
futuro	framtidig, fremtidig	['fram‚tidi], ['frɛm‚tidi]
da próxima vez	neste gang	['nɛstə ‚gaŋ]
passado (m)	fortid (m/f)	['fo:‚tid]
passado	forrige	['foriə]
na vez passada	siste gang	['sistə ‚gaŋ]
mais tarde	senere	['senerə]
depois	etterpå	['ɛtər‚pɔ]
atualmente	for nærværende	[for 'nær‚værnə]
agora	nå	['nɔ]
imediatamente	umiddelbart	['ʉmidəl‚ba:t]
em breve, brevemente	snart	['sna:t]
de antemão	på forhånd	[pɔ 'fo:r‚hɔn]

há muito tempo	for lenge siden	[for 'leŋə ‚sidən]
há pouco tempo	nylig	['nyli]
destino (m)	skjebne (m)	['ʂɛbnə]
recordações (f pl)	minner (n pl)	['minər]
arquivo (m)	arkiv (n)	[ar'kiv]
durante ...	under ...	['ʉnər ...]
durante muito tempo	lenge	['leŋə]
pouco tempo	ikke lenge	['ikə 'leŋə]
cedo (levantar-se ~)	tidlig	['tili]
tarde (deitar-se ~)	sent	['sɛnt]

para sempre	for alltid	[for 'al‚tid]
começar (vt)	å begynne	[ɔ be'jinə]
adiar (vt)	å utsette	[ɔ 'ʉt‚sɛtə]

simultaneamente	samtidig	['sam‚tidi]
permanentemente	alltid, stadig	['al‚tid], ['stadi]
constante (ruído, etc.)	konstant	[kʊn'stant]
temporário	midlertidig, temporær	['midlə‚tidi], ['tɛmpo‚rær]

às vezes	av og til	['av ɔ ‚til]
raramente	sjelden	['ʂɛlən]
frequentemente	ofte	['oftə]

24. Linhas e formas

| quadrado (m) | kvadrat (n) | [kva'drat] |
| quadrado | kvadratisk | [kva'dratisk] |

círculo (m)	sirkel (m)	['sirkəl]
redondo	rund	['rʉn]
triângulo (m)	trekant (m)	['tre͵kant]
triangular	trekantet	['tre͵kantət]

oval (f)	oval (m)	[ʉ'val]
oval	oval	[ʉ'val]
retângulo (m)	rektangel (n)	['rɛk͵taŋəl]
retangular	rettvinklet	['rɛt͵vinklət]

pirâmide (f)	pyramide (m)	[pyra'midə]
rombo, losango (m)	rombe (m)	['rʊmbə]
trapézio (m)	trapes (m/n)	[tra'pes]
cubo (m)	kube, terning (m)	['kʉbə], ['tæːn̩iŋ]
prisma (m)	prisme (n)	['prismə]

circunferência (f)	omkrets (m)	['ɔm͵krɛts]
esfera (f)	sfære (m)	['sfærə]
globo (m)	kule (m/f)	['kʉːlə]
diâmetro (m)	diameter (m)	['dia͵metər]
raio (m)	radius (m)	['radiʉs]
perímetro (m)	perimeter (n)	[peri'metər]
centro (m)	midtpunkt (n)	['mit͵pʉnkt]

horizontal	horisontal	[hʉrisɔn'tal]
vertical	loddrett, lodd-	['lɔd͵rɛt], ['lɔd-]
paralela (f)	parallell (m)	[para'lel]
paralelo	parallell	[para'lel]

linha (f)	linje (m)	['linjə]
traço (m)	strek (m)	['strek]
reta (f)	rett linje (m/f)	['rɛt 'linjə]
curva (f)	kurve (m)	['kʉrvə]
fino (linha ~a)	tynn	['tʏn]
contorno (m)	kontur (m)	[kʉn'tʉr]

interseção (f)	skjæringspunkt (n)	['ʂæriŋs͵pʉnkt]
ângulo (m) reto	rett vinkel (m)	['rɛt 'vinkəl]
segmento (m)	segment (n)	[seg'mɛnt]
setor (m)	sektor (m)	['sɛktʉr]
lado (de um triângulo, etc.)	side (m/f)	['sidə]
ângulo (m)	vinkel (m)	['vinkəl]

25. Unidades de medida

peso (m)	vekt (m)	['vɛkt]
comprimento (m)	lengde (m/f)	['leŋdə]
largura (f)	bredde (m)	['brɛdə]
altura (f)	høyde (m)	['højdə]
profundidade (f)	dybde (m)	['dʏbdə]
volume (m)	volum (n)	[vɔ'lʉm]
área (f)	areal (n)	[͵are'al]
grama (m)	gram (n)	['gram]
miligrama (m)	milligram (n)	['mili͵gram]

quilograma (m)	kilogram (n)	['çilu‚gram]
tonelada (f)	tonn (m/n)	['tɔn]
libra (453,6 gramas)	pund (n)	['pʉn]
onça (f)	unse (m)	['ʉnsə]

metro (m)	meter (m)	['metər]
milímetro (m)	millimeter (m)	['mili‚metər]
centímetro (m)	centimeter (m)	['sɛnti‚metər]
quilómetro (m)	kilometer (m)	['çilu‚metər]
milha (f)	mil (m/f)	['mil]

polegada (f)	tomme (m)	['tɔmə]
pé (304,74 mm)	fot (m)	['fʊt]
jarda (914,383 mm)	yard (m)	['ja:rd]

| metro (m) quadrado | kvadratmeter (m) | [kva'drat‚metər] |
| hectare (m) | hektar (n) | ['hɛktar] |

litro (m)	liter (m)	['litər]
grau (m)	grad (m)	['grad]
volt (m)	volt (m)	['vɔlt]
ampere (m)	ampere (m)	[am'pɛr]
cavalo-vapor (m)	hestekraft (m/f)	['hɛstə‚kraft]

quantidade (f)	mengde (m)	['mɛŋdə]
um pouco de ...	få ...	['fɔ ...]
metade (f)	halvdel (m)	['haldel]
dúzia (f)	dusin (n)	[dʉ'sin]
peça (f)	stykke (n)	['stʏkə]

| dimensão (f) | størrelse (m) | ['stœrəlsə] |
| escala (f) | målestokk (m) | ['mo:lə‚stɔk] |

mínimo	minimal	[mini'mal]
menor, mais pequeno	minste	['minstə]
médio	middel-	['midəl-]
máximo	maksimal	[maksi'mal]
maior, mais grande	største	['stœʂtə]

26. Recipientes

boião (m) de vidro	glaskrukke (m/f)	['glas‚krʉkə]
lata (~ de cerveja)	boks (m)	['bɔks]
balde (m)	bøtte (m/f)	['bœtə]
barril (m)	tønne (m)	['tœnə]

bacia (~ de plástico)	vaskefat (n)	['vaskə‚fat]
tanque (m)	tank (m)	['tank]
cantil (m) de bolso	lommelerke (m/f)	['lʊmə‚lærkə]
bidão (m) de gasolina	bensinkanne (m/f)	[bɛn'sin‚kanə]
cisterna (f)	tank (m)	['tank]

| caneca (f) | krus (n) | ['krʉs] |
| chávena (f) | kopp (m) | ['kɔp] |

pires (m)	tefat (n)	['te‚fɑt]
copo (m)	glass (n)	['glɑs]
taça (f) de vinho	vinglass (n)	['vin‚glɑs]
panela, caçarola (f)	gryte (m/f)	['grytə]

| garrafa (f) | flaske (m) | ['flɑskə] |
| gargalo (m) | flaskehals (m) | ['flɑskə‚hɑls] |

jarro, garrafa (f)	karaffel (m)	[kɑ'rɑfəl]
jarro (m) de barro	mugge (m/f)	['mʉgə]
recipiente (m)	beholder (m)	[be'hɔlər]
pote (m)	pott, potte (m)	['pɔt], ['pɔtə]
vaso (m)	vase (m)	['vɑsə]

frasco (~ de perfume)	flakong (m)	[flɑ'kɔŋ]
frasquinho (ex. ~ de iodo)	flaske (m/f)	['flɑskə]
tubo (~ de pasta dentífrica)	tube (m)	['tʉbə]

saca (ex. ~ de açúcar)	sekk (m)	['sɛk]
saco (~ de plástico)	pose (m)	['pʉsə]
maço (m)	pakke (m/f)	['pɑkə]

caixa (~ de sapatos, etc.)	eske (m/f)	['ɛskə]
caixa (~ de madeira)	kasse (m/f)	['kɑsə]
cesta (f)	kurv (m)	['kʉrv]

27. Materiais

material (m)	materiale (n)	[materi'alə]
madeira (f)	tre (n)	['trɛ]
de madeira	tre-, av tre	['trɛ-], [ɑ: 'trɛ]

| vidro (m) | glass (n) | ['glɑs] |
| de vidro | glass- | ['glɑs-] |

| pedra (f) | stein (m) | ['stæjn] |
| de pedra | stein- | ['stæjn-] |

| plástico (m) | plast (m) | ['plɑst] |
| de plástico | plast- | ['plɑst-] |

| borracha (f) | gummi (m) | ['gʉmi] |
| de borracha | gummi- | ['gʉmi-] |

| tecido, pano (m) | tøy (n) | ['tøj] |
| de tecido | tøy- | ['tøj-] |

| papel (m) | papir (n) | [pɑ'pir] |
| de papel | papir- | [pɑ'pir-] |

cartão (m)	papp, kartong (m)	['pɑp], [kɑ:'tɔŋ]
de cartão	papp-, kartong-	['pɑp-], [kɑ:'tɔŋ-]
polietileno (m)	polyetylen (n)	['pʉlyɛty‚len]
celofane (m)	cellofan (m)	[sɛlu'fɑn]

| linóleo (m) | linoleum (m) | [li'nɔleum] |
| contraplacado (m) | kryssfiner (m) | ['krʏsfiˌnɛr] |

porcelana (f)	porselen (n)	[pɔʂə'len]
de porcelana	porselens-	[pɔʂə'lens-]
barro (f)	leir (n)	['læjr]
de barro	leir-	['læjr-]
cerâmica (f)	keramikk (m)	[çerɑ'mik]
de cerâmica	keramisk	[çe'rɑmisk]

28. Metais

metal (m)	metall (n)	[me'tɑl]
metálico	metall-	[me'tɑl-]
liga (f)	legering (m/f)	[le'geriŋ]

ouro (m)	gull (n)	['gʉl]
de ouro	av gull, gull-	[ɑ: 'gʉl], ['gʉl-]
prata (f)	sølv (n)	['søl]
de prata	sølv-, av sølv	['søl-], [ɑ: 'søl]

ferro (m)	jern (n)	['jæːn̩]
de ferro	jern-	['jæːn̩-]
aço (m)	stål (n)	['stɔl]
de aço	stål-	['stɔl-]
cobre (m)	kobber (n)	['kɔbər]
de cobre	kobber-	['kɔbər-]

alumínio (m)	aluminium (n)	[ɑlu'minium]
de alumínio	aluminium-	[ɑlu'minium-]
bronze (m)	bronse (m)	['brɔnsə]
de bronze	bronse-	['brɔnsə-]

latão (m)	messing (m)	['mɛsiŋ]
níquel (m)	nikkel (m)	['nikəl]
platina (f)	platina (m/n)	['plɑtinɑ]
mercúrio (m)	kvikksølv (n)	['kvikˌsøl]
estanho (m)	tinn (n)	['tin]
chumbo (m)	bly (n)	['bly]
zinco (m)	sink (m/n)	['sink]

O SER HUMANO

O ser humano. O corpo

29. Humanos. Conceitos básicos

ser (m) humano	menneske (n)	['mɛnəskə]
homem (m)	mann (m)	['man]
mulher (f)	kvinne (m/f)	['kvinə]
criança (f)	barn (n)	['bɑːŋ]
menina (f)	jente (m/f)	['jɛntə]
menino (m)	gutt (m)	['gʉt]
adolescente (m)	tenåring (m)	['tɛnoːriŋ]
velho (m)	eldre mann (m)	['ɛldrə ˌman]
velha, anciã (f)	eldre kvinne (m/f)	['ɛldrə ˌkvinə]

30. Anatomia humana

organismo (m)	organisme (m)	[ɔrgɑ'nismə]
coração (m)	hjerte (n)	['jæːʈə]
sangue (m)	blod (n)	['blʉ]
artéria (f)	arterie (m)	[ɑːˈʈeriə]
veia (f)	vene (m)	['veːnə]
cérebro (m)	hjerne (m)	['jæːɳə]
nervo (m)	nerve (m)	['nærvə]
nervos (m pl)	nerver (m pl)	['nærvər]
vértebra (f)	ryggvirvel (m)	['rʏgˌvirvəl]
coluna (f) vertebral	ryggrad (m)	['rʏgˌrad]
estômago (m)	magesekk (m)	['mɑgəˌsɛk]
intestinos (m pl)	innvoller, tarmer (m pl)	['inˌvɔlər], ['tarmər]
intestino (m)	tarm (m)	['tarm]
fígado (m)	lever (m)	['levər]
rim (m)	nyre (m/n)	['nyrə]
osso (m)	bein (n)	['bæjn]
esqueleto (m)	skjelett (n)	[ʂe'let]
costela (f)	ribbein (n)	['ribˌbæjn]
crânio (m)	hodeskalle (m)	['hʉdəˌskɑlə]
músculo (m)	muskel (m)	['mʉskəl]
bíceps (m)	biceps (m)	['bisɛps]
tríceps (m)	triceps (m)	['trisɛps]
tendão (m)	sene (m/f)	['seːnə]
articulação (f)	ledd (n)	['led]

pulmões (m pl)	lunger (m pl)	['lɵŋər]
órgãos (m pl) genitais	kjønnsorganer (n pl)	['çœns,ɔr'ganər]
pele (f)	hud (m/f)	['hɵd]

31. Cabeça

cabeça (f)	hode (n)	['hɵdə]
cara (f)	ansikt (n)	['ansikt]
nariz (m)	nese (m/f)	['nese]
boca (f)	munn (m)	['mɵn]

olho (m)	øye (n)	['øjə]
olhos (m pl)	øyne (n pl)	['øjnə]
pupila (f)	pupill (m)	[pɵ'pil]
sobrancelha (f)	øyenbryn (n)	['øjən,bryn]
pestana (f)	øyenvipp (m)	['øjən,vip]
pálpebra (f)	øyelokk (m)	['øjə,lɔk]

língua (f)	tunge (m/f)	['tɵŋə]
dente (m)	tann (m/f)	['tan]
lábios (m pl)	lepper (m/f pl)	['lepər]
maçãs (f pl) do rosto	kinnbein (n pl)	['çin,bæjn]
gengiva (f)	tannkjøtt (n)	['tan,çœt]
palato (m)	gane (m)	['ganə]

narinas (f pl)	nesebor (n pl)	['nesə,bɵr]
queixo (m)	hake (m/f)	['hakə]
mandíbula (f)	kjeve (m)	['çɛvə]
bochecha (f)	kinn (n)	['çin]

testa (f)	panne (m/f)	['panə]
têmpora (f)	tinning (m)	['tiniŋ]
orelha (f)	øre (n)	['ørə]
nuca (f)	bakhode (n)	['bak,hodə]
pescoço (m)	hals (m)	['hals]
garganta (f)	strupe, hals (m)	['strɵpə], ['hals]

cabelos (m pl)	hår (n pl)	['hɔr]
penteado (m)	frisyre (m)	[fri'syrə]
corte (m) de cabelo	hårfasong (m)	['hoːrfa,sɔŋ]
peruca (f)	parykk (m)	[pa'rʏk]

bigode (m)	mustasje (m)	[mɵ'staʂə]
barba (f)	skjegg (n)	['ʂɛg]
usar, ter (~ barba, etc.)	å ha	[ɔ 'ha]
trança (f)	flette (m/f)	['fletə]
suíças (f pl)	bakkenbarter (pl)	['bakən,baːtər]

ruivo	rødhåret	['rø,hoːrət]
grisalho	grå	['grɔ]
calvo	skallet	['skalət]
calva (f)	skallet flekk (m)	['skalət ,flek]
rabo-de-cavalo (m)	hestehale (m)	['hɛstə,halə]
franja (f)	pannelugg (m)	['panə,lɵg]

32. Corpo humano

mão (f)	hånd (m/f)	['hɔn]
braço (m)	arm (m)	['ɑrm]
dedo (m)	finger (m)	['fiŋər]
dedo (m) do pé	tå (m/f)	['tɔ]
polegar (m)	tommel (m)	['tɔməl]
dedo (m) mindinho	lillefinger (m)	['lilə̩fiŋər]
unha (f)	negl (m)	['nɛjl]
punho (m)	knyttneve (m)	['knʏt̩nevə]
palma (f) da mão	håndflate (m/f)	['hɔn̩flɑtə]
pulso (m)	håndledd (n)	['hɔn̩led]
antebraço (m)	underarm (m)	['ʉnər̩ɑrm]
cotovelo (m)	albue (m)	['ɑl̩bʉə]
ombro (m)	skulder (m)	['skʉldər]
perna (f)	bein (n)	['bæjn]
pé (m)	fot (m)	['fʊt]
joelho (m)	kne (n)	['knɛ]
barriga (f) da perna	legg (m)	['leg]
anca (f)	hofte (m)	['hɔftə]
calcanhar (m)	hæl (m)	['hæl]
corpo (m)	kropp (m)	['krɔp]
barriga (f)	mage (m)	['mɑgə]
peito (m)	bryst (n)	['brʏst]
seio (m)	bryst (n)	['brʏst]
lado (m)	side (m/f)	['sidə]
costas (f pl)	rygg (m)	['rʏg]
região (f) lombar	korsrygg (m)	['kɔːʂ̩rʏg]
cintura (f)	liv (n), midje (m/f)	['liv], ['midjə]
umbigo (m)	navle (m)	['nɑvlə]
nádegas (f pl)	rumpeballer (m pl)	['rʉmpə̩bɑlər]
traseiro (m)	bak (m)	['bɑk]
sinal (m)	føflekk (m)	['fø̩flek]
sinal (m) de nascença	fødselsmerke (n)	['føtsəls̩mærke]
tatuagem (f)	tatovering (m/f)	[tatʊ'vɛriŋ]
cicatriz (f)	arr (n)	['ɑr]

Vestuário & Acessórios

33. Roupa exterior. Casacos

roupa (f)	klær (n)	['klær]
roupa (f) exterior	yttertøy (n)	['ytə,tøj]
roupa (f) de inverno	vinterklær (n pl)	['vintər,klær]
sobretudo (m)	frakk (m), kåpe (m/f)	['frɑk], ['ko:pə]
casaco (m) de peles	pels (m), pelskåpe (m/f)	['pɛls], ['pɛls,ko:pə]
casaco curto (m) de peles	pelsjakke (m/f)	['pɛls,jakə]
casaco (m) acolchoado	dunjakke (m/f)	['dʉn,jakə]
casaco, blusão (m)	jakke (m/f)	['jakə]
impermeável (m)	regnfrakk (m)	['ræjn,frɑk]
impermeável	vanntett	['vɑn,tɛt]

34. Vestuário de homem & mulher

camisa (f)	skjorte (m/f)	['ʂœ:tə]
calças (f pl)	bukse (m)	['bʉksə]
calças (f pl) de ganga	jeans (m)	['dʒins]
casaco (m) de fato	dressjakke (m/f)	['drɛs,jakə]
fato (m)	dress (m)	['drɛs]
vestido (ex. ~ vermelho)	kjole (m)	['çulə]
saia (f)	skjørt (n)	['ʂø:t]
blusa (f)	bluse (m)	['blʉsə]
casaco (m) de malha	strikket trøye (m/f)	['strikə 'trøjə]
casaco, blazer (m)	blazer (m)	['blæsər]
T-shirt, camiseta (f)	T-skjorte (m/f)	['te,ʂœ:tə]
calções (Bermudas, etc.)	shorts (m)	['ʂɔ:ts]
fato (m) de treino	treningsdrakt (m/f)	['treniŋs,drɑkt]
roupão (m) de banho	badekåpe (m/f)	['bɑdə,ko:pə]
pijama (m)	pyjamas (m)	[py'ʂamɑs]
suéter (m)	sweater (m)	['svɛtər]
pulôver (m)	pullover (m)	[pʉ'lɔvər]
colete (m)	vest (m)	['vɛst]
fraque (m)	livkjole (m)	['liv,çulə]
smoking (m)	smoking (m)	['smɔkiŋ]
uniforme (m)	uniform (m)	[ʉni'fɔrm]
roupa (f) de trabalho	arbeidsklær (n pl)	['ɑrbæjds,klær]
fato-macaco (m)	kjeledress, overall (m)	['çelə,drɛs], ['ɔvɛr,ɔl]
bata (~ branca, etc.)	kittel (m)	['çitəl]

35. Vestuário. Roupa interior

roupa (f) interior	undertøy (n)	['ʉnəˌtøj]
cuecas boxer (f pl)	underbukse (m/f)	['ʉnərˌbʉksə]
cuecas (f pl)	truse (m/f)	['trʉsə]
camisola (f) interior	undertrøye (m/f)	['ʉnəˌtrøjə]
peúgas (f pl)	sokker (m pl)	['sɔkər]
camisa (f) de noite	nattkjole (m)	['natˌçʉlə]
sutiã (m)	behå (m)	['beˌhɔ]
meias longas (f pl)	knestrømper (m/f pl)	['knɛˌstrømpər]
meia-calça (f)	strømpebukse (m/f)	['strømpəˌbʉksə]
meias (f pl)	strømper (m/f pl)	['strømpər]
fato (m) de banho	badedrakt (m/f)	['badəˌdrakt]

36. Adereços de cabeça

chapéu (m)	hatt (m)	['hat]
chapéu (m) de feltro	hatt (m)	['hat]
boné (m) de beisebol	baseball cap (m)	['bɛjsbɔl kɛp]
boné (m)	sikspens (m)	['sikspens]
boina (f)	alpelue, baskerlue (m/f)	['alpəˌlʉə], ['baskəˌlʉə]
capuz (m)	hette (m/f)	['hɛtə]
panamá (m)	panamahatt (m)	['panamaˌhat]
gorro (m) de malha	strikket lue (m/f)	['strikəˌlʉə]
lenço (m)	skaut (n)	['skaʉt]
chapéu (m) de mulher	hatt (m)	['hat]
capacete (m) de proteção	hjelm (m)	['jɛlm]
bibico (m)	båtlue (m/f)	['bɔtˌlʉə]
capacete (m)	hjelm (m)	['jɛlm]
chapéu-coco (m)	bowlerhatt, skalk (m)	['boʉlerˌhat], ['skalk]
chapéu (m) alto	flosshatt (m)	['flɔsˌhat]

37. Calçado

calçado (m)	skotøy (n)	['skʊtøj]
botinas (f pl)	skor (m pl)	['skʊr]
sapatos (de salto alto, etc.)	pumps (m pl)	['pʉmps]
botas (f pl)	støvler (m pl)	['støvlər]
pantufas (f pl)	tøfler (m pl)	['tøflər]
ténis (m pl)	tennissko (m pl)	['tɛnisˌskʊ]
sapatilhas (f pl)	canvas sko (m pl)	['kanvas ˌskʊ]
sandálias (f pl)	sandaler (m pl)	[san'dalər]
sapateiro (m)	skomaker (m)	['skʊˌmakər]
salto (m)	hæl (m)	['hæl]

par (m)	**par** (n)	['par]
atacador (m)	**skolisse** (m/f)	['sku,lisə]
apertar os atacadores	**å snøre**	[ɔ 'snørə]
calçadeira (f)	**skohorn** (n)	['sku,hu:ŋ]
graxa (f) para calçado	**skokrem** (m)	['sku,krɛm]

38. Têxtil. Tecidos

algodão (m)	**bomull** (m/f)	['bu,mʉl]
de algodão	**bomulls-**	['bu,mʉls-]
linho (m)	**lin** (n)	['lin]
de linho	**lin-**	['lin-]

seda (f)	**silke** (m)	['silkə]
de seda	**silke-**	['silkə-]
lã (f)	**ull** (m/f)	['ʉl]
de lã	**ull-, av ull**	['ʉl-], ['ɑ: ʉl]

veludo (m)	**fløyel** (m)	['fløjəl]
camurça (f)	**semset skinn** (n)	['sɛmsket ,şin]
bombazina (f)	**kordfløyel** (m/n)	['kɔ:d̦fløjəl]

náilon (m)	**nylon** (n)	['ny,lɔn]
de náilon	**nylon-**	['ny,lɔn-]
poliéster (m)	**polyester** (m)	[pʉly'ɛstər]
de poliéster	**polyester-**	[pʉly'ɛstər-]

couro (m)	**lær, skinn** (n)	['lær], ['şin]
de couro	**lær-, av lær**	['lær-], ['ɑ: lær]
pele (f)	**pels** (m)	['pɛls]
de peles, de pele	**pels-**	['pɛls-]

39. Acessórios pessoais

luvas (f pl)	**hansker** (m pl)	['hanskər]
mitenes (f pl)	**votter** (m pl)	['vɔtər]
cachecol (m)	**skjerf** (n)	['şærf]

óculos (m pl)	**briller** (m pl)	['brilər]
armação (f) de óculos	**innfatning** (m/f)	['in,fatniŋ]
guarda-chuva (m)	**paraply** (m)	[para'ply]
bengala (f)	**stokk** (m)	['stɔk]
escova (f) para o cabelo	**hårbørste** (m)	['hor,bœştə]
leque (m)	**vifte** (m/f)	['viftə]

gravata (f)	**slips** (n)	['slips]
gravata-borboleta (f)	**sløyfe** (m/f)	['şløjfə]
suspensórios (m pl)	**bukseseler** (m pl)	['bʉksə'selər]
lenço (m)	**lommetørkle** (n)	['lʉmə,tœrklə]

pente (m)	**kam** (m)	['kam]
travessão (m)	**hårspenne** (m/f/n)	['ho:r,spɛnə]

| gancho (m) de cabelo | hårnål (m/f) | ['ho:r,nol] |
| fivela (f) | spenne (m/f/n) | ['spɛnə] |

| cinto (m) | belte (m) | ['bɛltə] |
| correia (f) | skulderreim, rem (m/f) | ['skʉldə,ræjm], ['rem] |

mala (f)	veske (m/f)	['vɛskə]
mala (f) de senhora	håndveske (m/f)	['hɔn,vɛskə]
mochila (f)	ryggsekk (m)	['rʏg,sɛk]

40. Vestuário. Diversos

moda (f)	mote (m)	['mʉtə]
na moda	moteriktig	['mʉtə,rikti]
estilista (m)	moteskaper (m)	['mʉtə,skɑpər]

colarinho (m), gola (f)	krage (m)	['krɑgə]
bolso (m)	lomme (m/f)	['lʉmə]
de bolso	lomme-	['lʉmə-]
manga (f)	erme (n)	['ærmə]
alcinha (f)	hempe (m)	['hɛmpə]
braguilha (f)	gylf, buksesmekk (m)	['gylf], ['bʉksə,smɛk]

fecho (m) de correr	glidelås (m/n)	['glidə,lɔs]
fecho (m), colchete (m)	hekte (m/f), knepping (m)	['hɛktə], ['knɛpiŋ]
botão (m)	knapp (m)	['knɑp]
casa (f) de botão	klapphull (n)	['klɑp,hʉl]
soltar-se (vr)	å falle av	[ɔ 'falə ɑ:]

coser, costurar (vi)	å sy	[ɔ 'sy]
bordar (vt)	å brodere	[ɔ brʉ'derə]
bordado (m)	broderi (n)	[brʉde'ri]
agulha (f)	synål (m/f)	['sy,nɔl]
fio (m)	tråd (m)	['trɔ]
costura (f)	søm (m)	['søm]

sujar-se (vr)	å skitne seg til	[ɔ 'ʂitnə sæj til]
mancha (f)	flekk (m)	['flek]
engelhar-se (vr)	å bli skrukkete	[ɔ 'bli 'skrʉketə]
rasgar (vt)	å rive	[ɔ 'rivə]
traça (f)	møll (m/n)	['møl]

41. Cuidados pessoais. Cosméticos

pasta (f) de dentes	tannpasta (m)	['tɑn,pɑstɑ]
escova (f) de dentes	tannbørste (m)	['tɑn,bœʂtə]
escovar os dentes	å pusse tennene	[ɔ 'pʉsə 'tɛnənə]

máquina (f) de barbear	høvel (m)	['høvəl]
creme (m) de barbear	barberkrem (m)	[bɑr'bɛr,krɛm]
barbear-se (vr)	å barbere seg	[ɔ bɑr'berə sæj]
sabonete (m)	såpe (m/f)	['so:pə]

champô (m)	sjampo (m)	['ṣam‚pʊ]
tesoura (f)	saks (m/f)	['saks]
lima (f) de unhas	neglefil (m/f)	['nɛjlə‚fil]
corta-unhas (m)	negleklipper (m)	['nɛjlə‚klipər]
pinça (f)	pinsett (m)	[pin'sɛt]

cosméticos (m pl)	kosmetikk (m)	[kʊsme'tik]
máscara (f) facial	ansiktsmaske (m/f)	['ansikts‚maskə]
manicura (f)	manikyr (m)	[mani'kyr]
fazer a manicura	å få manikyr	[ɔ 'fɔ mani'kyr]
pedicure (f)	pedikyr (m)	[pedi'kyr]

mala (f) de maquilhagem	sminkeveske (m/f)	['sminkə‚vɛskə]
pó (m)	pudder (n)	['pʉdər]
caixa (f) de pó	pudderdåse (m)	['pʉdər‚do:sə]
blush (m)	rouge (m)	['ru:ṣ]

perfume (m)	parfyme (m)	[par'fymə]
água (f) de toilette	eau de toilette (m)	['ɔ: də twa'let]
loção (f)	lotion (m)	['loʊṣɛn]
água-de-colónia (f)	eau de cologne (m)	['ɔ: də kɔ'lɔŋ]

sombra (f) de olhos	øyeskygge (m)	['øjə‚sygə]
lápis (m) delineador	eyeliner (m)	['a:j‚lajnər]
máscara (f), rímel (m)	maskara (m)	[ma'skara]

batom (m)	leppestift (m)	['lepə‚stift]
verniz (m) de unhas	neglelakk (m)	['nɛjlə‚lak]
laca (f) para cabelos	hårlakk (m)	['ho:r‚lak]
desodorizante (m)	deodorant (m)	[deudʊ'rant]

creme (m)	krem (m)	['krɛm]
creme (m) de rosto	ansiktskrem (m)	['ansikts‚krɛm]
creme (m) de mãos	håndkrem (m)	['hɔn‚krɛm]
creme (m) antirrugas	antirynkekrem (m)	[anti'rʏnkə‚krɛm]
creme (m) de dia	dagkrem (m)	['dag‚krɛm]
creme (m) de noite	nattkrem (m)	['nat‚krɛm]
de dia	dag-	['dag-]
da noite	natt-	['nat-]

tampão (m)	tampong (m)	[tam'pɔŋ]
papel (m) higiénico	toalettpapir (n)	[tʊa'let pa'pir]
secador (m) elétrico	hårføner (m)	['ho:r‚fønər]

42. Joalheria

joias (f pl)	smykker (n pl)	['smʏkər]
precioso	edel-	['ɛdəl-]
marca (f) de contraste	stempel (n)	['stɛmpəl]

anel (m)	ring (m)	['riŋ]
aliança (f)	giftering (m)	['jiftə‚riŋ]
pulseira (f)	armbånd (n)	['arm‚bɔn]
brincos (m pl)	øreringer (m pl)	['ørə‚riŋər]

colar (m)	halssmykke (n)	['hals‚smʏkə]
coroa (f)	krone (m/f)	['krʊnə]
colar (m) de contas	perlekjede (m/n)	['pærlə‚çɛ:də]

diamante (m)	diamant (m)	[dia'mant]
esmeralda (f)	smaragd (m)	[sma'ragd]
rubi (m)	rubin (m)	[rʉ'bin]
safira (f)	safir (m)	[sa'fir]
pérola (f)	perler (m pl)	['pærlər]
âmbar (m)	rav (n)	['rav]

43. Relógios de pulso. Relógios

relógio (m) de pulso	armbåndsur (n)	['armbɔns‚ʉr]
mostrador (m)	urskive (m/f)	['ʉ:‚șivə]
ponteiro (m)	viser (m)	['visər]
bracelete (f) em aço	armbånd (n)	['arm‚bɔn]
bracelete (f) em couro	rem (m/f)	['rem]

pilha (f)	batteri (n)	[batɛ'ri]
descarregar-se	å bli utladet	[ɔ 'bli 'ʉt‚ladət]
trocar a pilha	å skifte batteriene	[ɔ 'șiftə batɛ'riene]
estar adiantado	å gå for fort	[ɔ 'gɔ fɔ 'fo:t]
estar atrasado	å gå for sakte	[ɔ 'gɔ fɔ 'saktə]

relógio (m) de parede	veggur (n)	['vɛg‚ʉr]
ampulheta (f)	timeglass‚(n)	['timə‚glas]
relógio (m) de sol	solur (n)	['sʊl‚ʉr]
despertador (m)	vekkerklokka (m/f)	['vɛkər‚klɔka]
relojoeiro (m)	urmaker (m)	['ʉr‚makər]
reparar (vt)	å reparere	[ɔ repa'rerə]

Alimentação. Nutrição

44. Comida

carne (f)	kjøtt (n)	['çœt]
galinha (f)	høne (m/f)	['hønə]
frango (m)	kylling (m)	['çyliŋ]
pato (m)	and (m/f)	['an]
ganso (m)	gås (m/f)	['gɔs]
caça (f)	vilt (n)	['vilt]
peru (m)	kalkun (m)	[kal'kʉn]
carne (f) de porco	svinekjøtt (n)	['svinə,çœt]
carne (f) de vitela	kalvekjøtt (n)	['kalvə,çœt]
carne (f) de carneiro	fårekjøtt (n)	['fo:rə,çœt]
carne (f) de vaca	oksekjøtt (n)	['ɔksə,çœt]
carne (f) de coelho	kanin (m)	[ka'nin]
chouriço, salsichão (m)	pølse (m/f)	['pølsə]
salsicha (f)	wienerpølse (m/f)	['vinər,pølsə]
bacon (m)	bacon (n)	['bɛjkən]
fiambre (f)	skinke (m)	['şinkə]
presunto (m)	skinke (m)	['şinkə]
patê (m)	pate, paté (m)	[pa'te]
fígado (m)	lever (m)	['levər]
carne (f) moída	kjøttfarse (m)	['çœt,farşə]
língua (f)	tunge (m/f)	['tʉŋə]
ovo (m)	egg (n)	['ɛg]
ovos (m pl)	egg (n pl)	['ɛg]
clara (f) do ovo	eggehvite (m)	['ɛgə,vitə]
gema (f) do ovo	plomme (m/f)	['plʉmə]
peixe (m)	fisk (m)	['fisk]
mariscos (m pl)	sjømat (m)	['şø,mat]
crustáceos (m pl)	krepsdyr (n pl)	['krɛps,dyr]
caviar (m)	kaviar (m)	['kavi,ar]
caranguejo (m)	krabbe (m)	['krabə]
camarão (m)	reke (m/f)	['rekə]
ostra (f)	østers (m)	['østəş]
lagosta (f)	langust (m)	[laŋ'gʉst]
polvo (m)	blekksprut (m)	['blek,sprʉt]
lula (f)	blekksprut (m)	['blek,sprʉt]
esturjão (m)	stør (m)	['stør]
salmão (m)	laks (m)	['laks]
halibute (m)	kveite (m/f)	['kvæjtə]
bacalhau (m)	torsk (m)	['tɔşk]

cavala, sarda (f)	makrell (m)	[ma'krɛl]
atum (m)	tunfisk (m)	['tʉnˌfisk]
enguia (f)	ål (m)	['ɔl]

truta (f)	ørret (m)	['øret]
sardinha (f)	sardin (m)	[sɑ:'ɖin]
lúcio (m)	gjedde (m/f)	['jɛdə]
arenque (m)	sild (m/f)	['sil]

pão (m)	brød (n)	['brø]
queijo (m)	ost (m)	['ʊst]
açúcar (m)	sukker (n)	['sʉkər]
sal (m)	salt (n)	['salt]

arroz (m)	ris (m)	['ris]
massas (f pl)	pasta, makaroni (m)	['pasta], [maka'rʊni]
talharim (m)	nudler (m pl)	['nʉdlər]

manteiga (f)	smør (n)	['smør]
óleo (m) vegetal	vegetabilsk olje (m)	[vegeta'bilsk ˌɔljə]
óleo (m) de girassol	solsikkeolje (m)	['sʊlsikəˌɔljə]
margarina (f)	margarin (m)	[marga'rin]

azeitonas (f pl)	olivener (m pl)	[ʊ'livenər]
azeite (m)	olivenolje (m)	[ʊ'livənˌɔljə]

leite (m)	melk (m/f)	['mɛlk]
leite (m) condensado	kondensert melk (m/f)	[kʉndən'se:ʈ ˌmɛlk]
iogurte (m)	jogurt (m)	['jogʉ:ʈ]
nata (f) azeda	rømme, syrnet fløte (m)	['rœmə], ['sy:ŋet 'fløtə]
nata (f) do leite	fløte (m)	['fløtə]

maionese (f)	majones (m)	[majo'nɛs]
creme (m)	krem (m)	['krɛm]

grãos (m pl) de cereais	gryn (n)	['gryn]
farinha (f)	mel (n)	['mel]
enlatados (m pl)	hermetikk (m)	[hɛrme'tik]

flocos (m pl) de milho	cornflakes (m)	['kɔːŋˌflejks]
mel (m)	honning (m)	['hɔniŋ]
doce (m)	syltetøy (n)	['syltəˌtøj]
pastilha (f) elástica	tyggegummi (m)	['tygəˌgʉmi]

45. Bebidas

água (f)	vann (n)	['van]
água (f) potável	drikkevann (n)	['drikəˌvan]
água (f) mineral	mineralvann (n)	[minə'ralˌvan]

sem gás	uten kullsyre	['ʉtən kʉl'syrə]
gaseificada	kullsyret	[kʉl'syrət]
com gás	med kullsyre	[me kʉl'syrə]
gelo (m)	is (m)	['is]

com gelo	med is	[me 'is]
sem álcool	alkoholfri	['alkʉhʉlˌfri]
bebida (f) sem álcool	alkoholfri drikk (m)	['alkʉhʉlˌfri drik]
refresco (m)	leskedrikk (m)	['leskəˌdrik]
limonada (f)	limonade (m)	[limɔ'nadə]

bebidas (f pl) alcoólicas	rusdrikker (m pl)	['rʉsˌdrikər]
vinho (m)	vin (m)	['vin]
vinho (m) branco	hvitvin (m)	['vitˌvin]
vinho (m) tinto	rødvin (m)	['røˌvin]

licor (m)	likør (m)	[li'kør]
champanhe (m)	champagne (m)	[ʂam'panjə]
vermute (m)	vermut (m)	['værmʉt]

uísque (m)	whisky (m)	['viski]
vodka (f)	vodka (m)	['vɔdka]
gim (m)	gin (m)	['dʒin]
conhaque (m)	konjakk (m)	['kʉnjak]
rum (m)	rom (m)	['rʉm]

café (m)	kaffe (m)	['kafə]
café (m) puro	svart kaffe (m)	['sva:ʈ 'kafə]
café (m) com leite	kaffe (m) med melk	['kafə me 'mɛlk]
cappuccino (m)	cappuccino (m)	[kapu'tʃinɔ]
café (m) solúvel	pulverkaffe (m)	['pʉlvərˌkafə]

leite (m)	melk (m/f)	['mɛlk]
coquetel (m)	cocktail (m)	['kɔkˌtɛjl]
batido (m) de leite	milkshake (m)	['milkˌʂɛjk]

sumo (m)	jus, juice (m)	['dʒʉs]
sumo (m) de tomate	tomatjuice (m)	[tʉ'matˌdʒʉs]
sumo (m) de laranja	appelsinjuice (m)	[apel'sinˌdʒʉs]
sumo (m) fresco	nypresset juice (m)	['nyˌprɛsə 'dʒʉs]

cerveja (f)	øl (m/n)	['øl]
cerveja (f) clara	lettøl (n)	['letˌøl]
cerveja (f) preta	mørkt øl (n)	['mœrktˌøl]

chá (m)	te (m)	['te]
chá (m) preto	svart te (m)	['sva:ʈ ˌte]
chá (m) verde	grønn te (m)	['grœn ˌte]

46. Vegetais

legumes (m pl)	grønnsaker (m pl)	['grœnˌsakər]
verduras (f pl)	grønnsaker (m pl)	['grœnˌsakər]

tomate (m)	tomat (m)	[tʉ'mat]
pepino (m)	agurk (m)	[a'gʉrk]
cenoura (f)	gulrot (m/f)	['gʉlˌrʉt]
batata (f)	potet (m/f)	[pʉ'tet]
cebola (f)	løk (m)	['løk]

alho (m)	hvitløk (m)	['vit₁løk]
couve (f)	kål (m)	['kɔl]
couve-flor (f)	blomkål (m)	['blɔm₁kɔl]
couve-de-bruxelas (f)	rosenkål (m)	['rʊsən₁kɔl]
brócolos (m pl)	brokkoli (m)	['brɔkɔli]

beterraba (f)	rødbete (m/f)	['rø₁betə]
beringela (f)	aubergine (m)	[ɔbɛr'şin]
curgete (f)	squash (m)	['skvɔş]
abóbora (f)	gresskar (n)	['grɛskar]
nabo (m)	nepe (m/f)	['nepə]

salsa (f)	persille (m/f)	[pæ'şilə]
funcho, endro (m)	dill (m)	['dil]
alface (f)	salat (m)	[sa'lat]
aipo (m)	selleri (m/n)	[sɛle₁ri]
espargo (m)	asparges (m)	[a'sparşəs]
espinafre (m)	spinat (m)	[spi'nat]

ervilha (f)	erter (m pl)	['æ:ţər]
fava (f)	bønner (m/f pl)	['bœnər]
milho (m)	mais (m)	['mais]
feijão (m)	bønne (m/f)	['bœnə]

pimentão (m)	pepper (m)	['pɛpər]
rabanete (m)	reddik (m)	['rɛdik]
alcachofra (f)	artisjokk (m)	[₁a:ţi'şɔk]

47. Frutos. Nozes

fruta (f)	frukt (m/f)	['frʉkt]
maçã (f)	eple (n)	['ɛplə]
pera (f)	pære (m/f)	['pærə]
limão (m)	sitron (m)	[si'trʊn]
laranja (f)	appelsin (m)	[apel'sin]
morango (m)	jordbær (n)	['juːr₁bær]

tangerina (f)	mandarin (m)	[manda'rin]
ameixa (f)	plomme (m/f)	['plʊmə]
pêssego (m)	fersken (m)	['fæşkən]
damasco (m)	aprikos (m)	[apri'kʊs]
framboesa (f)	bringebær (n)	['brinə₁bær]
ananás (m)	ananas (m)	['ananas]

banana (f)	banan (m)	[ba'nan]
melancia (f)	vannmelon (m)	['vanme₁lʊn]
uva (f)	drue (m)	['drʉə]
ginja (f)	kirsebær (n)	['çişə₁bær]
cereja (f)	morell (m)	[mʊ'rɛl]
meloa (f)	melon (m)	[me'lun]

toranja (f)	grapefrukt (m/f)	['grɛjp₁frʉkt]
abacate (m)	avokado (m)	[avo'kadɔ]
papaia (f)	papaya (m)	[pa'paja]

| manga (f) | mango (m) | ['maŋu] |
| romã (f) | granateple (n) | [gra'nat‚ɛplə] |

groselha (f) vermelha	rips (m)	['rips]
groselha (f) preta	solbær (n)	['sʊl‚bær]
groselha (f) espinhosa	stikkelsbær (n)	['stikəls‚bær]
mirtilo (m)	blåbær (n)	['blɔ‚bær]
amora silvestre (f)	bjørnebær (m)	['bjœːŋə‚bær]

uvas (f pl) passas	rosin (m)	[rʊ'sin]
figo (m)	fiken (m)	['fikən]
tâmara (f)	daddel (m)	['dadəl]

amendoim (m)	jordnøtt (m)	['juːr‚nœt]
amêndoa (f)	mandel (m)	['mandəl]
noz (f)	valnøtt (m/f)	['val‚nœt]
avelã (f)	hasselnøtt (m/f)	['hasəl‚nœt]
coco (m)	kokosnøtt (m/f)	['kʊkʊs‚nœt]
pistáchios (m pl)	pistasier (m pl)	[pi'staşiər]

48. Pão. Bolaria

pastelaria (f)	bakevarer (m/f pl)	['bakə‚varər]
pão (m)	brød (n)	['brø]
bolacha (f)	kjeks (m)	['çɛks]

chocolate (m)	sjokolade (m)	[şʊkʊ'ladə]
de chocolate	sjokolade-	[şʊkʊ'ladə-]
rebuçado (m)	sukkertøy (n), karamell (m)	['sʉkəːtøj], [kara'mɛl]
bolo (cupcake, etc.)	kake (m/f)	['kakə]
bolo (m) de aniversário	bløtkake (m/f)	['bløt‚kakə]

| tarte (~ de maçã) | pai (m) | ['paj] |
| recheio (m) | fyll (m/n) | ['fʏl] |

doce (m)	syltetøy (n)	['syltə‚tøj]
geleia (f) de frutas	marmelade (m)	[marme'ladə]
waffle (m)	vaffel (m)	['vafəl]
gelado (m)	iskrem (m)	['iskrɛm]
pudim (m)	pudding (m)	['pʉdiŋ]

49. Pratos cozinhados

prato (m)	rett (m)	['rɛt]
cozinha (~ portuguesa)	kjøkken (n)	['çœkən]
receita (f)	oppskrift (m)	['ɔp‚skrift]
porção (f)	porsjon (m)	[pɔ'şʊn]

salada (f)	salat (m)	[sa'lat]
sopa (f)	suppe (m/f)	['sʉpə]
caldo (m)	buljong (m)	[bu'ljɔŋ]
sandes (f)	smørbrød (n)	['smør‚brø]

ovos (m pl) estrelados	speilegg (n)	['spæjl,ɛg]
hambúrguer (m)	hamburger (m)	['hamburgər]
bife (m)	biff (m)	['bif]

conduto (m)	tilbehør (n)	['tilbə,hør]
espaguete (m)	spagetti (m)	[spa'gɛti]
puré (m) de batata	potetmos (m)	[pu'tet,mus]
pizza (f)	pizza (m)	['pitsa]
papa (f)	grøt (m)	['grøt]
omelete (f)	omelett (m)	[ɔmə'let]

cozido em água	kokt	['kukt]
fumado	røkt	['røkt]
frito	stekt	['stɛkt]
seco	tørket	['tœrkət]
congelado	frossen, dypfryst	['frɔsən], ['dyp,fryst]
em conserva	syltet	['syltət]

doce (açucarado)	søt	['søt]
salgado	salt	['salt]
frio	kald	['kal]
quente	het, varm	['het], ['varm]
amargo	bitter	['bitər]
gostoso	lekker	['lekər]

cozinhar (em água a ferver)	å koke	[ɔ 'kukə]
fazer, preparar (vt)	å lage	[ɔ 'lagə]
fritar (vt)	å steke	[ɔ 'stekə]
aquecer (vt)	å varme opp	[ɔ 'varmə ɔp]

salgar (vt)	å salte	[ɔ 'saltə]
apimentar (vt)	å pepre	[ɔ 'pɛprə]
ralar (vt)	å rive	[ɔ 'rivə]
casca (f)	skall (n)	['skal]
descascar (vt)	å skrelle	[ɔ 'skrɛlə]

50. Especiarias

sal (m)	salt (n)	['salt]
salgado	salt	['salt]
salgar (vt)	å salte	[ɔ 'saltə]

pimenta (f) preta	svart pepper (m)	['sva:ʈ 'pɛpər]
pimenta (f) vermelha	rød pepper (m)	['rø 'pɛpər]
mostarda (f)	sennep (m)	['sɛnəp]
raiz-forte (f)	pepperrot (m/f)	['pɛpər,rut]

condimento (m)	krydder (n)	['krydər]
especiaria (f)	krydder (n)	['krydər]
molho (m)	saus (m)	['saus]
vinagre (m)	eddik (m)	['ɛdik]

anis (m)	anis (m)	['anis]
manjericão (m)	basilik (m)	[basi'lik]

cravo (m)	nellik (m)	['nɛlik]
gengibre (m)	ingefær (m)	['iŋəˌfær]
coentro (m)	koriander (m)	[kʊri'andər]
canela (f)	kanel (m)	[ka'nel]

sésamo (m)	sesam (m)	['sesam]
folhas (f pl) de louro	laurbærblad (n)	['laʊrbærˌbla]
páprica (f)	paprika (m)	['paprika]
cominho (m)	karve, kummin (m)	['karvə], ['kʉmin]
açafrão (m)	safran (m)	[sa'fran]

51. Refeições

| comida (f) | mat (m) | ['mat] |
| comer (vt) | å spise | [ɔ 'spisə] |

pequeno-almoço (m)	frokost (m)	['frʊkɔst]
tomar o pequeno-almoço	å spise frokost	[ɔ 'spisə ˌfrʊkɔst]
almoço (m)	lunsj, lunch (m)	['lʉnʂ]
almoçar (vi)	å spise lunsj	[ɔ 'spisə ˌlʉnʂ]
jantar (m)	middag (m)	['miˌda]
jantar (vi)	å spise middag	[ɔ 'spisə 'miˌda]

| apetite (m) | appetitt (m) | [ape'tit] |
| Bom apetite! | God appetitt! | ['gʊ ape'tit] |

abrir (~ uma lata, etc.)	å åpne	[ɔ 'ɔpnə]
derramar (vt)	å spille	[ɔ 'spilə]
derramar-se (vr)	å bli spilt	[ɔ 'bli 'spilt]

ferver (vi)	å koke	[ɔ 'kʊkə]
ferver (vt)	å koke	[ɔ 'kʊkə]
fervido	kokt	['kʊkt]

| arrefecer (vt) | å svalne | [ɔ 'svalnə] |
| arrefecer-se (vr) | å avkjøles | [ɔ 'avˌçœləs] |

| sabor, gosto (m) | smak (m) | ['smak] |
| gostinho (m) | bismak (m) | ['bismak] |

fazer dieta	å være på diet	[ɔ 'værə pɔ di'et]
dieta (f)	diett (m)	[di'et]
vitamina (f)	vitamin (n)	[vita'min]
caloria (f)	kalori (m)	[kalʊ'ri]

| vegetariano (m) | vegetarianer (m) | [vegetari'anər] |
| vegetariano | vegetarisk | [vege'tarisk] |

gorduras (f pl)	fett (n)	['fɛt]
proteínas (f pl)	proteiner (n pl)	[prɔte'inər]
carboidratos (m pl)	kullhydrater (n pl)	['kʉlhyˌdratər]
fatia (~ de limão, etc.)	skive (m/f)	['ʂivə]
pedaço (~ de bolo)	stykke (n)	['stʏkə]
migalha (f)	smule (m)	['smʉlə]

52. Por a mesa

colher (f)	skje (m)	['ʂe]
faca (f)	kniv (m)	['kniv]
garfo (m)	gaffel (m)	['gafəl]

chávena (f)	kopp (m)	['kɔp]
prato (m)	tallerken (m)	[ta'lærkən]
pires (m)	tefat (n)	['te̩fat]
guardanapo (m)	serviett (m)	[sɛrvi'ɛt]
palito (m)	tannpirker (m)	['tan̩pirkər]

53. Restaurante

restaurante (m)	restaurant (m)	[rɛstʊ'raŋ]
café (m)	kafé, kaffebar (m)	[ka'fe], ['kafə̩bar]
bar (m), cervejaria (f)	bar (m)	['bar]
salão (m) de chá	tesalong (m)	['tesa̩lɔŋ]

empregado (m) de mesa	servitør (m)	['særvi'tør]
empregada (f) de mesa	servitrise (m/f)	[særvi'trisə]
barman (m)	bartender (m)	['bɑːˌtɛndər]

ementa (f)	meny (m)	[me'ny]
lista (f) de vinhos	vinkart (n)	['vin̩kaːt̩]
reservar uma mesa	å reservere bord	[ɔ resɛr'verə 'bʊr]

prato (m)	rett (m)	['rɛt]
pedir (vt)	å bestille	[ɔ be'stilə]
fazer o pedido	å bestille	[ɔ be'stilə]

aperitivo (m)	aperitiff (m)	[ɑperi'tif]
entrada (f)	forrett (m)	['forɛt]
sobremesa (f)	dessert (m)	[de'sɛːr]

conta (f)	regning (m/f)	['rɛjniŋ]
pagar a conta	å betale regningen	[ɔ be'talə 'rɛjniŋən]
dar o troco	å gi tilbake veksel	[ɔ ji til'bɑkə 'vɛksəl]
gorjeta (f)	driks (m)	['driks]

Família, parentes e amigos

54. Informação pessoal. Formulários

nome (m)	navn (n)	['navn]
apelido (m)	etternavn (n)	['ɛtə‚ŋavn]
data (f) de nascimento	fødselsdato (m)	['føtsəls‚datʊ]
local (m) de nascimento	fødested (n)	['fødə‚sted]
nacionalidade (f)	nasjonalitet (m)	[naʂʊnali'tet]
lugar (m) de residência	bosted (n)	['bʊ‚sted]
país (m)	land (n)	['lan]
profissão (f)	yrke (n), profesjon (m)	['yrkə], [prʊfe'ʂʊn]
sexo (m)	kjønn (n)	['çœn]
estatura (f)	høyde (m)	['højdə]
peso (m)	vekt (m)	['vɛkt]

55. Membros da família. Parentes

mãe (f)	mor (m/f)	['mʊr]
pai (m)	far (m)	['far]
filho (m)	sønn (m)	['sœn]
filha (f)	datter (m/f)	['datər]
filha (f) mais nova	yngste datter (m/f)	['yŋstə 'datər]
filho (m) mais novo	yngste sønn (m)	['yŋstə 'sœn]
filha (f) mais velha	eldste datter (m/f)	['ɛlstə 'datər]
filho (m) mais velho	eldste sønn (m)	['ɛlstə 'sœn]
irmão (m)	bror (m)	['brʊr]
irmão (m) mais velho	eldre bror (m)	['ɛldrə ‚brʊr]
irmão (m) mais novo	lillebror (m)	['lile‚brʊr]
irmã (f)	søster (m/f)	['søstər]
irmã (f) mais velha	eldre søster (m/f)	['ɛldrə ‚søstər]
irmã (f) mais nova	lillesøster (m/f)	['lile‚søstər]
primo (m)	fetter (m/f)	['fɛtər]
prima (f)	kusine (m)	[kʉ'sinə]
mamã (f)	mamma (m)	['mama]
papá (m)	pappa (m)	['papa]
pais (pl)	foreldre (pl)	[fɔr'ɛldrə]
criança (f)	barn (n)	['bɑːɳ]
crianças (f pl)	barn (n pl)	['bɑːɳ]
avó (f)	bestemor (m)	['bɛstə‚mʊr]
avô (m)	bestefar (m)	['bɛstə‚far]
neto (m)	barnebarn (n)	['bɑːɳə‚bɑːɳ]

| neta (f) | barnebarn (n) | ['bɑːŋəˌbɑːŋ] |
| netos (pl) | barnebarn (n pl) | ['bɑːŋəˌbɑːŋ] |

tio (m)	onkel (m)	['ʊnkəl]
tia (f)	tante (m/f)	['tɑntə]
sobrinho (m)	nevø (m)	[ne'vø]
sobrinha (f)	niese (m/f)	[ni'esə]

sogra (f)	svigermor (m/f)	['sviɡərˌmʊr]
sogro (m)	svigerfar (m)	['sviɡərˌfɑr]
genro (m)	svigersønn (m)	['sviɡərˌsœn]
madrasta (f)	stemor (m/f)	['steˌmʊr]
padrasto (m)	stefar (m)	['steˌfɑr]

criança (f) de colo	brystbarn (n)	['brʏstˌbɑːŋ]
bebé (m)	spedbarn (n)	['speˌbɑːŋ]
menino (m)	lite barn (n)	['litə 'bɑːŋ]

mulher (f)	kone (m/f)	['kʊnə]
marido (m)	mann (m)	['mɑn]
esposo (m)	ektemann (m)	['ɛktəˌmɑn]
esposa (f)	hustru (m)	['hʉstrʉ]

casado	gift	['jift]
casada	gift	['jift]
solteiro	ugift	[ʉːˈjift]
solteirão (m)	ungkar (m)	['ʉŋˌkɑr]
divorciado	fraskilt	['frɑˌʂilt]
viúva (f)	enke (m)	['ɛnkə]
viúvo (m)	enkemann (m)	['ɛnkəˌmɑn]

parente (m)	slektning (m)	['ʂlektniŋ]
parente (m) próximo	nær slektning (m)	['nær 'slektniŋ]
parente (m) distante	fjern slektning (m)	['fjæːŋ 'slektniŋ]
parentes (m pl)	slektninger (m pl)	['ʂlektniŋər]

órfão (m), órfã (f)	foreldreløst barn (n)	[forˈɛldrəløst ˌbɑːŋ]
tutor (m)	formynder (m)	['forˌmʏnər]
adotar (um filho)	å adoptere	[ɔ adɔp'terə]
adotar (uma filha)	å adoptere	[ɔ adɔp'terə]

56. Amigos. Colegas de trabalho

amigo (m)	venn (m)	['vɛn]
amiga (f)	venninne (m/f)	[vɛ'ninə]
amizade (f)	vennskap (n)	['vɛnˌskɑp]
ser amigos	å være venner	[ɔ 'værə 'vɛnər]

amigo (m)	venn (m)	['vɛn]
amiga (f)	venninne (m/f)	[vɛ'ninə]
parceiro (m)	partner (m)	['pɑːʈnər]

| chefe (m) | sjef (m) | ['ʂɛf] |
| superior (m) | overordnet (m) | ['ɔvərˌɔrdnet] |

proprietário (m)	eier (m)	['æjər]
subordinado (m)	underordnet (m)	['ʉnər‚ɔrdnet]
colega (m)	kollega (m)	[kʊ'lega]

conhecido (m)	bekjent (m)	[be'çɛnt]
companheiro (m) de viagem	medpassasjer (m)	['me‚pasɑ'sɛr]
colega (m) de classe	klassekamerat (m)	['klasə‚kamə'rɑ:t]

vizinho (m)	nabo (m)	['nɑbʉ]
vizinha (f)	nabo (m)	['nɑbʉ]
vizinhos (pl)	naboer (m pl)	['nɑbʉər]

57. Homem. Mulher

mulher (f)	kvinne (m/f)	['kvinə]
rapariga (f)	jente (m/f)	['jɛntə]
noiva (f)	brud (m/f)	['brʉd]

bonita	vakker	['vɑkər]
alta	høy	['høj]
esbelta	slank	['ʂlɑnk]
de estatura média	liten av vekst	['litən ɑ: 'vɛkst]

| loura (f) | blondine (m) | [blɔn'dinə] |
| morena (f) | brunette (m) | [brʉ'nɛtə] |

de senhora	dame-	['damə-]
virgem (f)	jomfru (m/f)	['ʉmfrʉ]
grávida	gravid	[grɑ'vid]

homem (m)	mann (m)	['mɑn]
louro (m)	blond mann (m)	['blɔn ‚mɑn]
moreno (m)	mørkhåret mann (m)	['mœrk‚ho:ret mɑn]
alto	høy	['høj]
de estatura média	liten av vekst	['litən ɑ: 'vɛkst]

rude	grov	['grɔv]
atarracado	undersetsig	['ʉnə‚ʂɛtsi]
robusto	robust	[rʊ'bʉst]
forte	sterk	['stærk]
força (f)	kraft, styrke (m)	['krɑft], ['styrkə]

gordo	tykk	['tʏk]
moreno	mørkhudet	['mœrk‚hʉdət]
esbelto	slank	['ʂlɑnk]
elegante	elegant	[ɛle'gɑnt]

58. Idade

idade (f)	alder (m)	['ɑldər]
juventude (f)	ungdom (m)	['ʉŋ‚dɔm]
jovem	ung	['ʉŋ]

| mais novo | yngre | ['ʏŋrə] |
| mais velho | eldre | ['ɛldrə] |

jovem (m)	unge mann (m)	['ʉŋə ˌman]
adolescente (m)	tenåring (m)	['tɛnoːriŋ]
rapaz (m)	kar (m)	['kar]

| velho (m) | gammel mann (m) | ['gaməl ˌman] |
| velhota (f) | gammel kvinne (m/f) | ['gaməl ˌkvinə] |

adulto	voksen	['vɔksən]
de meia-idade	middelaldrende	['midəlˌaldrɛnə]
idoso, de idade	eldre	['ɛldrə]
velho	gammel	['gaməl]

reforma (f)	pensjon (m)	[panˈʂʊn]
reformar-se (vr)	å gå av med pensjon	[ɔ 'gɔ aː me panˈʂʊn]
reformado (m)	pensjonist (m)	[panʂuˈnist]

59. Crianças

criança (f)	barn (n)	['baːɳ]
crianças (f pl)	barn (n pl)	['baːɳ]
gémeos (m pl)	tvillinger (m pl)	['tviliŋər]

berço (m)	vogge (m/f)	['vɔgə]
guizo (m)	rangle (m/f)	['raŋlə]
fralda (f)	bleie (m/f)	['blæjə]

chupeta (f)	smokk (m)	['smʊk]
carrinho (m) de bebé	barnevogn (m/f)	['baːɳəˌvɔŋn]
jardim (m) de infância	barnehage (m)	['baːɳəˌhagə]
babysitter (f)	babysitter (m)	['bɛbyˌsitər]

infância (f)	barndom (m)	['baːɳˌdɔm]
boneca (f)	dukke (m/f)	['dʉkə]
brinquedo (m)	leketøy (n)	['lekəˌtøj]
jogo (m) de armar	byggesett (n)	['bʏgəˌsɛt]

bem-educado	veloppdragen	['velˌɔpˈdragən]
mal-educado	uoppdragen	[ʉopˈdragən]
mimado	bortskjemt	['bʊːtʂɛmt]

ser travesso	å være stygg	[ɔ 'værə 'stʏg]
travesso, traquinas	skøyeraktig	['skøjəˌrakti]
travessura (f)	skøyeraktighet (m)	['skøjəˌraktihet]
criança (f) travessa	skøyer (m)	['skøjər]

| obediente | lydig | ['lydi] |
| desobediente | ulydig | [ʉ'lydi] |

dócil	føyelig	['føjli]
inteligente	klok	['klʊk]
menino (m) prodígio	vidunderbarn (n)	['vidˌʉndərˌbaːɳ]

60. Casais. Vida de família

beijar (vt)	å kysse	[ɔ 'çysə]
beijar-se (vr)	å kysse hverandre	[ɔ 'çysə ˌverandrə]
família (f)	familie (m)	[fɑ'miliə]
familiar	familie-	[fɑ'miliə-]
casal (m)	par (n)	['pɑr]
matrimónio (m)	ekteskap (n)	['ɛktəˌskɑp]
lar (m)	hjemmets arne (m)	['jɛmets 'ɑːŋə]
dinastia (f)	dynasti (n)	[dinɑs'ti]

encontro (m)	stevnemøte (n)	['stɛvnəˌmøtə]
beijo (m)	kyss (n)	['çys]

amor (m)	kjærlighet (m)	['çæːˌiˌhet]
amar (vt)	å elske	[ɔ 'ɛlskə]
amado, querido	elskling	['ɛlskliŋ]

ternura (f)	ømhet (m)	['ømˌhet]
terno, afetuoso	øm	['øm]
fidelidade (f)	troskap (m)	['trʊˌskɑp]
fiel	trofast	['trʊfast]
cuidado (m)	omsorg (m)	['ɔmˌsɔrg]
carinhoso	omsorgsfull	['ɔmˌsɔrgsfʉl]

recém-casados (m pl)	nygifte (n)	['nyˌjiftə]
lua de mel (f)	hvetebrødsdager (m pl)	['vetɛbrøsˌdagər]
casar-se (com um homem)	å gifte seg	[ɔ 'jiftə sæj]
casar-se (com uma mulher)	å gifte seg	[ɔ 'jiftə sæj]

boda (f)	bryllup (n)	['brʏlʉp]
bodas (f pl) de ouro	gullbryllup (n)	['gʉlˌbrʏlʉp]
aniversário (m)	årsdag (m)	['oːʂˌda]

amante (m)	elsker (m)	['ɛlskər]
amante (f)	elskerinne (m/f)	['ɛlskəˌrinə]

ciumento	sjalu	[ʂɑ'lʉː]
ser ciumento	å være sjalu	[ɔ 'værə ʂa'lʉː]
divórcio (m)	skilsmisse (m)	['ʂilsˌmisə]
divorciar-se (vr)	å skille seg	[ɔ 'ʂiləe sæj]

brigar (discutir)	å krangle	[ɔ 'kraŋlə]
fazer as pazes	å forsone seg	[ɔ fɔ'ʂʊnə sæj]
juntos	sammen	['samən]
sexo (m)	sex (m)	['sɛks]

felicidade (f)	lykke (m/f)	['lʏkə]
feliz	lykkelig	['lʏkəli]
infelicidade (f)	ulykke (m/f)	['ʉˌlʏkə]
infeliz	ulykkelig	['ʉˌlʏkəli]

Caráter. Sentimentos. Emoções

61. Sentimentos. Emoções

sentimento (m)	følelse (m)	['føləlsə]
sentimentos (m pl)	følelser (m pl)	['føləlsər]
sentir (vt)	å kjenne	[ɔ 'çɛnə]
fome (f)	sult (m)	['sʉlt]
ter fome	å være sulten	[ɔ 'værə 'sʉltən]
sede (f)	tørst (m)	['tœʂt]
ter sede	å være tørst	[ɔ 'værə 'tœʂt]
sonolência (f)	søvnighet (m)	['sœvni‚het]
estar sonolento	å være søvnig	[ɔ 'værə 'sœvni]
cansaço (m)	tretthet (m)	['trɛt‚het]
cansado	trett	['trɛt]
ficar cansado	å bli trett	[ɔ 'bli 'trɛt]
humor (m)	humør (n)	[hʉ'mør]
tédio (m)	kjedsomhet (m/f)	['çɛdsɔm‚het]
aborrecer-se (vr)	å kjede seg	[ɔ 'çedə sæj]
isolamento (m)	avsondrethet (m/f)	['afsɔndrɛt‚het]
isolar-se	å isolere seg	[ɔ isʉ'lerə sæj]
preocupar (vt)	å bekymre, å uroe	[ɔ be'çymrə], [ɔ 'ʉ:rʊə]
preocupar-se (vr)	å bekymre seg	[ɔ be'çymrə sæj]
preocupação (f)	bekymring (m/f)	[be'çymriŋ]
ansiedade (f)	uro (m/f)	['ʉrʊ]
preocupado	bekymret	[be'çymrət]
estar nervoso	å være nervøs	[ɔ 'værə nær'vøs]
entrar em pânico	å få panikk	[ɔ 'fɔ pɑ'nik]
esperança (f)	håp (n)	['hɔp]
esperar (vt)	å håpe	[ɔ 'ho:pə]
certeza (f)	sikkerhet (m/f)	['sikər‚het]
certo	sikker	['sikər]
indecisão (f)	usikkerhet (m)	['ʉsikər‚het]
indeciso	usikker	['ʉ‚sikər]
ébrio, bêbado	beruset, full	[be'rʉsət], ['fʉl]
sóbrio	edru	['ɛdrʉ]
fraco	svak	['svɑk]
feliz	lykkelig	['lʏkəli]
assustar (vt)	å skremme	[ɔ 'skrɛmə]
fúria (f)	raseri (n)	[rɑsɛ'ri]
ira, raiva (f)	raseri (n)	[rɑsɛ'ri]
depressão (f)	depresjon (m)	[dɛpre'ʂʊn]
desconforto (m)	ubehag (n)	['ʉbe‚hɑg]

conforto (m)	komfort (m)	[kʊm'fɔːr]
arrepender-se (vr)	å beklage	[ɔ be'klɑgə]
arrependimento (m)	beklagelse (m)	[be'klɑgəlsə]
azar (m), má sorte (f)	uhell (n)	['ʉˌhɛl]
tristeza (f)	sorg (m/f)	['sɔr]

vergonha (f)	skam (m/f)	['skɑm]
alegria (f)	glede (m/f)	['glede]
entusiasmo (m)	entusiasme (m)	[ɛntʉsi'ɑsmə]
entusiasta (m)	entusiast (m)	[ɛntʉsi'ɑst]
mostrar entusiasmo	å vise entusiasme	[ɔ 'visə ɛntʉsi'ɑsmə]

62. Caráter. Personalidade

caráter (m)	karakter (m)	[kɑrɑk'ter]
falha (f) de caráter	karakterbrist (m/f)	[kɑrɑk'terˌbrist]
mente (f)	sinn (n)	['sin]
razão (f)	forstand (m)	[fɔ'ʂtɑn]

consciência (f)	samvittighet (m)	[sɑm'vitiˌhet]
hábito (m)	vane (m)	['vɑnə]
habilidade (f)	evne (m/f)	['ɛvnə]
saber (~ nadar, etc.)	å kunne	[ɔ 'kʉnə]

paciente	tålmodig	[tɔl'mʊdi]
impaciente	utålmodig	['ʉtɔlˌmʊdi]
curioso	nysgjerrig	['nyˌsæri]
curiosidade (f)	nysgjerrighet (m)	['nyˌsæriˌhet]

modéstia (f)	beskjedenhet (m)	[be'ʂedenˌhet]
modesto	beskjeden	[be'ʂedən]
imodesto	ubeskjeden	['ʉbeˌʂedən]

preguiça (f)	lathet (m)	['lɑtˌhet]
preguiçoso	doven	['dʊvən]
preguiçoso (m)	dovendyr (n)	['dʊvənˌdyr]

astúcia (f)	list (m/f)	['list]
astuto	listig	['listi]
desconfiança (f)	mistro (m/f)	['misˌtrɔ]
desconfiado	mistroende	['misˌtrʉenə]

generosidade (f)	gavmildhet (m)	['gɑvmilˌhet]
generoso	generøs	[ʂenə'røs]
talentoso	talentfull	[tɑ'lentˌfʉl]
talento (m)	talent (n)	[tɑ'lent]

corajoso	modig	['mʊdi]
coragem (f)	mot (n)	['mʊt]
honesto	ærlig	['æːli]
honestidade (f)	ærlighet (m)	['æːliˌhet]

prudente	forsiktig	[fɔ'ʂikti]
valente	modig	['mʊdi]

| sério | alvorlig | [al'vɔːlį] |
| severo | streng | ['strɛŋ] |

decidido	besluttsom	[be'ʂlʉtˌsɔm]
indeciso	ubesluttsom	[ʉbe'ʂlʉtˌsɔm]
tímido	forsagt	['fɔˌʂakt]
timidez (f)	forsagthet (m)	['fɔʂaktˌhet]

confiança (f)	tillit (m)	['tilit]
confiar (vt)	å tro	[ɔ 'trʉ]
crédulo	tillitsfull	['tilitsˌfʉl]

sinceramente	oppriktig	[ɔp'rikti]
sincero	oppriktig	[ɔp'rikti]
sinceridade (f)	oppriktighet (m)	[ɔp'riktiˌhet]
aberto	åpen	['ɔpən]

calmo	stille	['stilə]
franco	oppriktig	[ɔp'rikti]
ingénuo	naiv	[na'iv]
distraído	forstrødd	['fʉˌstrød]
engraçado	morsom	['mʉʂɔm]

ganância (f)	grådighet (m)	['groːdiˌhet]
ganancioso	grådig	['groːdi]
avarento	gjerrig	['jæri]
mau	ond	['ʊn]
teimoso	hårdnakket	['hɔːrˌnakət]
desagradável	ubehagelig	[ʉbe'hageli]

egoísta (m)	egoist (m)	[ɛgʉ'ist]
egoísta	egoistisk	[ɛgʉ'istisk]
cobarde (m)	feiging (m)	['fæjgiŋ]
cobarde	feig	['fæjg]

63. O sono. Sonhos

dormir (vi)	å sove	[ɔ 'sɔvə]
sono (m)	søvn (m)	['sœvn]
sonho (m)	drøm (m)	['drøm]
sonhar (vi)	å drømme	[ɔ 'drœmə]
sonolento	søvnig	['sœvni]

cama (f)	seng (m/f)	['sɛŋ]
colchão (m)	madrass (m)	[ma'dras]
cobertor (m)	dyne (m/f)	['dynə]
almofada (f)	pute (m/f)	['pʉtə]
lençol (m)	laken (n)	['lakən]

insónia (f)	søvnløshet (m)	['sœvnløsˌhet]
insone	søvnløs	['sœvnˌløs]
sonífero (m)	sovetablett (n)	['sɔveˌtab'let]
tomar um sonífero	å ta en sovetablett	[ɔ 'ta en 'sɔveˌtab'let]
estar sonolento	å være søvnig	[ɔ 'værə 'sœvni]

bocejar (vi)	å gjespe	[ɔ ˈjɛspə]
ir para a cama	å gå til sengs	[ɔ ˈgɔ til ˈsɛŋs]
fazer a cama	å re opp sengen	[ɔ ˈre ɔp ˈsɛŋən]
adormecer (vi)	å falle i søvn	[ɔ ˈfɑlə i ˈsœvn]

pesadelo (m)	mareritt (n)	[ˈmɑrəˌrit]
ronco (m)	snork (m)	[ˈsnɔrk]
roncar (vi)	å snorke	[ɔ ˈsnɔrkə]

despertador (m)	vekkerklokka (m/f)	[ˈvɛkərˌklɔkɑ]
acordar, despertar (vt)	å vekke	[ɔ ˈvɛkə]
acordar (vi)	å våkne	[ɔ ˈvɔknə]
levantar-se (vr)	å stå opp	[ɔ ˈstɔː ɔp]
lavar-se (vr)	å vaske seg	[ɔ ˈvɑskə sæj]

64. Humor. Riso. Alegria

humor (m)	humor (m/n)	[ˈhʉmʉr]
sentido (m) de humor	sans (m) for humor	[ˈsɑns fɔr ˈhʉmʉr]
divertir-se (vr)	å more seg	[ɔ ˈmʉrə sæj]
alegre	glad, munter	[ˈglɑ], [ˈmʉntər]
alegria (f)	munterhet (m)	[ˈmʉntərˌhet]

sorriso (m)	smil (m/n)	[ˈsmil]
sorrir (vi)	å smile	[ɔ ˈsmilə]
começar a rir	å begynne å skratte	[ɔ beˈjinə ɔ ˈskrɑtə]
rir (vi)	å le, å skratte	[ɔ ˈle], [ɔ ˈskrɑtə]
riso (m)	latter (m), skratt (m/n)	[ˈlɑtər], [ˈskrɑt]

anedota (f)	anekdote (m)	[ɑnekˈdɔtə]
engraçado	morsom	[ˈmʉʂɔm]
ridículo	morsom	[ˈmʉʂɔm]

brincar, fazer piadas	å spøke	[ɔ ˈspøkə]
piada (f)	skjemt, spøk (m)	[ˈʂɛmt], [ˈspøk]
alegria (f)	glede (m/f)	[ˈgledə]
regozijar-se (vr)	å glede seg	[ɔ ˈgledə sæj]
alegre	glad	[ˈglɑ]

65. Discussão, conversação. Parte 1

comunicação (f)	kommunikasjon (m)	[kʉmʉnikɑˈʂʉn]
comunicar-se (vr)	å kommunisere	[ɔ kʉmʉniˈserə]

conversa (f)	samtale (m)	[ˈsɑmˌtɑlə]
diálogo (m)	dialog (m)	[diɑˈlɔg]
discussão (f)	diskusjon (m)	[diskʉˈʂʉn]
debate (m)	debatt (m)	[deˈbɑt]
debater (vt)	å diskutere	[ɔ diskʉˈterə]

interlocutor (m)	samtalepartner (m)	[ˈsɑmˌtɑlə ˈpɑːtnər]
tema (m)	emne (n)	[ˈɛmnə]

ponto (m) de vista	synspunkt (n)	['sʏns‚pʉnt]
opinião (f)	mening (m/f)	['meniŋ]
discurso (m)	tale (m)	['talə]
discussão (f)	diskusjon (m)	[diskʉ'ʂʉn]
discutir (vt)	å drøfte, å diskutere	[ɔ 'drœftə], [ɔ diskʉ'terə]
conversa (f)	samtale (m)	['sam‚talə]
conversar (vi)	å snakke, å samtale	[ɔ 'snakə], [ɔ 'sam‚talə]
encontro (m)	møte (n)	['møtə]
encontrar-se (vr)	å møtes	[ɔ 'møtəs]
provérbio (m)	ordspråk (n)	['uːr‚sprɔk]
ditado (m)	ordstev (n)	['uːr‚stev]
adivinha (f)	gåte (m)	['goːtə]
dizer uma adivinha	å utgjøre en gåte	[ɔ ʉt'jørə en 'goːtə]
senha (f)	passord (n)	['pas‚uːr]
segredo (m)	hemmelighet (m/f)	['hɛməli‚het]
juramento (m)	ed (m)	['ɛd]
jurar (vi)	å sverge	[ɔ 'sværgə]
promessa (f)	løfte (n), loven (m)	['lœftə], ['lɔvən]
prometer (vt)	å love	[ɔ 'lovə]
conselho (m)	råd (n)	['rɔd]
aconselhar (vt)	å råde	[ɔ 'roːdə]
seguir o conselho	å følge råd	[ɔ 'følə 'roːd]
escutar (~ os conselhos)	å adlyde	[ɔ 'ad‚lydə]
novidade, notícia (f)	nyhet (m)	['nyhet]
sensação (f)	sensasjon (m)	[sɛnsa'ʂʉn]
informação (f)	opplysninger (m/f pl)	['ɔp‚lʏsniŋər]
conclusão (f)	slutning (m)	['ʂlʉtniŋ]
voz (f)	røst (m/f), stemme (m)	['røst], ['stɛmə]
elogio (m)	kompliment (m)	[kʉmpli'maŋ]
amável	elskverdig	[ɛlsk'værdi]
palavra (f)	ord (n)	['uːr]
frase (f)	frase (m)	['frasə]
resposta (f)	svar (n)	['svar]
verdade (f)	sannhet (m)	['san‚het]
mentira (f)	løgn (m/f)	['løjn]
pensamento (m)	tanke (m)	['tankə]
ideia (f)	ide (m)	[i'de]
fantasia (f)	fantasi (m)	[fanta'si]

66. Discussão, conversação. Parte 2

estimado	respektert	[rɛspɛk'tɛːt]
respeitar (vt)	å respektere	[ɔ rɛspɛk'terə]
respeito (m)	respekt (m)	[rɛ'spɛkt]
Estimado ..., Caro ...	Kjære ...	['çærə ...]
apresentar (vt)	å introdusere	[ɔ introdʉ'serə]

travar conhecimento	å stifte bekjentskap med ...	[ɔ 'stiftə be'çɛnˌskap me ...]
intenção (f)	hensikt (m)	['hɛnˌsikt]
tencionar (vt)	å ha til hensikt	[ɔ 'ha til 'hɛnˌsikt]
desejo (m)	ønske (n)	['ønskə]
desejar (ex. ~ boa sorte)	å ønske	[ɔ 'ønskə]

surpresa (f)	overraskelse (m/f)	['ɔvəˌraskəlsə]
surpreender (vt)	å forundre	[ɔ fɔ'rʉndrə]
surpreender-se (vr)	å bli forundret	[ɔ 'bli fɔ'rʉndrət]

dar (vt)	å gi	[ɔ 'ji]
pegar (tomar)	å ta	[ɔ 'ta]
devolver (vt)	å gi tilbake	[ɔ 'ji til'bakə]
retornar (vt)	å returnere	[ɔ retʉr'nerə]

desculpar-se (vr)	å unnskylde seg	[ɔ 'ʉnˌsylə sæj]
desculpa (f)	unnskyldning (m/f)	['ʉnˌsyldniŋ]
perdoar (vt)	å tilgi	[ɔ 'tilˌji]

falar (vi)	å tale	[ɔ 'talə]
escutar (vt)	å lye, å lytte	[ɔ 'lye], [ɔ 'lʏtə]
ouvir até o fim	å høre på	[ɔ 'hørə pɔ]
compreender (vt)	å forstå	[ɔ fɔ'ʂtɔ]

mostrar (vt)	å vise	[ɔ 'visə]
olhar para ...	å se på ...	[ɔ 'se pɔ ...]
chamar (dizer em voz alta o nome)	å kalle	[ɔ 'kalə]
distrair (vt)	å distrahere	[ɔ distra'erə]
perturbar (vt)	å forstyrre	[ɔ fɔ'ʂtʏrə]
entregar (~ em mãos)	å rekke	[ɔ 'rɛkə]

pedido (m)	begjæring (m/f)	[be'jæriŋ]
pedir (ex. ~ ajuda)	å be, å bede	[ɔ 'be], [ɔ 'bedə]
exigência (f)	krav (n)	['krav]
exigir (vt)	å kreve	[ɔ 'krevə]

chamar nomes (vt)	å erte	[ɔ 'ɛːʈə]
zombar (vt)	å håne	[ɔ 'hoːnə]
zombaria (f)	hån (m)	['hɔn]
alcunha (f)	kallenavn, tilnavn (n)	['kaləˌnavn], ['tilˌnavn]

insinuação (f)	insinuasjon (m)	[insinʉa'ʂʉn]
insinuar (vt)	å insinuere	[ɔ insinʉ'erə]
subentender (vt)	å bety	[ɔ 'bety]

descrição (f)	beskrivelse (m)	[be'skrivəlsə]
descrever (vt)	å beskrive	[ɔ be'skrivə]
elogio (m)	ros (m)	['rʊs]
elogiar (vt)	å rose, å berømme	[ɔ 'rʊsə], [ɔ be'rœmə]

desapontamento (m)	skuffelse (m)	['skʉfəlsə]
desapontar (vt)	å skuffe	[ɔ 'skʉfe]
desapontar-se (vr)	å bli skuffet	[ɔ 'bli 'skʉfət]
suposição (f)	antagelse (m)	[an'tagəlsə]
supor (vt)	å anta, å formode	[ɔ 'anˌta], [ɔ fɔr'mʊdə]

65

advertência (f)	advarsel (m)	['ad,vaʂəl]
advertir (vt)	å advare	[ɔ 'ad,varə]

67. Discussão, conversação. Parte 3

convencer (vt)	å overtale	[ɔ 'ɔvə,tɑlə]
acalmar (vt)	å berolige	[ɔ be'rʊliə]

silêncio (o ~ é de ouro)	taushet (m)	['taʊs,het]
ficar em silêncio	å tie	[ɔ 'tie]
sussurrar (vt)	å hviske	[ɔ 'viskə]
sussurro (m)	hvisking (m/f)	['viskiŋ]

francamente	oppriktig	[ɔp'rikti]
a meu ver ...	etter min mening ...	['ɛtər min 'meniŋ ...]

detalhe (~ da história)	detalj (m)	[de'talj]
detalhado	detaljert	[deta'ljɛːt]
detalhadamente	i detaljer	[i de'taljer]

dica (f)	vink (n)	['vink]
dar uma dica	å gi et vink	[ɔ 'ji et 'vink]

olhar (m)	blikk (n)	['blik]
dar uma vista de olhos	å kaste et blikk	[ɔ 'kastə et 'blik]
fixo (olhar ~)	stiv	['stiv]
piscar (vi)	å blinke	[ɔ 'blinkə]
pestanejar (vt)	å blinke	[ɔ 'blinkə]
acenar (com a cabeça)	å nikke	[ɔ 'nikə]

suspiro (m)	sukk (n)	['sʉk]
suspirar (vi)	å sukke	[ɔ 'sʉkə]
estremecer (vi)	å gyse	[ɔ 'jisə]
gesto (m)	gest (m)	['gɛst]
tocar (com as mãos)	å røre	[ɔ 'rørə]
agarrar (~ pelo braço)	å gripe	[ɔ 'gripə]
bater de leve	å klappe	[ɔ 'klapə]

Cuidado!	Pass på!	['pas 'pɔ]
A sério?	Virkelig?	['virkəli]
Tem certeza?	Er du sikker?	[ɛr dʉ 'sikər]
Boa sorte!	Lykke til!	['lʏkə til]
Compreendi!	Jeg forstår!	['jæ fɔ'ʂtoːr]
Que pena!	Det var synd!	[de var 'sʏn]

68. Acordo. Recusa

consentimento (~ mútuo)	samtykke (n)	['sam,tʏkə]
consentir (vi)	å samtykke	[ɔ 'sam,tʏkə]
aprovação (f)	godkjennelse (m)	['gʊ,çɛnəlsə]
aprovar (vt)	å godkjenne	[ɔ 'gʊ,çɛnə]
recusa (f)	avslag (n)	['af,slɑg]

negar-se (vt)	å vegre seg	[ɔ 'vɛgrə sæj]
Está ótimo!	Det er fint!	['de ær 'fint]
Muito bem!	Godt!	['gɔt]
Está bem! De acordo!	OK! Enig!	[ɔ'kɛj], ['ɛni]

proibido	forbudt	[fɔr'bʉt]
é proibido	det er forbudt	[de ær fɔr'bʉt]
é impossível	det er umulig	[de ær ʉ'mʉli]
incorreto	uriktig, ikke riktig	['ʉ‚rikti], ['ikə ‚rikti]

rejeitar (~ um pedido)	å avslå	[ɔ 'af‚slɔ]
apoiar (vt)	å støtte	[ɔ 'stœtə]
aceitar (desculpas, etc.)	å akseptere	[ɔ aksɛp'terə]

confirmar (vt)	å bekrefte	[ɔ be'krɛftə]
confirmação (f)	bekreftelse (m)	[be'krɛftəlsə]
permissão (f)	tillatelse (m)	['ti‚latəlsə]
permitir (vt)	å tillate	[ɔ 'ti‚latə]
decisão (f)	beslutning (m)	[be'ʂlʉtniŋ]
não dizer nada	å tie	[ɔ 'tie]

condição (com uma ~)	betingelse (m)	[be'tiŋəlsə]
pretexto (m)	foregivende (n)	['fɔrə‚jivnə]
elogio (m)	ros (m)	['rʊs]
elogiar (vt)	å rose, å berømme	[ɔ 'rʊsə], [ɔ be'rœmə]

69. Sucesso. Boa sorte. Insucesso

êxito, sucesso (m)	suksess (m)	[sʉk'sɛ]
com êxito	med suksess	[me sʉk'sɛ]
bem sucedido	vellykket	['vel‚lʏkət]

sorte (fortuna)	hell (n), lykke (m/f)	['hɛl], ['lʏkə]
Boa sorte!	Lykke til!	['lʏkə til]
de sorte	heldig, lykkelig	['hɛldi], ['lʏkəli]
sortudo, felizardo	heldig	['hɛldi]

fracasso (m)	mislykkelse, fiasko (m)	['mis‚lʏkəlsə], [fi'askʊ]
pouca sorte (f)	uhell (n), utur (m)	['ʉ‚hɛl], ['ʉ‚tʉr]
azar (m), má sorte (f)	uhell (n)	['ʉ‚hɛl]

mal sucedido	mislykket	['mis‚lʏkət]
catástrofe (f)	katastrofe (m)	[kata'strɔfə]

orgulho (m)	stolthet (m)	['stolt‚het]
orgulhoso	stolt	['stolt]
estar orgulhoso	å være stolt	[ɔ 'værə 'stolt]

vencedor (m)	seierherre (m)	['sæjər‚hɛrə]
vencer (vi)	å seire, å vinne	[ɔ 'sæjrə], [ɔ 'vinə]
perder (vt)	å tape	[ɔ 'tapə]
tentativa (f)	forsøk (n)	['fɔ'ʂøk]
tentar (vt)	å prøve, å forsøke	[ɔ 'prøvə], [ɔ fɔ'ʂøkə]
chance (m)	sjanse (m)	['ʂansə]

70. Conflitos. Emoções negativas

grito (m)	skrik (n)	['skrik]
gritar (vi)	å skrike	[ɔ 'skrikə]
começar a gritar	å begynne å skrike	[ɔ be'jinə ɔ 'skrikə]
discussão (f)	krangel (m)	['kraŋəl]
discutir (vt)	å krangle	[ɔ 'kraŋlə]
escândalo (m)	skandale (m)	[skan'dalə]
criar escândalo	å gjøre skandale	[ɔ 'jørə skan'dalə]
conflito (m)	konflikt (m)	[kʊn'flikt]
mal-entendido (m)	misforståelse (m)	[misfɔ'ʂtɔəlsə]
insulto (m)	fornærmelse (m)	[fɔ:'ŋærməlsə]
insultar (vt)	å fornærme	[ɔ fɔ:'ŋærmə]
insultado	fornærmet	[fɔ:'ŋærmət]
ofensa (f)	fornærmelse (m)	[fɔ:'ŋærməlsə]
ofender (vt)	å fornærme	[ɔ fɔ:'ŋærmə]
ofender-se (vr)	å bli fornærmet	[ɔ 'bli fɔ:'ŋærmət]
indignação (f)	forargelse (m)	[fɔ'rargəlsə]
indignar-se (vr)	å bli indignert	[ɔ 'bli indi'gnɛ:t]
queixa (f)	klage (m)	['klagə]
queixar-se (vr)	å klage	[ɔ 'klagə]
desculpa (f)	unnskyldning (m/f)	['ʉnˌʂyldniŋ]
desculpar-se (vr)	å unnskylde seg	[ɔ 'ʉnˌʂylə sæj]
pedir perdão	å be om forlatelse	[ɔ 'be ɔm fɔ:'[atəlsə]
crítica (f)	kritikk (m)	[kri'tik]
criticar (vt)	å kritisere	[ɔ kriti'serə]
acusação (f)	anklagelse (m)	['anˌklagəlsə]
acusar (vt)	å anklage	[ɔ 'anˌklagə]
vingança (f)	hevn (m)	['hɛvn]
vingar (vt)	å hevne	[ɔ 'hɛvnə]
vingar-se (vr)	å hevne	[ɔ 'hɛvnə]
desprezo (m)	forakt (m)	[fɔ'rakt]
desprezar (vt)	å forakte	[ɔ fɔ'raktə]
ódio (m)	hat (n)	['hat]
odiar (vt)	å hate	[ɔ 'hatə]
nervoso	nervøs	[nær'vøs]
estar nervoso	å være nervøs	[ɔ 'værə nær'vøs]
zangado	vred, sint	['vred], ['sint]
zangar (vt)	å gjøre sint	[ɔ 'jørə ˌsint]
humilhação (f)	ydmykelse (m)	['ydˌmykəlsə]
humilhar (vt)	å ydmyke	[ɔ 'ydˌmykə]
humilhar-se (vr)	å ydmyke seg	[ɔ 'ydˌmykə sæj]
choque (m)	sjokk (n)	['ʂɔk]
chocar (vt)	å sjokkere	[ɔ ʂɔ'kerə]
aborrecimento (m)	knipe (m/f)	['knipə]

desagradável	ubehagelig	[ɵbe'hɑgeli]
medo (m)	redsel, frykt (m)	['rɛtsəl], ['frʏkt]
terrível (tempestade, etc.)	fryktelig	['frʏktəli]
assustador (ex. história ~a)	uhyggelig, skremmende	['ɵhygəli], ['skrɛmənə]
horror (m)	redsel (m)	['rɛtsəl]
horrível (crime, etc.)	forferdelig	[for'færdəli]
começar a tremer	å begynne å ryste	[ɔ be'jinə ɔ 'rystə]
chorar (vi)	å gråte	[ɔ 'gro:tə]
começar a chorar	å begynne å gråte	[ɔ be'jinə ɔ 'gro:tə]
lágrima (f)	tåre (m/f)	['to:rə]
falta (f)	skyld (m/f)	['ʂyl]
culpa (f)	skyldfølelse (m)	['ʂyl,føləlsə]
desonra (f)	skam, vanære (m/f)	['skɑm], ['vɑnærə]
protesto (m)	protest (m)	[prʊ'tɛst]
stresse (m)	stress (m/n)	['strɛs]
perturbar (vt)	å forstyrre	[ɔ fo'ʂtʏrə]
zangar-se com …	å være sint	[ɔ 'værə ˌsint]
zangado	vred, sint	['vred], ['sint]
terminar (vt)	å avbryte	[ɔ 'ɑv,brytə]
praguejar	å sverge	[ɔ 'sværgə]
assustar-se	å bli skremt	[ɔ 'bli 'skrɛmt]
golpear (vt)	å slå	[ɔ 'ʂlɔ]
brigar (na rua, etc.)	å slåss	[ɔ 'ʂlɔs]
resolver (o conflito)	å løse	[ɔ 'løsə]
descontente	misfornøyd, utilfreds	['mis,fo:'ŋøjd], ['ɵtil,frɛds]
furioso	rasende	['rɑsenə]
Não está bem!	Det er ikke bra!	[de ær ikə 'brɑ]
É mau!	Det er dårlig!	[de ær 'do:[i]

Medicina

71. Doenças

doença (f)	sykdom (m)	['syk,dɔm]
estar doente	å være syk	[ɔ 'værə 'syk]
saúde (f)	helse (m/f)	['hɛlsə]

nariz (m) a escorrer	snue (m)	['snʉə]
amigdalite (f)	angina (m)	[an'gina]
constipação (f)	forkjølelse (m)	[fɔr'çœləlsə]
constipar-se (vr)	å forkjøle seg	[ɔ fɔr'çœlə sæj]

bronquite (f)	bronkitt (m)	[brɔn'kit]
pneumonia (f)	lungebetennelse (m)	['lʉŋə be'tɛnəlsə]
gripe (f)	influensa (m)	[inflʉ'ɛnsa]

míope	nærsynt	['næ,synt]
presbita	langsynt	['laŋsynt]
estrabismo (m)	skjeløydhet (m)	['ʂɛløjd,het]
estrábico	skjeløyd	['ʂɛl,øjd]
catarata (f)	grå stær, katarakt (m)	['grɔ ,stær], [kata'rakt]
glaucoma (m)	glaukom (n)	[glaʉ'kɔm]

AVC (m), apoplexia (f)	hjerneslag (n)	['jæːɳə,slag]
ataque (m) cardíaco	infarkt (n)	[in'farkt]
enfarte (m) do miocárdio	myokardieinfarkt (n)	['miɔ'kardiə in'farkt]
paralisia (f)	paralyse, lammelse (m)	['para'lyse], ['laməlsə]
paralisar (vt)	å lamme	[ɔ 'lamə]

alergia (f)	allergi (m)	[alæː'gi]
asma (f)	astma (m)	['astma]
diabetes (f)	diabetes (m)	[dia'betəs]

dor (f) de dentes	tannpine (m/f)	['tan,pinə]
cárie (f)	karies (m)	['karies]

diarreia (f)	diaré (m)	[dia'rɛ]
prisão (f) de ventre	forstoppelse (m)	[fɔ'stɔpəlsə]
desarranjo (m) intestinal	magebesvær (m)	['magə,be'svær]
intoxicação (f) alimentar	matforgiftning (m/f)	['mat,fɔr'jiftniŋ]
intoxicar-se	å få matforgiftning	[ɔ 'fɔ mat,fɔr'jiftniŋ]

artrite (f)	artritt (m)	[ɑːʈ'rit]
raquitismo (m)	rakitt (m)	[ra'kit]
reumatismo (m)	revmatisme (m)	[revma'tismə]
arteriosclerose (f)	arteriosklerose (m)	[ɑːˈʈeriʉsklerusə]

gastrite (f)	magekatarr, gastritt (m)	['magəka,tar], [,ga'strit]
apendicite (f)	appendisitt (m)	[apɛndi'sit]

| colecistite (f) | galleblærebetennelse (m) | ['galə‚blærə be'tɛnəlse] |
| úlcera (f) | magesår (n) | ['magə‚sɔr] |

sarampo (m)	meslinger (m pl)	['mɛs‚liŋər]
rubéola (f)	røde hunder (m pl)	['rødə 'hʉnər]
iterícia (f)	gulsott (m/f)	['gʉl‚sʊt]
hepatite (f)	hepatitt (m)	[hepa'tit]

esquizofrenia (f)	schizofreni (m)	[ʂisʉfre'ni]
raiva (f)	rabies (m)	['rabiəs]
neurose (f)	nevrose (m)	[nev'rʊsə]
comoção (f) cerebral	hjernerystelse (m)	['jæːŋə‚rʏstəlsə]

cancro (m)	kreft, cancer (m)	['krɛft], ['kansər]
esclerose (f)	sklerose (m)	[skle'rʊsə]
esclerose (f) múltipla	multippel sklerose (m)	[mʉl'tipəl skle'rʊsə]

alcoolismo (m)	alkoholisme (m)	[alkʊhʊ'lismə]
alcoólico (m)	alkoholiker (m)	[alku'hʊlikər]
sífilis (f)	syfilis (m)	['syfilis]
SIDA (f)	AIDS, aids (m)	['ɛjds]

tumor (m)	svulst, tumor (m)	['svʉlst], [tʉ'mʊr]
maligno	ondartet, malign	['ʊn‚aːʈət], [ma'lign]
benigno	godartet	['gʊ‚aːʈət]

febre (f)	feber (m)	['febər]
malária (f)	malaria (m)	[ma'laria]
gangrena (f)	koldbrann (m)	['kɔlbran]
enjoo (m)	sjøsyke (m)	['ʂø‚sykə]
epilepsia (f)	epilepsi (m)	[ɛpilep'si]

epidemia (f)	epidemi (m)	[ɛpide'mi]
tifo (m)	tyfus (m)	['tyfʉs]
tuberculose (f)	tuberkulose (m)	[tubærkʉ'lɔsə]
cólera (f)	kolera (m)	['kʊlera]
peste (f)	pest (m)	['pɛst]

72. Sintomas. Tratamentos. Parte 1

sintoma (m)	symptom (n)	[sʏmp'tʊm]
temperatura (f)	temperatur (m)	[tɛmpəra'tʉr]
febre (f)	høy temperatur (m)	['høj tɛmpəra'tʉr]
pulso (m)	puls (m)	['pʉls]

vertigem (f)	svimmelhet (m)	['sviməl‚het]
quente (testa, etc.)	varm	['varm]
calafrio (m)	skjelving (m/f)	['ʂɛlviŋ]
pálido	blek	['blek]

tosse (f)	hoste (m)	['hʊstə]
tossir (vi)	å hoste	[ɔ 'hʊstə]
espirrar (vi)	å nyse	[ɔ 'nysə]
desmaio (m)	besvimelse (m)	[bɛ'sviməlsə]

desmaiar (vi)	å besvime	[ɔ be'svimə]
nódoa (f) negra	blåmerke (n)	['blɔˌmærkə]
galo (m)	bule (m)	['bʉlə]
magoar-se (vr)	å slå seg	[ɔ 'ʂlɔ sæj]
pisadura (f)	blåmerke (n)	['blɔˌmærkə]
aleijar-se (vr)	å slå seg	[ɔ 'ʂlɔ sæj]

coxear (vi)	å halte	[ɔ 'haltə]
deslocação (f)	forvridning (m)	[for'vridniŋ]
deslocar (vt)	å forvri	[ɔ for'vri]
fratura (f)	brudd (n), fraktur (m)	['brʉd], [frɑk'tʉr]
fraturar (vt)	å få brudd	[ɔ 'fɔ 'brʉd]

corte (m)	skjæresår (n)	['ʂæːrəˌsɔr]
cortar-se (vr)	å skjære seg	[ɔ 'ʂæːrə sæj]
hemorragia (f)	blødning (m/f)	['blødniŋ]

| queimadura (f) | brannsår (n) | ['brɑnˌsɔr] |
| queimar-se (vr) | å brenne seg | [ɔ 'brɛnə sæj] |

picar (vt)	å stikke	[ɔ 'stikə]
picar-se (vr)	å stikke seg	[ɔ 'stikə sæj]
lesionar (vt)	å skade	[ɔ 'skɑdə]
lesão (m)	skade (n)	['skɑdə]
ferida (f), ferimento (m)	sår (n)	['sɔr]
trauma (m)	traume (m)	['trɑʉmə]

delirar (vi)	å snakke i villelse	[ɔ 'snɑkə i 'vilələsə]
gaguejar (vi)	å stamme	[ɔ 'stɑmə]
insolação (f)	solstikk (n)	['sʉlˌstik]

73. Sintomas. Tratamentos. Parte 2

| dor (f) | smerte (m) | ['smæːʈə] |
| farpa (no dedo) | flis (m/f) | ['flis] |

suor (m)	svette (m)	['svɛtə]
suar (vi)	å svette	[ɔ 'svɛtə]
vómito (m)	oppkast (n)	['ɔpˌkɑst]
convulsões (f pl)	kramper (m pl)	['krɑmpər]

grávida	gravid	[grɑ'vid]
nascer (vi)	å fødes	[ɔ 'fødə]
parto (m)	fødsel (m)	['føtsəl]
dar à luz	å føde	[ɔ 'fødə]
aborto (m)	abort (m)	[ɑ'bɔːʈ]

respiração (f)	åndedrett (n)	['ɔŋdəˌdrɛt]
inspiração (f)	innånding (m/f)	['inˌɔniŋ]
expiração (f)	utånding (m/f)	['ʉtˌɔndiŋ]
expirar (vi)	å puste ut	[ɔ 'pʉstə ʉt]
inspirar (vi)	å ånde inn	[ɔ 'ɔŋdə ˌin]
inválido (m)	handikappet person (m)	['hɑndiˌkɑpət pæ'ʂʉn]
aleijado (m)	krøpling (m)	['krøpliŋ]

toxicodependente (m)	narkoman (m)	[narkʉ'man]
surdo	døv	['døv]
mudo	stum	['stʉm]
surdo-mudo	døvstum	['døf‚stʉm]

louco (adj.)	gal	['gal]
louco (m)	gal mann (m)	['gal ‚man]
louca (f)	gal kvinne (m/f)	['gal ‚kvinə]
ficar louco	å bli sinnssyk	[ɔ 'bli 'sin‚syk]

gene (m)	gen (m)	['gen]
imunidade (f)	immunitet (m)	[imʉni'tet]
hereditário	arvelig	['arvəli]
congénito	medfødt	['me:‚føt]

vírus (m)	virus (m)	['virʉs]
micróbio (m)	mikrobe (m)	[mi'krʉbə]
bactéria (f)	bakterie (m)	[bak'teriə]
infeção (f)	infeksjon (m)	[infɛk'şʉn]

74. Sintomas. Tratamentos. Parte 3

hospital (m)	sykehus (n)	['sykə‚hʉs]
paciente (m)	pasient (m)	[pasi'ɛnt]

diagnóstico (m)	diagnose (m)	[dia'gnʉsə]
cura (f)	kur (m)	['kʉr]
tratamento (m) médico	behandling (m/f)	[be'handliŋ]
curar-se (vr)	å bli behandlet	[ɔ 'bli be'handlət]
tratar (vt)	å behandle	[ɔ be'handlə]
cuidar (pessoa)	å skjøtte	[ɔ 'şøtə]
cuidados (m pl)	sykepleie (m/f)	['sykə‚plæjə]

operação (f)	operasjon (m)	[ɔpera'şʉn]
enfaixar (vt)	å forbinde	[ɔ for'binə]
enfaixamento (m)	forbinding (m)	[for'biniŋ]

vacinação (f)	vaksinering (m/f)	[vaksi'neriŋ]
vacinar (vt)	å vaksinere	[ɔ vaksi'nerə]
injeção (f)	injeksjon (m), sprøyte (m/f)	[injɛk'şʉn], ['sprøjtə]
dar uma injeção	å gi en sprøyte	[ɔ 'ji en 'sprøjtə]

ataque (~ de asma, etc.)	anfall (n)	['an‚fal]
amputação (f)	amputasjon (m)	[ampʉta'şʉn]
amputar (vt)	å amputere	[ɔ ampʉ'terə]
coma (f)	koma (m)	['kʉma]
estar em coma	å ligge i koma	[ɔ 'ligə i 'kʉma]
reanimação (f)	intensivavdeling (m/f)	['inten‚siv 'av‚deliŋ]

recuperar-se (vr)	å bli frisk	[ɔ 'bli 'frisk]
estado (~ de saúde)	tilstand (m)	['til‚stan]
consciência (f)	bevissthet (m)	[be'vist‚het]
memória (f)	minne (n), hukommelse (m)	['minə], [hʉ'kɔməlsə]
tirar (vt)	å trekke ut	[ɔ 'trɛkə ʉt]

chumbo (m), obturação (f)	fylling (m/f)	['fʏliŋ]
chumbar, obturar (vt)	å plombere	[ɔ plʉm'berə]

hipnose (f)	hypnose (m)	[hʏp'nʉsə]
hipnotizar (vt)	å hypnotisere	[ɔ hʏpnʉti'serə]

75. Médicos

médico (m)	lege (m)	['legə]
enfermeira (f)	sykepleierske (m/f)	['sykə,plæjeʂkə]
médico (m) pessoal	personlig lege (m)	[pæ'ʂʉnli 'legə]

dentista (m)	tannlege (m)	['tan,legə]
oculista (m)	øyelege (m)	['øjə,legə]
terapeuta (m)	terapeut (m)	[terɑ'pɛut]
cirurgião (m)	kirurg (m)	[çi'rʉrg]

psiquiatra (m)	psykiater (m)	[syki'ɑtər]
pediatra (m)	barnelege (m)	['bɑːŋə,legə]
psicólogo (m)	psykolog (m)	[sykʉ'lɔg]
ginecologista (m)	gynekolog (m)	[gynekʉ'lɔg]
cardiologista (m)	kardiolog (m)	[kɑːdjʉ'lɔg]

76. Medicina. Drogas. Acessórios

medicamento (m)	medisin (m)	[medi'sin]
remédio (m)	middel (n)	['midəl]
receitar (vt)	å ordinere	[ɔ ɔrdi'nerə]
receita (f)	resept (m)	[re'sɛpt]

comprimido (m)	tablett (m)	[tɑb'let]
pomada (f)	salve (m/f)	['sɑlvə]
ampola (f)	ampulle (m)	[ɑm'pʉlə]
preparado (m)	mikstur (m)	[miks'tʉr]
xarope (m)	sirup (m)	['sirʉp]
cápsula (f)	pille (m/f)	['pilə]
remédio (m) em pó	pulver (n)	['pʉlvər]

ligadura (f)	gasbind (n)	['gɑs,bin]
algodão (m)	vatt (m/n)	['vɑt]
iodo (m)	jod (m/n)	['ʉd]

penso (m) rápido	plaster (n)	['plɑstər]
conta-gotas (m)	pipette (m)	[pi'pɛtə]
termómetro (m)	termometer (n)	[tɛrmʉ'metər]
seringa (f)	sprøyte (m/f)	['sprøjtə]

cadeira (f) de rodas	rullestol (m)	['rʉlə,stʉl]
muletas (f pl)	krykker (m/f pl)	['krʏkər]

analgésico (m)	smertestillende middel (n)	['smæːʈə,stilenə 'midəl]
laxante (m)	laksativ (n)	[lɑksɑ'tiv]

álcool (m) etílico	**sprit** (m)	['sprit]
ervas (f pl) medicinais	**legeurter** (m/f pl)	['legə‚ʉːtər]
de ervas (chá ~)	**urte-**	['ʉːtə-]

77. Fumar. Produtos tabágicos

tabaco (m)	**tobakk** (m)	[tʉ'bɑk]
cigarro (m)	**sigarett** (m)	[sigɑ'rɛt]
charuto (m)	**sigar** (m)	[si'gɑr]
cachimbo (m)	**pipe** (m/f)	['pipə]
maço (~ de cigarros)	**pakke** (m/f)	['pɑkə]
fósforos (m pl)	**fyrstikker** (m/f pl)	['fy‚ʂtikər]
caixa (f) de fósforos	**fyrstikkeske** (m)	['fyʂtik‚ɛskə]
isqueiro (m)	**tenner** (m)	['tɛnər]
cinzeiro (m)	**askebeger** (n)	['ɑskə‚begər]
cigarreira (f)	**sigarettetui** (n)	[sigɑ'rɛt ɛtʉ'i]
boquilha (f)	**munnstykke** (n)	['mʉn‚stʏkə]
filtro (m)	**filter** (n)	['filtər]
fumar (vi, vt)	**å røyke**	[ɔ 'røjkə]
acender um cigarro	**å tenne en sigarett**	[ɔ 'tɛnə en sigɑ'rɛt]
tabagismo (m)	**røyking, røkning** (m)	['røjkiŋ], ['røkniŋ]
fumador (m)	**røyker** (m)	['røjkər]
beata (f)	**stump** (m)	['stʉmp]
fumo (m)	**røyk** (m)	['røjk]
cinza (f)	**aske** (m/f)	['ɑskə]

HABITAT HUMANO

Cidade

78. Cidade. Vida na cidade

cidade (f)	by (m)	['by]
capital (f)	hovedstad (m)	['huvəd,stad]
aldeia (f)	landsby (m)	['lans,by]
mapa (m) da cidade	bykart (n)	['by,ka:t]
centro (m) da cidade	sentrum (n)	['sɛntrum]
subúrbio (m)	forstad (m)	['fɔ,stad]
suburbano	forstads-	['fɔ,stads-]
periferia (f)	utkant (m)	['ʉt,kant]
arredores (m pl)	omegner (m pl)	['ɔm,æjnər]
quarteirão (m)	kvarter (n)	[kva:ʈer]
quarteirão (m) residencial	boligkvarter (n)	['bʉli,kva:'ʈer]
tráfego (m)	trafikk (m)	[tra'fik]
semáforo (m)	trafikklys (n)	[tra'fik,lys]
transporte (m) público	offentlig transport (m)	['ɔfentli trans'pɔ:t]
cruzamento (m)	veikryss (n)	['væjkrʏs]
passadeira (f)	fotgjengerovergang (m)	['fʉt,jɛŋər 'ɔvər,gaŋ]
passagem (f) subterrânea	undergang (m)	['ʉnər,gaŋ]
cruzar, atravessar (vt)	å gå over	[ɔ 'gɔ 'ɔvər]
peão (m)	fotgjenger (m)	['fʉt,jɛŋər]
passeio (m)	fortau (n)	['fɔ:,taʉ]
ponte (f)	bro (m/f)	['brʊ]
margem (f) do rio	kai (m/f)	['kaj]
fonte (f)	fontene (m)	['fʉntnə]
alameda (f)	allé (m)	[a'le:]
parque (m)	park (m)	['park]
bulevar (m)	bulevard (m)	[bule'var]
praça (f)	torg (n)	['tɔr]
avenida (f)	aveny (m)	[ave'ny]
rua (f)	gate (m/f)	['gatə]
travessa (f)	sidegate (m/f)	['sidə,gatə]
beco (m) sem saída	blindgate (m/f)	['blin,gatə]
casa (f)	hus (n)	['hʉs]
edifício, prédio (m)	bygning (m/f)	['bʏgniŋ]
arranha-céus (m)	skyskraper (m)	['ʂy,skrapər]
fachada (f)	fasade (m)	[fa'sadə]
telhado (m)	tak (n)	['tak]

janela (f)	vindu (n)	['vindɵ]
arco (m)	bue (m)	['bɵːə]
coluna (f)	søyle (m)	['søjlə]
esquina (f)	hjørne (n)	['jœːŋə]

montra (f)	utstillingsvindu (n)	['ɵtˌstiliŋs 'vindɵ]
letreiro (m)	skilt (n)	['şilt]
cartaz (m)	plakat (m)	[plɑ'kɑt]
cartaz (m) publicitário	reklameplakat (m)	[rɛ'klɑməˌplɑ'kɑt]
painel (m) publicitário	reklametavle (m/f)	[rɛ'klɑməˌtɑvlə]

lixo (m)	søppel (m/f/n), avfall (n)	['sœpəl], ['ɑvˌfɑl]
cesta (f) do lixo	søppelkasse (m/f)	['sœpəlˌkɑsə]
jogar lixo na rua	å kaste søppel	[ɔ 'kɑstə 'sœpəl]
aterro (m) sanitário	søppelfylling (m/f), deponi (n)	['sœpəlˌfɤliŋ], [ˌdepɔ'ni]

cabine (f) telefónica	telefonboks (m)	[tele'fʊnˌbɔks]
candeeiro (m) de rua	lyktestolpe (m)	['lɤktəˌstɔlpə]
banco (m)	benk (m)	['bɛŋk]

polícia (m)	politi (m)	[pʊli'ti]
polícia (instituição)	politi (n)	[pʊli'ti]
mendigo (m)	tigger (m)	['tigər]
sem-abrigo (m)	hjemløs	['jɛmˌløs]

79. Instituições urbanas

loja (f)	forretning, butikk (m)	[fɔ'rɛtniŋ], [bɵ'tik]
farmácia (f)	apotek (n)	[apʊ'tek]
ótica (f)	optikk (m)	[ɔp'tik]
centro (m) comercial	kjøpesenter (n)	['çœpəˌsɛntər]
supermercado (m)	supermarked (n)	['sɵpəˌmɑrket]

padaria (f)	bakeri (n)	[bɑke'ri]
padeiro (m)	baker (m)	['bɑkər]
pastelaria (f)	konditori (n)	[kʊnditɔ'ri]
mercearia (f)	matbutikk (m)	['mɑtbɵˌtik]
talho (m)	slakterbutikk (m)	['şlɑktəbɵˌtik]

| loja (f) de legumes | grønnsaksbutikk (m) | ['grœnˌsɑks bɵ'tik] |
| mercado (m) | marked (n) | ['mɑrkəd] |

café (m)	kafé, kaffebar (m)	[kɑ'fe], ['kɑfəˌbɑr]
restaurante (m)	restaurant (m)	[rɛstʊ'rɑŋ]
bar (m), cervejaria (f)	pub (m)	['pɵb]
pizzaria (f)	pizzeria (m)	[pitsə'riɑ]

salão (m) de cabeleireiro	frisørsalong (m)	[fri'sør sɑˌlɔŋ]
correios (m pl)	post (m)	['pɔst]
lavandaria (f)	renseri (n)	[rɛnse'ri]
estúdio (m) fotográfico	fotostudio (n)	['fotɔˌstɵdiɔ]

| sapataria (f) | skobutikk (m) | ['skʊˌbɵ'tik] |
| livraria (f) | bokhandel (m) | ['bʊkˌhandəl] |

loja (f) de artigos de desporto	idrettsbutikk (m)	['idrɛts bʉ'tik]
reparação (f) de roupa	reparasjon (m) av klær	[repɑrɑ'ʂʉn ɑː ˌklær]
aluguer (m) de roupa	leie (m/f) av klær	['læjə ɑː ˌklær]
aluguer (m) de filmes	filmutleie (m/f)	['film.ʉt'læjə]

circo (m)	sirkus (m/n)	['sirkʉs]
jardim (m) zoológico	zoo, dyrepark (m)	['suː], [dyrə'pɑrk]
cinema (m)	kino (m)	['çinʉ]
museu (m)	museum (n)	[mʉ'seum]
biblioteca (f)	bibliotek (n)	[bibliʉ'tek]

teatro (m)	teater (n)	[te'ɑtər]
ópera (f)	opera (m)	['ʉperɑ]
clube (m) noturno	nattklubb (m)	['nɑtˌklʉb]
casino (m)	kasino (n)	[kɑ'sinʉ]

mesquita (f)	moské (m)	[mʉ'ske]
sinagoga (f)	synagoge (m)	[synɑ'gʉgə]
catedral (f)	katedral (m)	[kate'drɑl]
templo (m)	tempel (n)	['tɛmpəl]
igreja (f)	kirke (m/f)	['çirkə]

instituto (m)	institutt (n)	[insti'tʉt]
universidade (f)	universitet (n)	[ʉnivæʂi'tet]
escola (f)	skole (m/f)	['skʉlə]

prefeitura (f)	prefektur (n)	[prɛfɛk'tʉr]
câmara (f) municipal	rådhus (n)	['rɔdˌhʉs]
hotel (m)	hotell (n)	[hʉ'tɛl]
banco (m)	bank (m)	['bɑnk]

embaixada (f)	ambassade (m)	[ɑmbɑ'sɑdə]
agência (f) de viagens	reisebyrå (n)	['ræjsə byˌro]
agência (f) de informações	opplysningskontor (n)	[ɔp'lʏsniŋs kʉn'tʉr]
casa (f) de câmbio	vekslingskontor (n)	['vɛkʂliŋs kʉn'tʉr]

metro (m)	tunnelbane, T-bane (m)	['tʉnəlˌbɑnə], ['tɛːˌbɑnə]
hospital (m)	sykehus (n)	['sykəˌhʉs]

posto (m) de gasolina	bensinstasjon (m)	[bɛn'sinˌstɑ'ʂʉn]
parque (m) de estacionamento	parkeringsplass (m)	[pɑr'keriŋsˌplɑs]

80. Sinais

letreiro (m)	skilt (n)	['ʂilt]
inscrição (f)	innskrift (m/f)	['inˌskrift]
cartaz, póster (m)	plakat, poster (m)	['plɑˌkɑt], ['pɔstər]
sinal (m) informativo	veiviser (m)	['væjˌvisər]
seta (f)	pil (m/f)	['pil]

aviso (advertência)	advarsel (m)	['ɑdˌvɑʂəl]
sinal (m) de aviso	varselskilt (n)	['vɑʂəlˌʂilt]
avisar, advertir (vt)	å varsle	[ɔ 'vɑʂlə]
dia (m) de folga	fridag (m)	['friˌdɑ]

| horário (m) | rutetabell (m) | ['rʉtə‚ta'bɛl] |
| horário (m) de funcionamento | åpningstider (m/f pl) | ['ɔpniŋs‚tidər] |

BEM-VINDOS!	VELKOMMEN!	['vɛl‚kɔmən]
ENTRADA	INNGANG	['in‚gaŋ]
SAÍDA	UTGANG	['ʉt‚gaŋ]

EMPURRE	SKYV	['şyv]
PUXE	TREKK	['trɛk]
ABERTO	ÅPENT	['ɔpənt]
FECHADO	STENGT	['stɛŋt]

| MULHER | DAMER | ['damər] |
| HOMEM | HERRER | ['hærər] |

DESCONTOS	RABATT	[ra'bat]
SALDOS	SALG	['salg]
NOVIDADE!	NYTT!	['nʏt]
GRÁTIS	GRATIS	['gratis]

ATENÇÃO!	FORSIKTIG!	[fʉ'şiktə]
NÃO HÁ VAGAS	INGEN LEDIGE ROM	['iŋən 'lediə rʉm]
RESERVADO	RESERVERT	[resɛr'vɛːt]

ADMINISTRAÇÃO	ADMINISTRASJON	[administra'şʉn]
SOMENTE PESSOAL	KUN FOR ANSATTE	['kʉn fɔr an'satə]
AUTORIZADO		

CUIDADO CÃO FEROZ	VOKT DEM FOR HUNDEN	['vɔkt dem fɔ 'hʉnən]
PROIBIDO FUMAR!	RØYKING FORBUDT	['røjkiŋ fɔr'bʉt]
NÃO TOCAR	IKKE RØR!	['ikə 'rør]

PERIGOSO	FARLIG	['faːli]
PERIGO	FARE	['farə]
ALTA TENSÃO	HØYSPENNING	['høj‚spɛniŋ]
PROIBIDO NADAR	BADING FORBUDT	['badiŋ fɔr'bʉt]
AVARIADO	I USTAND	[i 'ʉ‚stan]

INFLAMÁVEL	BRANNFARLIG	['bran‚faːli]
PROIBIDO	FORBUDT	[fɔr'bʉt]
ENTRADA PROIBIDA	INGEN INNKJØRING	['iŋən 'in‚çœriŋ]
CUIDADO TINTA FRESCA	NYMALT	['ny‚malt]

81. Transportes urbanos

autocarro (m)	buss (m)	['bʉs]
elétrico (m)	trikk (m)	['trik]
troleicarro (m)	trolleybuss (m)	['trɔli‚bʉs]
itinerário (m)	rute (m/f)	['rʉtə]
número (m)	nummer (n)	['nʉmər]

ir de ... (carro, etc.)	å kjøre med ...	[ɔ 'çœːrə me ...]
entrar (~ no autocarro)	å gå på ...	[ɔ 'gɔ pɔ ...]
descer de ...	å gå av ...	[ɔ 'gɔ aː ...]

paragem (f)	holdeplass (m)	['hɔlə‚plɑs]
próxima paragem (f)	neste holdeplass (m)	['nɛstə 'hɔlə‚plɑs]
ponto (m) final	endestasjon (m)	['ɛnə‚stɑ'ʂʉn]
horário (m)	rutetabell (m)	['rʉtə‚tɑ'bɛl]
esperar (vt)	å vente	[ɔ 'vɛntə]

bilhete (m)	billett (m)	[bi'let]
custo (m) do bilhete	billettpris (m)	[bi'let‚pris]

bilheteiro (m)	kasserer (m)	[kɑ'serər]
controlo (m) dos bilhetes	billettkontroll (m)	[bi'let kʉn‚trɔl]
revisor (m)	billett inspektør (m)	[bi'let inspɛk'tør]

atrasar-se (vr)	å komme for sent	[ɔ 'kɔmə fɔ'ʂɛnt]
perder (o autocarro, etc.)	å komme for sent til ...	[ɔ 'kɔmə fɔ'ʂɛnt til ...]
estar com pressa	å skynde seg	[ɔ 'ʂynə sæj]

táxi (m)	drosje (m/f), taxi (m)	['drɔʂɛ], ['tɑksi]
taxista (m)	taxisjåfør (m)	['tɑksi ʂɔ'før]
de táxi (ir ~)	med taxi	[me 'tɑksi]
praça (f) de táxis	taxiholdeplass (m)	['tɑksi 'hɔlə‚plɑs]
chamar um táxi	å taxi bestellen	[ɔ 'tɑksi be'stɛlən]
apanhar um táxi	å ta taxi	[ɔ 'tɑ ‚tɑksi]

tráfego (m)	trafikk (m)	[trɑ'fik]
engarrafamento (m)	trafikkork (m)	[trɑ'fik‚kɔrk]
horas (f pl) de ponta	rushtid (m/f)	['rʉʂ‚tid]
estacionar (vi)	å parkere	[ɔ pɑr'kerə]
estacionar (vt)	å parkere	[ɔ pɑr'kerə]
parque (m) de estacionamento	parkeringsplass (m)	[pɑr'keriŋs‚plɑs]

metro (m)	tunnelbane, T-bane (m)	['tʉnəl‚bɑnə], ['tɛː‚bɑnə]
estação (f)	stasjon (m)	[stɑ'ʂʉn]
ir de metro	å kjøre med T-bane	[ɔ 'çœːrə me 'tɛː‚bɑnə]
comboio (m)	tog (n)	['tɔg]
estação (f)	togstasjon (m)	['tɔg‚stɑ'ʂʉn]

82. Turismo

monumento (m)	monument (n)	[mɔnʉ'mɛnt]
fortaleza (f)	festning (m/f)	['fɛstniŋ]
palácio (m)	palass (n)	[pɑ'lɑs]
castelo (m)	borg (m)	['bɔrg]
torre (f)	tårn (n)	['tɔːn]
mausoléu (m)	mausoleum (n)	[mɑʉsʉ'leum]

arquitetura (f)	arkitektur (m)	[ɑrkitɛk'tʉr]
medieval	middelalderlig	['midəl‚ɑldɛːli]
antigo	gammel	['gɑməl]
nacional	nasjonal	[nɑʂʉ'nɑl]
conhecido	kjent	['çɛnt]

turista (m)	turist (m)	[tʉ'rist]
guia (pessoa)	guide (m)	['gɑjd]

excursão (f)	utflukt (m/f)	['ʉt̩flʉkt]
mostrar (vt)	å vise	[ɔ 'visə]
contar (vt)	å fortelle	[ɔ fɔ:'t̩ɛlə]

encontrar (vt)	å finne	[ɔ 'finə]
perder-se (vr)	å gå seg bort	[ɔ 'gɔ sæj 'bʉːt̩]
mapa (~ do metrô)	kart, linjekart (n)	['kɑːt̩], ['linjə'kɑːt̩]
mapa (~ da cidade)	kart (n)	['kɑːt̩]

lembrança (f), presente (m)	suvenir (m)	[sʉve'nir]
loja (f) de presentes	suvenirbutikk (m)	[sʉve'nir bʉ'tik]
fotografar (vt)	å fotografere	[ɔ fɔtɔgrɑ'ferə]
fotografar-se	å bli fotografert	[ɔ 'bli fɔtɔgrɑ'fɛːt̩]

83. Compras

comprar (vt)	å kjøpe	[ɔ 'çœːpə]
compra (f)	innkjøp (n)	['in̩çœp]
fazer compras	å gå shopping	[ɔ 'gɔ ˌsɔpiŋ]
compras (f pl)	shopping (m)	['sɔpiŋ]

| estar aberta (loja, etc.) | å være åpen | [ɔ 'værə 'ɔpən] |
| estar fechada | å være stengt | [ɔ 'værə 'stɛŋt] |

calçado (m)	skotøy (n)	['skʉtøj]
roupa (f)	klær (n)	['klær]
cosméticos (m pl)	kosmetikk (m)	[kʉsme'tik]
alimentos (m pl)	matvarer (m/f pl)	['mat̩varər]
presente (m)	gave (m/f)	['gɑvə]

| vendedor (m) | forselger (m) | [fɔ'ʂɛlər] |
| vendedora (f) | forselger (m) | [fɔ'ʂɛlər] |

caixa (f)	kasse (m/f)	['kɑsə]
espelho (m)	speil (n)	['spæjl]
balcão (m)	disk (m)	['disk]
cabine (f) de provas	prøverom (n)	['prøvəˌrʉm]

provar (vt)	å prøve	[ɔ 'prøve]
servir (vi)	å passe	[ɔ 'pɑsə]
gostar (apreciar)	å like	[ɔ 'likə]

preço (m)	pris (m)	['pris]
etiqueta (f) de preço	prislapp (m)	['prisˌlɑp]
custar (vt)	å koste	[ɔ 'kɔstə]
Quanto?	Hvor mye?	[vʉr 'mye]
desconto (m)	rabatt (m)	[rɑ'bɑt]

não caro	billig	['bili]
barato	billig	['bili]
caro	dyr	['dyr]
É caro	Det er dyrt	[de ær 'dyːt̩]
aluguer (m)	utleie (m/f)	['ʉt̩ˌlæje]
alugar (vestidos, etc.)	å leie	[ɔ 'læjə]

crédito (m)	**kreditt** (m)	[krɛ'dit]
a crédito	**på kreditt**	[pɔ krɛ'dit]

84. Dinheiro

dinheiro (m)	**penger** (m pl)	['pɛŋər]
câmbio (m)	**veksling** (m/f)	['vɛkʂliŋ]
taxa (f) de câmbio	**kurs** (m)	['kʉʂ]
Caixa Multibanco (m)	**minibank** (m)	['mini,bɑnk]
moeda (f)	**mynt** (m)	['mʏnt]
dólar (m)	**dollar** (m)	['dɔlɑr]
euro (m)	**euro** (m)	['ɛʉrʊ]
lira (f)	**lira** (m)	['lire]
marco (m)	**mark** (m/f)	['mɑrk]
franco (m)	**franc** (m)	['frɑn]
libra (f) esterlina	**pund sterling** (m)	['pʉn stɛ:'ɭiŋ]
iene (m)	**yen** (m)	['jɛn]
dívida (f)	**skyld** (m/f), **gjeld** (m)	['ʂyl], ['jɛl]
devedor (m)	**skyldner** (m)	['ʂylnər]
emprestar (vt)	**å låne ut**	[ɔ 'lo:nə ʉt]
pedir emprestado	**å låne**	[ɔ 'lo:nə]
banco (m)	**bank** (m)	['bɑnk]
conta (f)	**konto** (m)	['kɔntʊ]
depositar (vt)	**å sette inn**	[ɔ 'sɛtə in]
depositar na conta	**å sette inn på kontoen**	[ɔ 'sɛtə in pɔ 'kɔntʊən]
levantar (vt)	**å ta ut fra kontoen**	[ɔ 'tɑ ʉt frɑ 'kɔntʊən]
cartão (m) de crédito	**kredittkort** (n)	[krɛ'dit,kɔ:ʈ]
dinheiro (m) vivo	**kontanter** (m pl)	[kʊn'tɑntər]
cheque (m)	**sjekk** (m)	['ʂɛk]
passar um cheque	**å skrive en sjekk**	[ɔ 'skrivə en 'ʂɛk]
livro (m) de cheques	**sjekkbok** (m/f)	['ʂɛk,bʊk]
carteira (f)	**lommebok** (m)	['lʊmə,bʊk]
porta-moedas (m)	**pung** (m)	['pʉŋ]
cofre (m)	**safe, seif** (m)	['sɛjf]
herdeiro (m)	**arving** (m)	['ɑrviŋ]
herança (f)	**arv** (m)	['ɑrv]
fortuna (riqueza)	**formue** (m)	['fɔr,mʉə]
arrendamento (m)	**leie** (m)	['læje]
renda (f) de casa	**husleie** (m/f)	['hʉs,læje]
alugar (vt)	**å leie**	[ɔ 'læjə]
preço (m)	**pris** (m)	['pris]
custo (m)	**kostnad** (m)	['kɔstnɑd]
soma (f)	**sum** (m)	['sʉm]
gastar (vt)	**å bruke**	[ɔ 'brʉkə]
gastos (m pl)	**utgifter** (m/f pl)	['ʉt,jiftər]

economizar (vi)	å spare	[ɔ 'spɑrə]
económico	sparsom	['spɑʂɔm]
pagar (vt)	å betale	[ɔ be'tɑlə]
pagamento (m)	betaling (m/f)	[be'tɑliŋ]
troco (m)	vekslepenger (pl)	['vɛkʂlə,pɛŋər]
imposto (m)	skatt (m)	['skɑt]
multa (f)	bot (m/f)	['bʊt]
multar (vt)	å bøtelegge	[ɔ 'bøtə,legə]

85. Correios. Serviço postal

correios (m pl)	post (m)	['pɔst]
correio (m)	post (m)	['pɔst]
carteiro (m)	postbud (n)	['pɔst,bʉd]
horário (m)	åpningstider (m/f pl)	['ɔpniŋs,tidər]
carta (f)	brev (n)	['brev]
carta (f) registada	rekommandert brev (n)	[rekʊmɑn'dɛːt̺ ,brev]
postal (m)	postkort (n)	['pɔst,kɔːt̺]
telegrama (m)	telegram (n)	[tele'grɑm]
encomenda (f) postal	postpakke (m/f)	['pɔst,pɑkə]
remessa (f) de dinheiro	pengeoverføring (m/f)	['pɛŋə 'ɔvər,føriŋ]
receber (vt)	å motta	[ɔ 'mɔtɑ]
enviar (vt)	å sende	[ɔ 'sɛnə]
envio (m)	avsending (m)	['ɑf,sɛniŋ]
endereço (m)	adresse (m)	[ɑ'drɛsə]
código (m) postal	postnummer (n)	['pɔst,nʉmər]
remetente (m)	avsender (m)	['ɑf,sɛnər]
destinatário (m)	mottaker (m)	['mɔt,tɑkər]
nome (m)	fornavn (n)	['fɔr,nɑvn]
apelido (m)	etternavn (n)	['ɛtə,ɳɑvn]
tarifa (f)	tariff (m)	[tɑ'rif]
ordinário	vanlig	['vɑnli]
económico	økonomisk	[økʊ'nɔmisk]
peso (m)	vekt (m)	['vɛkt]
pesar (estabelecer o peso)	å veie	[ɔ 'væje]
envelope (m)	konvolutt (m)	[kʊnvʊ'lʉt]
selo (m)	frimerke (n)	['fri,mærkə]
colar o selo	å sette på frimerke	[ɔ 'sɛtə pɔ 'fri,mærkə]

Moradia. Casa. Lar

86. Casa. Habitação

casa (f)	hus (n)	['hʉs]
em casa	hjemme	['jɛmə]
pátio (m)	gård (m)	['gɔːr]
cerca (f)	gjerde (n)	['jærə]

tijolo (m)	tegl (n), murstein (m)	['tæjl], ['mʉˌstæjn]
de tijolos	tegl-	['tæjl-]
pedra (f)	stein (m)	['stæjn]
de pedra	stein-	['stæjn-]
betão (m)	betong (m)	[be'tɔŋ]
de betão	betong-	[be'tɔŋ-]

novo	ny	['ny]
velho	gammel	['gaməl]
decrépito	falleferdig	['faləˌfæːdi]
moderno	moderne	[mʉ'dɛːŋə]
de muitos andares	fleretasjes-	['flerɛˌtaşɛs-]
alto	høy	['høj]

| andar (m) | etasje (m) | [ɛ'taşə] |
| de um andar | enetasjes | ['ɛnɛˌtaşɛs] |

| andar (m) de baixo | første etasje (m) | ['fœştə ɛ'taşə] |
| andar (m) de cima | øverste etasje (m) | ['øvəştə ɛ'taşə] |

| telhado (m) | tak (n) | ['tɑk] |
| chaminé (f) | skorstein (m/f) | ['skɔˌştæjn] |

telha (f)	takstein (m)	['tɑkˌstæjn]
de telha	taksteins-	['tɑkˌstæjns-]
sótão (m)	loft (n)	['lɔft]

| janela (f) | vindu (n) | ['vindʉ] |
| vidro (m) | glass (n) | ['glɑs] |

| parapeito (m) | vinduskarm (m) | ['vindʉsˌkɑrm] |
| portadas (f pl) | vinduslemmer (m pl) | ['vindʉsˌlemər] |

parede (f)	mur, vegg (m)	['mʉr], ['vɛg]
varanda (f)	balkong (m)	[bɑl'kɔŋ]
tubo (m) de queda	nedløpsrør (n)	['nedløpsˌrør]

em cima	oppe	['ɔpə]
subir (~ as escadas)	å gå ovenpå	[ɔ 'gɔ 'ovənˌpɔ]
descer (vi)	å gå ned	[ɔ 'gɔ ne]
mudar-se (vr)	å flytte	[ɔ 'flʏtə]

87. Casa. Entrada. Elevador

entrada (f)	inngang (m)	['in‚gɑŋ]
escada (f)	trapp (m/f)	['trɑp]
degraus (m pl)	trinn (n pl)	['trin]
corrimão (m)	gelender (n)	[ge'lendər]
hall (m) de entrada	hall, lobby (m)	['hɑl], ['lɔbi]
caixa (f) de correio	postkasse (m/f)	['pɔst‚kɑsə]
caixote (m) do lixo	søppelkasse (m/f)	['sœpəl‚kɑsə]
conduta (f) do lixo	søppelsjakt (m/f)	['sœpəl‚ʂɑkt]
elevador (m)	heis (m)	['hæjs]
elevador (m) de carga	lasteheis (m)	['lɑstə'hæjs]
cabine (f)	heiskorg (m/f)	['hæjs‚kɔrg]
pegar o elevador	å ta heisen	[ɔ 'ta ‚hæjsən]
apartamento (m)	leilighet (m/f)	['læjli‚het]
moradores (m pl)	beboere (m pl)	[be'bʋerə]
vizinho (m)	nabo (m)	['nɑbʋ]
vizinha (f)	nabo (m)	['nɑbʋ]
vizinhos (pl)	naboer (m pl)	['nɑbʋer]

88. Casa. Eletricidade

eletricidade (f)	elektrisitet (m)	[ɛlektrisi'tet]
lâmpada (f)	lyspære (m/f)	['lys‚pærə]
interruptor (m)	strømbryter (m)	['strøm‚brytər]
fusível (m)	sikring (m)	['sikriŋ]
fio, cabo (m)	ledning (m)	['ledniŋ]
instalação (f) elétrica	ledningsnett (n)	['ledniŋs‚nɛt]
contador (m) de eletricidade	elmåler (m)	['ɛl‚molər]
indicação (f), registo (m)	avlesninger (m/f pl)	['ɑv‚lesniŋər]

89. Casa. Portas. Fechaduras

porta (f)	dør (m/f)	['dœr]
portão (m)	grind (m/f), port (m)	['griŋ], ['pɔːt]
maçaneta (f)	dørhåndtak (n)	['dœr‚hontɑk]
destrancar (vt)	å låse opp	[ɔ 'loːsə ɔp]
abrir (vt)	å åpne	[ɔ 'ɔpnə]
fechar (vt)	å lukke	[ɔ 'lʉkə]
chave (f)	nøkkel (m)	['nøkəl]
molho (m)	knippe (n)	['knipə]
ranger (vi)	å knirke	[ɔ 'knirkə]
rangido (m)	knirk (m/n)	['knirk]
dobradiça (f)	hengsel (m/n)	['hɛŋsel]
tapete (m) de entrada	dørmatte (m/f)	['dœr‚mɑtə]
fechadura (f)	dørlås (m/n)	['dœr‚los]

buraco (m) da fechadura	nøkkelhull (n)	['nøkəl,hʉl]
ferrolho (m)	slå (m/f)	['ʂlo]
fecho (ferrolho pequeno)	slå (m/f)	['ʂlo]
cadeado (m)	hengelås (m/n)	['hɛŋə,lɔs]

tocar (vt)	å ringe	[ɔ 'riŋə]
toque (m)	ringing (m/f)	['riŋiŋ]
campainha (f)	ringeklokke (m/f)	['riŋə,klokə]
botão (m)	ringeklokke knapp (m)	['riŋə,klokə 'knap]
batida (f)	kakking (m/f)	['kakiŋ]
bater (vi)	å kakke	[ɔ 'kakə]

código (m)	kode (m)	['kʊdə]
fechadura (f) de código	kodelås (m/n)	['kʊdə,lɔs]
telefone (m) de porta	dørtelefon (m)	['dœr,tele'fʊn]
número (m)	nummer (n)	['nʉmər]
placa (f) de porta	dørskilt (n)	['dœ,ʂilt]
vigia (f), olho (m) mágico	kikhull (n)	['çik,hʉl]

90. Casa de campo

aldeia (f)	landsby (m)	['lans,by]
horta (f)	kjøkkenhage (m)	['çœkən,hagə]
cerca (f)	gjerde (n)	['jærə]
paliçada (f)	stakitt (m/n)	[sta'kit]
cancela (f) do jardim	port, stakittport (m)	['pɔːt], [sta'kit,pɔːt]

celeiro (m)	kornlåve (m)	['kʊːɳ,loːvə]
adega (f)	jordkjeller (m)	['juːr,çɛlər]
galpão, barracão (m)	skur, skjul (n)	['skʉr], ['ʂʉl]
poço (m)	brønn (m)	['brœn]

fogão (m)	ovn (m)	['ɔvn]
atiçar o fogo	å fyre	[ɔ 'fyrə]
lenha (carvão ou ~)	ved (m)	['ve]
acha (lenha)	vedstykke (n), vedskie (f)	['vɛd,stʏkə], ['vɛ,ʂiə]

varanda (f)	veranda (m)	[væ'randa]
alpendre (m)	terrasse (m)	[tɛ'rasə]
degraus (m pl) de entrada	yttertrapp (m/f)	['ytə,trap]
balouço (m)	gynge (m/f)	['jiŋə]

91. Moradia. Mansão

casa (f) de campo	fritidshus (n)	['fritids,hʉs]
vila (f)	villa (m)	['vila]
ala (~ do edifício)	fløy (m)	['fløj]

jardim (m)	hage (m)	['hagə]
parque (m)	park (m)	['park]
estufa (f)	drivhus (n)	['driv,hʉs]
cuidar de …	å ta vare	[ɔ 'ta ,varə]

piscina (f)	svømmebasseng (n)	['svœmə,bɑ'sɛŋ]
ginásio (m)	gym (m)	['dʒym]
campo (m) de ténis	tennisbane (m)	['tɛnis,bɑnə]
cinema (m)	hjemmekino (m)	['jɛmə,çinu]
garagem (f)	garasje (m)	[gɑ'rɑʂə]

| propriedade (f) privada | privateiendom (m) | [pri'vɑt 'æjəndɔm] |
| terreno (m) privado | privat terreng (n) | [pri'vɑt tɛ'rɛŋ] |

| advertência (f) | advarsel (m) | ['ɑd,vɑʂəl] |
| sinal (m) de aviso | varselskilt (n) | ['vɑʂəl,ʂilt] |

guarda (f)	sikkerhet (m/f)	['sikər,het]
guarda (m)	sikkerhetsvakt (m/f)	['sikərhɛts,vɑkt]
alarme (m)	tyverialarm (m)	[tyve'ri ɑ'lɑrm]

92. Castelo. Palácio

castelo (m)	borg (m)	['bɔrg]
palácio (m)	palass (n)	[pɑ'lɑs]
fortaleza (f)	festning (m/f)	['fɛstniŋ]
muralha (f)	mur (m)	['mʉr]
torre (f)	tårn (n)	['tɔːɳ]
calabouço (m)	kjernetårn (n)	['çæːɳə'tɔːɳ]

grade (f) levadiça	fallgitter (n)	['fɑl,gitər]
passagem (f) subterrânea	underjordisk gang (m)	['ʉnər,juːrdisk 'gɑŋ]
fosso (m)	vollgrav (m/f)	['vɔl,grɑv]
corrente, cadeia (f)	kjede (m)	['çɛːde]
seteira (f)	skyteskår (n)	['ʂytə,skɔr]

magnífico	praktfull	['prɑkt,fʉl]
majestoso	majestetisk	[mɑje'stɛtisk]
inexpugnável	uinntakelig	[ʉən'tɑkəli]
medieval	middelalderlig	['midəl,ɑldɛːli]

93. Apartamento

apartamento (m)	leilighet (m/f)	['læjli,het]
quarto (m)	rom (n)	['rʊm]
quarto (m) de dormir	soverom (n)	['sɔve,rʊm]
sala (f) de jantar	spisestue (m/f)	['spisə,stʉə]
sala (f) de estar	dagligstue (m/f)	['dɑgli,stʉə]
escritório (m)	arbeidsrom (n)	['ɑrbæjds,rʊm]

antessala (f)	entré (m)	[ɑn'trɛː]
quarto (m) de banho	bad, baderom (n)	['bɑd], ['bɑdə,rʊm]
toilette (lavabo)	toalett, WC (n)	[tʊɑ'let], [vɛ'sɛ]

teto (m)	tak (n)	['tɑk]
chão, soalho (m)	gulv (n)	['gʉlv]
canto (m)	hjørne (n)	['jœːɳə]

94. Apartamento. Limpeza

arrumar, limpar (vt)	å rydde	[ɔ 'rʏdə]
guardar (no armário, etc.)	å stue unna	[ɔ 'stʉə 'ʉnɑ]
pó (m)	støv (n)	['støv]
empoeirado	støvet	['støvət]
limpar o pó	å tørke støv	[ɔ 'tœrkə 'støv]
aspirador (m)	støvsuger (m)	['støf͵sʉgər]
aspirar (vt)	å støvsuge	[ɔ 'støf͵sʉgə]

varrer (vt)	å sope, å feie	[ɔ 'sɔpə], [ɔ 'fæje]
sujeira (f)	søppel (m/f/n)	['sœpəl]
arrumação (f), ordem (f)	orden (m)	['ɔrdən]
desordem (f)	uorden (m)	['ʉ͵ɔrdən]

esfregão (m)	mopp (m)	['mɔp]
pano (m), trapo (m)	klut (m)	['klʉt]
vassoura (f)	feiekost (m)	['fæje͵kʊst]
pá (f) de lixo	feiebrett (n)	['fæjə͵brɛt]

95. Mobiliário. Interior

mobiliário (m)	møbler (n pl)	['møblər]
mesa (f)	bord (n)	['bʊr]
cadeira (f)	stol (m)	['stʊl]
cama (f)	seng (m/f)	['sɛŋ]
divã (m)	sofa (m)	['sʊfɑ]
cadeirão (m)	lenestol (m)	['lenə͵stʊl]

estante (f)	bokskap (n)	['bʊk͵skɑp]
prateleira (f)	hylle (m/f)	['hʏlə]

guarda-vestidos (m)	klesskap (n)	['kle͵skɑp]
cabide (m) de parede	knaggbrett (n)	['knɑg͵brɛt]
cabide (m) de pé	stumtjener (m)	['stʉm͵tjenər]

cómoda (f)	kommode (m)	[kʊ'mʊdə]
mesinha (f) de centro	kaffebord (n)	['kɑfə͵bʊr]

espelho (m)	speil (n)	['spæjl]
tapete (m)	teppe (n)	['tɛpə]
tapete (m) pequeno	lite teppe (n)	['litə 'tɛpə]

lareira (f)	peis (m), ildsted (n)	['pæjs], ['ilsted]
vela (f)	lys (n)	['lys]
castiçal (m)	lysestake (m)	['lysə͵stɑkə]

cortinas (f pl)	gardiner (m/f pl)	[gɑː'dinər]
papel (m) de parede	tapet (n)	[tɑ'pet]
estores (f pl)	persienne (m)	[pæʂi'enə]

candeeiro (m) de mesa	bordlampe (m/f)	['bʊr͵lɑmpə]
candeeiro (m) de parede	vegglampe (m/f)	['vɛg͵lɑmpə]

candeeiro (m) de pé	gulvlampe (m/f)	['gʉlvˌlampə]
lustre (m)	lysekrone (m/f)	['lysəˌkrʊnə]

pé (de mesa, etc.)	bein (n)	['bæjn]
braço (m)	armlene (n)	['armˌlenə]
costas (f pl)	rygg (m)	['rʏg]
gaveta (f)	skuff (m)	['skʉf]

96. Quarto de dormir

roupa (f) de cama	sengetøy (n)	['sɛŋəˌtøj]
almofada (f)	pute (m/f)	['pʉtə]
fronha (f)	putevar, putetrekk (n)	['pʉtəˌvar], ['pʉtəˌtrɛk]
cobertor (m)	dyne (m/f)	['dynə]
lençol (m)	laken (n)	['lakən]
colcha (f)	sengeteppe (n)	['sɛŋəˌtɛpə]

97. Cozinha

cozinha (f)	kjøkken (n)	['çœkən]
gás (m)	gass (m)	['gas]
fogão (m) a gás	gasskomfyr (m)	['gas kɔmˌfyr]
fogão (m) elétrico	elektrisk komfyr (m)	[ɛ'lektrisk kɔmˌfyr]
forno (m)	bakeovn (m)	['bakəˌɔvn]
forno (m) de micro-ondas	mikrobølgeovn (m)	['mikrʊˌbølgə'ɔvn]

frigorífico (m)	kjøleskap (n)	['çœləˌskap]
congelador (m)	fryser (m)	['frysər]
máquina (f) de lavar louça	oppvaskmaskin (m)	['ɔpvask maˌşin]

moedor (m) de carne	kjøttkvern (m/f)	['çœtˌkvɛːn̩]
espremedor (m)	juicepresse (m/f)	['dʒʉsˌprɛsə]
torradeira (f)	brødrister (m)	['brøˌristər]
batedeira (f)	mikser (m)	['miksər]

máquina (f) de café	kaffetrakter (m)	['kafəˌtraktər]
cafeteira (f)	kaffekanne (m/f)	['kafəˌkanə]
moinho (m) de café	kaffekvern (m/f)	['kafəˌkvɛːn̩]

chaleira (f)	tekjele (m)	['teˌçelə]
bule (m)	tekanne (m/f)	['teˌkanə]
tampa (f)	lokk (n)	['lɔk]
coador (m) de chá	tesil (m)	['teˌsil]

colher (f)	skje (m)	['şe]
colher (f) de chá	teskje (m)	['teˌşe]
colher (f) de sopa	spiseskje (m)	['spisəˌşɛ]
garfo (m)	gaffel (m)	['gafəl]
faca (f)	kniv (m)	['kniv]

louça (f)	servise (n)	[sær'visə]
prato (m)	tallerken (m)	[ta'lærkən]

pires (m)	tefat (n)	['teˌfɑt]
cálice (m)	shotglass (n)	['ʂɔtˌglɑs]
copo (m)	glass (n)	['glɑs]
chávena (f)	kopp (m)	['kɔp]

açucareiro (m)	sukkerskål (m/f)	['sʉkərˌskɔl]
saleiro (m)	saltbøsse (m/f)	['sɑltˌbøsə]
pimenteiro (m)	pepperbøsse (m/f)	['pɛpərˌbøsə]
manteigueira (f)	smørkopp (m)	['smœrˌkɔp]

panela, caçarola (f)	gryte (m/f)	['grytə]
frigideira (f)	steikepanne (m/f)	['stæjkəˌpɑnə]
concha (f)	sleiv (m/f)	['ʂlæjv]
passador (m)	dørslag (n)	['dœʂlɑg]
bandeja (f)	brett (n)	['brɛt]

garrafa (f)	flaske (m)	['flɑskə]
boião (m) de vidro	glasskrukke (m/f)	['glɑsˌkrʉkə]
lata (f)	boks (m)	['bɔks]

abre-garrafas (m)	flaskeåpner (m)	['flɑskəˌɔpnər]
abre-latas (m)	konservåpner (m)	['kʉnsəvˌɔpnər]
saca-rolhas (m)	korketrekker (m)	['kɔrkəˌtrɛkər]
filtro (m)	filter (n)	['filtər]
filtrar (vt)	å filtrere	[ɔ fil'trerə]

| lixo (m) | søppel (m/f/n) | ['sœpəl] |
| balde (m) do lixo | søppelbøtte (m/f) | ['sœpəlˌbœtə] |

98. Casa de banho

quarto (m) de banho	bad, baderom (n)	['bɑd], ['bɑdəˌrʊm]
água (f)	vann (n)	['vɑn]
torneira (f)	kran (m/f)	['krɑn]
água (f) quente	varmt vann (n)	['vɑrmt ˌvɑn]
água (f) fria	kaldt vann (n)	['kɑlt vɑn]

pasta (f) de dentes	tannpasta (m)	['tɑnˌpɑstɑ]
escovar os dentes	å pusse tennene	[ɔ 'pʉsə 'tɛnənə]
escova (f) de dentes	tannbørste (m)	['tɑnˌbœʂtə]

barbear-se (vr)	å barbere seg	[ɔ bɑr'berə sæj]
espuma (f) de barbear	barberskum (n)	[bɑr'bɛˌskʊm]
máquina (f) de barbear	høvel (m)	['høvəl]

lavar (vt)	å vaske	[ɔ 'vɑskə]
lavar-se (vr)	å vaske seg	[ɔ 'vɑskə sæj]
duche (m)	dusj (m)	['dʉʂ]
tomar um duche	å ta en dusj	[ɔ 'tɑ en 'dʉʂ]

banheira (f)	badekar (n)	['bɑdəˌkɑr]
sanita (f)	toalettstol (m)	[tʊɑ'letˌstʊl]
lavatório (m)	vaskeservant (m)	['vɑskəˌsɛr'vɑnt]
sabonete (m)	såpe (m/f)	['soːpə]

saboneteira (f)	såpeskål (m/f)	['so:pə‚skɔl]
esponja (f)	svamp (m)	['svamp]
champô (m)	sjampo (m)	['ʂam‚pʊ]
toalha (f)	håndkle (n)	['hɔn‚kle]
roupão (m) de banho	badekåpe (m/f)	['badə‚ko:pə]

lavagem (f)	vask (m)	['vask]
máquina (f) de lavar	vaskemaskin (m)	['vaskə ma‚ʂin]
lavar a roupa	å vaske tøy	[ɔ 'vaskə 'tøj]
detergente (m)	vaskepulver (n)	['vaskə‚pʉlvər]

99. Eletrodomésticos

televisor (m)	TV (m), TV-apparat (n)	['tɛvɛ], ['tɛvɛ apɑ'rɑt]
gravador (m)	båndopptaker (m)	['bɔn‚ɔptakər]
videogravador (m)	video (m)	['vɪdeʉ]
rádio (m)	radio (m)	['rɑdiʉ]
leitor (m)	spiller (m)	['spilər]

projetor (m)	videoprojektor (m)	['vɪdeʉ prɔ'jɛktɔr]
cinema (m) em casa	hjemmekino (m)	['jɛmə‚çinʉ]
leitor (m) de DVD	DVD-spiller (m)	[deve'de ‚spilər]
amplificador (m)	forsterker (m)	[fɔ'stærkər]
console (f) de jogos	spillkonsoll (m)	['spil kʊn'sɔl]

câmara (f) de vídeo	videokamera (n)	['vɪdeʉ ‚kamera]
máquina (f) fotográfica	kamera (n)	['kamera]
câmara (f) digital	digitalkamera (n)	[digi'tal ‚kamera]

aspirador (m)	støvsuger (m)	['støf‚sʉgər]
ferro (m) de engomar	strykejern (n)	['strykə‚jæ:ɳ]
tábua (f) de engomar	strykebrett (n)	['strykə‚brɛt]

telefone (m)	telefon (m)	[tele'fʊn]
telemóvel (m)	mobiltelefon (m)	[mʊ'bil tele'fʊn]
máquina (f) de escrever	skrivemaskin (m)	['skrivə ma‚ʂin]
máquina (f) de costura	symaskin (m)	['si:ma‚ʂin]

microfone (m)	mikrofon (m)	[mikrʊ'fʊn]
auscultadores (m pl)	hodetelefoner (n pl)	['hodetelə‚fʊnər]
controlo remoto (m)	fjernkontroll (m)	['fjæ:ɳ kʊn'trɔl]

CD (m)	CD-rom (m)	['sɛdɛ‚rʊm]
cassete (f)	kassett (m)	[ka'sɛt]
disco (m) de vinil	plate, skive (m/f)	['platə], ['ʂivə]

100. Reparações. Renovação

renovação (f)	renovering (m/f)	[renʊ'veriŋ]
renovar (vt), fazer obras	å renovere	[ɔ renʊ'verə]
reparar (vt)	å reparere	[ɔ repɑ'rerə]
consertar (vt)	å bringe orden	[ɔ 'briŋə 'ɔrdən]

refazer (vt)	å gjøre om	[ɔ 'jørə ɔm]
tinta (f)	maling (m/f)	['malin]
pintar (vt)	å male	[ɔ 'malə]
pintor (m)	maler (m)	['malər]
pincel (m)	pensel (m)	['pɛnsəl]

| cal (f) | kalkmaling (m/f) | ['kalk‚malin] |
| caiar (vt) | å hvitmale | [ɔ 'vit‚malə] |

papel (m) de parede	tapet (n)	[ta'pet]
colocar papel de parede	å tapetsere	[ɔ tapet'serə]
verniz (m)	ferniss (m)	['fæː‚nis]
envernizar (vt)	å lakkere	[ɔ la'kerə]

101. Canalizações

água (f)	vann (n)	['van]
água (f) quente	varmt vann (n)	['varmt ‚van]
água (f) fria	kaldt vann (n)	['kalt van]
torneira (f)	kran (m/f)	['kran]

gota (f)	dråpe (m)	['droːpə]
gotejar (vi)	å dryppe	[ɔ 'drypə]
vazar (vt)	å lekke	[ɔ 'lekə]
vazamento (m)	lekk (m)	['lek]
poça (f)	pøl, pytt (m)	['pøl], ['pʏt]

tubo (m)	rør (n)	['rør]
válvula (f)	ventil (m)	[vɛn'til]
entupir-se (vr)	å bli tilstoppet	[ɔ 'bli til'stɔpət]

ferramentas (f pl)	verktøy (n pl)	['værk‚tøj]
chave (f) inglesa	skiftenøkkel (m)	['siftə‚nøkəl]
desenroscar (vt)	å skru ut	[ɔ 'skrʉ ʉt]
enroscar (vt)	å skru fast	[ɔ 'skrʉ 'fast]

desentupir (vt)	å rense	[ɔ 'rɛnsə]
canalizador (m)	rørlegger (m)	['rør‚legər]
cave (f)	kjeller (m)	['çelər]
sistema (m) de esgotos	avløp (n)	['av‚løp]

102. Fogo. Deflagração

incêndio (m)	ild (m)	['il]
chama (f)	flamme (m)	['flamə]
faísca (f)	gnist (m)	['gnist]
fumo (m)	røyk (m)	['røjk]
tocha (f)	fakkel (m)	['fakəl]
fogueira (f)	bål (n)	['bɔl]

| gasolina (f) | bensin (m) | [bɛn'sin] |
| querosene (m) | parafin (m) | [para'fin] |

inflamável	brennbar	['brɛn‚bɑr]
explosivo	eksplosiv	['ɛksplu‚siv]
PROIBIDO FUMAR!	RØYKING FORBUDT	['røjkiŋ fɔr'bʉt]

segurança (f)	sikkerhet (m/f)	['sikər‚het]
perigo (m)	fare (m)	['fɑrə]
perigoso	farlig	['fɑː|i]

incendiar-se (vr)	å ta fyr	[ɔ 'tɑ ‚fyr]
explosão (f)	eksplosjon (m)	[ɛksplu'ʂʊn]
incendiar (vt)	å sette fyr	[ɔ 'sɛtə ‚fyr]
incendiário (m)	brannstifter (m)	['brɑn‚stiftər]
incêndio (m) criminoso	brannstiftelse (m)	['brɑn‚stiftəlsə]

arder (vi)	å flamme	[ɔ 'flɑmə]
queimar (vi)	å brenne	[ɔ 'brɛnə]
queimar tudo (vi)	å brenne ned	[ɔ 'brɛnə ne]

chamar os bombeiros	å ringe bransvesenet	[ɔ 'riŋə 'brɑns‚vesənə]
bombeiro (m)	brannmann (m)	['brɑn‚mɑn]
carro (m) de bombeiros	brannbil (m)	['brɑn‚bil]
corpo (m) de bombeiros	brannkorps (n)	['brɑn‚kɔrps]
escada (f) extensível	teleskopstige (m)	['tele'skʊp‚stiːə]

mangueira (f)	slange (m)	['ʂlɑŋə]
extintor (m)	brannslukker (n)	['brɑn‚ʂlʉkər]
capacete (m)	hjelm (m)	['jɛlm]
sirene (f)	sirene (m/f)	[si'renə]

gritar (vi)	å skrike	[ɔ 'skrikə]
chamar por socorro	å rope på hjelp	[ɔ 'rʊpə pɔ 'jɛlp]
salvador (m)	redningsmann (m)	['rɛdniŋs‚mɑn]
salvar, resgatar (vt)	å redde	[ɔ 'rɛdə]

chegar (vi)	å ankomme	[ɔ 'ɑn‚kɔmə]
apagar (vt)	å slokke	[ɔ 'ʂløkə]
água (f)	vann (n)	['vɑn]
areia (f)	sand (m)	['sɑn]

ruínas (f pl)	ruiner (m pl)	[rʉ'inər]
ruir (vi)	å falle sammen	[ɔ 'fɑlə 'sɑmən]
desmoronar (vi)	å styrte ned	[ɔ 'styːtə ne]
desabar (vi)	å styrte inn	[ɔ 'styːtə in]

fragmento (m)	del (m)	['del]
cinza (f)	aske (m/f)	['ɑskə]

sufocar (vi)	å kveles	[ɔ 'kveləs]
perecer (vi)	å omkomme	[ɔ 'ɔm‚kɔmə]

ATIVIDADES HUMANAS

Emprego. Negócios. Parte 1

103. Escritório. O trabalho no escritório

escritório (~ de advogados)	kontor (n)	[kʊn'tʊr]
escritório (do diretor, etc.)	kontor (n)	[kʊn'tʊr]
receção (f)	resepsjon (m)	[resɛp'ʂʊn]
secretário (m)	sekretær (m)	[sɛkrə'tær]
secretária (f)	sekretær (m)	[sɛkrə'tær]
diretor (m)	direktør (m)	[dirɛk'tør]
gerente (m)	manager (m)	['mɛnidʒər]
contabilista (m)	regnskapsfører (m)	['rɛjnskaps̩førər]
empregado (m)	ansatt (n)	['an̩sat]
mobiliário (m)	møbler (n pl)	['møblər]
mesa (f)	bord (n)	['bʊr]
cadeira (f)	arbeidsstol (m)	['arbæjds̩stʊl]
bloco (m) de gavetas	skuffeseksjon (m)	['skʉfə̩sɛk'ʂʊn]
cabide (m) de pé	stumtjener (m)	['stʉm̩tjenər]
computador (m)	datamaskin (m)	['data ma̩ʂin]
impressora (f)	skriver (m)	['skrivər]
fax (m)	faks (m)	['faks]
fotocopiadora (f)	kopimaskin (m)	[kʊ'pi ma̩ʂin]
papel (m)	papir (n)	[pa'pir]
artigos (m pl) de escritório	kontorartikler (m pl)	[kʊn'tʊr a:'ʈiklər]
tapete (m) de rato	musematte (m/f)	['mʉsə̩matə]
folha (f) de papel	ark (n)	['ark]
pasta (f)	mappe (m/f)	['mapə]
catálogo (m)	katalog (m)	[kata'lɔg]
diretório (f) telefónico	telefonkatalog (m)	[tele'fʉn kata'lɔg]
documentação (f)	dokumentasjon (m)	[dokʉmɛnta'ʂʊn]
brochura (f)	brosjyre (m)	[brɔ'ʂyrə]
flyer (m)	reklameblad (n)	[rɛ'klamə̩bla]
amostra (f)	prøve (m)	['prøvə]
formação (f)	trening (m/f)	['treniŋ]
reunião (f)	møte (n)	['møtə]
hora (f) de almoço	lunsj pause (m)	['lʉnʂ ̩pausə]
fazer uma cópia	å lage en kopi	[ɔ 'lagə en kʊ'pi]
tirar cópias	å kopiere	[ɔ kʊ'pjerə]
receber um fax	å motta faks	[ɔ 'mɔta ̩faks]
enviar um fax	å sende faks	[ɔ 'sɛnə ̩faks]

fazer uma chamada	å ringe	[ɔ 'riŋə]
responder (vt)	å svare	[ɔ 'svarə]
passar (vt)	å sætte over til ...	[ɔ 'sætə 'ɔvər til ...]
marcar (vt)	å arrangere	[ɔ araŋ'ɡerə]
demonstrar (vt)	å demonstrere	[ɔ demɔn'strerə]
estar ausente	å være fraværende	[ɔ 'værə 'frɑ,værənə]
ausência (f)	fravær (n)	['frɑ,vær]

104. Processos negociais. Parte 1

negócio (m)	bedrift, handel (m)	[be'drift], ['handəl]
ocupação (f)	yrke (n)	['yrkə]
firma, empresa (f)	firma (n)	['firmɑ]
companhia (f)	foretak (n)	['fɔrə,tak]
corporação (f)	korporasjon (m)	[kurpura'ʂun]
empresa (f)	foretak (n)	['fɔrə,tak]
agência (f)	agentur (n)	[aɡɛn'tʉr]
acordo (documento)	avtale (m)	['av,talə]
contrato (m)	kontrakt (m)	[kun'trakt]
acordo (transação)	avtale (m)	['av,talə]
encomenda (f)	bestilling (m)	[be'stiliŋ]
cláusulas (f pl), termos (m pl)	vilkår (n)	['vil,kɔ:r]
por grosso (adv)	en gros	[ɛn 'ɡrɔ]
por grosso (adj)	engros-	[ɛŋ'ɡrɔ-]
venda (f) por grosso	engroshandel (m)	[ɛŋ'ɡrɔ,handəl]
a retalho	detalj-	[de'talj-]
venda (f) a retalho	detaljhandel (m)	[de'talj,handəl]
concorrente (m)	konkurrent (m)	[kunkʉ'rɛnt]
concorrência (f)	konkurranse (m)	[kunkʉ'ransə]
competir (vi)	å konkurrere	[ɔ kunkʉ'rerə]
sócio (m)	partner (m)	['pa:ʈnər]
parceria (f)	partnerskap (n)	['pa:ʈnə,skap]
crise (f)	krise (m/f)	['krisə]
bancarrota (f)	fallitt (m)	[fa'lit]
entrar em falência	å gå konkurs	[ɔ 'ɡɔ kɔn'kuʂ]
dificuldade (f)	vanskelighet (m)	['vanskəli,het]
problema (m)	problem (n)	[prʉ'blem]
catástrofe (f)	katastrofe (m)	[kata'strɔfə]
economia (f)	økonomi (m)	[økunʉ'mi]
económico	økonomisk	[økʉ'nɔmisk]
recessão (f) económica	økonomisk nedgang (m)	[økʉ'nɔmisk 'ned,ɡaŋ]
objetivo (m)	mål (n)	['mɔl]
tarefa (f)	oppgave (m/f)	['ɔp,ɡavə]
comerciar (vi, vt)	å handle	[ɔ 'handlə]
rede (de distribuição)	nettverk (n)	['nɛt,værk]

| estoque (m) | lager (n) | ['lagər] |
| sortimento (m) | sortiment (n) | [sɔ:ʈi'mɛn] |

líder (m)	leder (m)	['ledər]
grande (~ empresa)	stor	['stʊr]
monopólio (m)	monopol (n)	[mʊnʊ'pɔl]

teoria (f)	teori (m)	[teʊ'ri]
prática (f)	praksis (m)	['praksis]
experiência (falar por ~)	erfaring (m/f)	[ær'fariŋ]
tendência (f)	tendens (m)	[tɛn'dɛns]
desenvolvimento (m)	utvikling (m/f)	['ʉt‚vikliŋ]

105. Processos negociais. Parte 2

| rentabilidade (f) | utbytte (n), fordel (m) | ['ʉt‚bʏtə], ['fɔ:del] |
| rentável | fordelaktig | [fɔ:del'akti] |

delegação (f)	delegasjon (m)	[delega'ʂʊn]
salário, ordenado (m)	lønn (m/f)	['lœn]
corrigir (um erro)	å rette	[ɔ 'rɛtə]
viagem (f) de negócios	forretningsreise (m/f)	[fɔ'rɛtniŋs‚ræjsə]
comissão (f)	provisjon (m)	[prʊvi'ʂʊn]

controlar (vt)	å kontrollere	[ɔ kʊntrɔ'lerə]
conferência (f)	konferanse (m)	[kʊnfə'ransə]
licença (f)	lisens (m)	[li'sɛns]
confiável	pålitelig	[pɔ'liteli]

empreendimento (m)	initiativ (n)	[initsia'tiv]
norma (f)	norm (m)	['nɔrm]
circunstância (f)	omstendighet (m)	[ɔm'stɛndi‚het]
dever (m)	plikt (m/f)	['plikt]

empresa (f)	organisasjon (m)	[ɔrganisa'ʂʊn]
organização (f)	organisering (m)	[ɔrgani'seriŋ]
organizado	organisert	[ɔrgani'sɛ:ʈ]
anulação (f)	avlysning (m/f)	['av‚lʏsniŋ]
anular, cancelar (vt)	å avlyse, å annullere	[ɔ 'av‚lʏsə], [ɔ anʉ'lerə]
relatório (m)	rapport (m)	[ra'pɔ:ʈ]

patente (f)	patent (n)	[pa'tɛnt]
patentear (vt)	å patentere	[ɔ paten'terə]
planear (vt)	å planlegge	[ɔ 'plan‚legə]

prémio (m)	gratiale (n)	[gratsi'a:lə]
profissional	profesjonel	[prʊ'fɛsiɔ‚nɛl]
procedimento (m)	prosedyre (m)	[prʊsə'dʏrə]

examinar (a questão)	å undersøke	[ɔ 'ʉnə‚søkə]
cálculo (m)	beregning (m/f)	[be'rɛjniŋ]
reputação (f)	rykte (n)	['rʏktə]
risco (m)	risiko (m)	['risikʊ]
dirigir (~ uma empresa)	å styre, å lede	[ɔ 'styrə], [ɔ 'ledə]

informação (f)	opplysninger (m/f pl)	['ɔp‚lʏsniŋər]
propriedade (f)	eiendom (m)	['æjən‚dɔm]
união (f)	forbund (n)	['for‚bʉn]

seguro (m) de vida	livsforsikring (m/f)	['lifsfɔ‚şikriŋ]
fazer um seguro	å forsikre	[ɔ fɔ'şikrə]
seguro (m)	forsikring (m/f)	[fɔ'şikriŋ]

leilão (m)	auksjon (m)	[aʊk'şʉn]
notificar (vt)	å underrette	[ɔ 'ʉnə‚rɛtə]
gestão (f)	ledelse (m)	['ledəlsə]
serviço (indústria de ~s)	tjeneste (m)	['tjenɛstə]

fórum (m)	forum (n)	['fɔrum]
funcionar (vi)	å fungere	[ɔ fʉ'ŋerə]
estágio (m)	etappe (m)	[e'tapə]
jurídico	juridisk	[jʉ'ridisk]
jurista (m)	jurist (m)	[jʉ'rist]

106. Produção. Trabalhos

usina (f)	verk (n)	['værk]
fábrica (f)	fabrikk (m)	[fa'brik]
oficina (f)	verkstad (m)	['værk‚stad]
local (m) de produção	produksjonsplass (m)	[prʊdʊk'şʉns ‚plas]

indústria (f)	industri (m)	[indʉ'stri]
industrial	industriell	[indʉstri'ɛl]
indústria (f) pesada	tungindustri (m)	['tʉŋ ‚indʉ'stri]
indústria (f) ligeira	lettindustri (m)	['let‚indʉ'stri]

produção (f)	produksjon (m)	[prʊdʊk'şʉn]
produzir (vt)	å produsere	[ɔ prʊdʉ'serə]
matérias-primas (f pl)	råstoffer (n pl)	['rɔ‚stɔfər]

chefe (m) de brigada	formann, bas (m)	['fɔrman], ['bas]
brigada (f)	arbeidslag (n)	['arbæjds‚lag]
operário (m)	arbeider (m)	['ar‚bæjdər]

dia (m) de trabalho	arbeidsdag (m)	['arbæjds‚da]
pausa (f)	hvilepause (m)	['vilə‚paʊse]
reunião (f)	møte (n)	['møtə]
discutir (vt)	å drøfte, å diskutere	[ɔ 'drœftə], [ɔ diskʉ'terə]

plano (m)	plan (m)	['plan]
cumprir o plano	å oppfylle planen	[ɔ 'ɔp‚fʏlə 'planən]
taxa (f) de produção	produksjonsmål (n)	[prʊdʊk'şʉns ‚mol]
qualidade (f)	kvalitet (m)	[kvali'tɛt]
controlo (m)	kontroll (m)	[kʊn'trɔl]
controlo (m) da qualidade	kvalitetskontroll (m)	[kvali'tɛt kʊn'trɔl]

segurança (f) no trabalho	arbeidervern (n)	['arbæjdər‚væ:ŋ]
disciplina (f)	disiplin (m)	[disip'lin]
infração (f)	brudd (n)	['brʉd]

violar (as regras)	å bryte	[ɔ 'brytə]
greve (f)	streik (m)	['stræjk]
grevista (m)	streiker (m)	['stræjkər]
estar em greve	å streike	[ɔ 'stræjkə]
sindicato (m)	fagforening (m/f)	['fagfɔˌreniŋ]

inventar (vt)	å oppfinne	[ɔ 'ɔpˌfinə]
invenção (f)	oppfinnelse (m)	['ɔpˌfinəlsə]
pesquisa (f)	forskning (m)	['fɔːʂkniŋ]
melhorar (vt)	å forbedre	[ɔ for'bɛdrə]
tecnologia (f)	teknologi (m)	[tɛknʊlʊ'gi]
desenho (m) técnico	teknisk tegning (m/f)	['tɛknisk ˌtæjniŋ]

carga (f)	last (m/f)	['last]
carregador (m)	lastearbeider (m)	['lastəˌarˌbæjdər]
carregar (vt)	å laste	[ɔ 'lastə]
carregamento (m)	lasting (m/f)	['lastiŋ]
descarregar (vt)	å lesse av	[ɔ 'lese ɑ:]
descarga (f)	avlessing (m/f)	['avˌlesiŋ]

transporte (m)	transport (m)	[trans'pɔːʈ]
companhia (f) de transporte	transportfirma (n)	[trans'pɔːʈ ˌfirma]
transportar (vt)	å transportere	[ɔ transpɔːˈʈerə]

vagão (m) de carga	godsvogn (m/f)	['gʊtsˌvɔŋn]
cisterna (f)	tank (m)	['tank]
camião (m)	lastebil (m)	['lastəˌbil]

máquina-ferramenta (f)	verktøymaskin (m)	['værktøj maˌʂin]
mecanismo (m)	mekanisme (m)	[meka'nismə]

resíduos (m pl) industriais	industrielt avfall (n)	[indʉstri'ɛlt 'avˌfal]
embalagem (f)	pakning (m/f)	['pakniŋ]
embalar (vt)	å pakke	[ɔ 'pakə]

107. Contrato. Acordo

contrato (m)	kontrakt (m)	[kʊn'trakt]
acordo (m)	avtale (m)	['avˌtalə]
adenda (f), anexo (m)	tillegg, bilag (n)	['tiˌleg], ['biˌlag]

assinar o contrato	å inngå kontrakt	[ɔ 'inˌgɔ kʊn'trakt]
assinatura (f)	underskrift (m/f)	['ʉnəˌʂkrift]
assinar (vt)	å underskrive	[ɔ 'ʉnəˌʂkrivə]
carimbo (m)	stempel (n)	['stɛmpəl]

objeto (m) do contrato	kontraktens gjenstand (m)	[kʊn'traktəns 'jɛnˌstan]
cláusula (f)	klausul (m)	[klaʊ'sʉl]
partes (f pl)	parter (m pl)	['paːʈər]
morada (f) jurídica	juridisk adresse (m/f)	[jʉ'ridisk a'drɛsə]

violar o contrato	å bryte kontrakten	[ɔ 'brytə kʊn'traktən]
obrigação (f)	forpliktelse (m)	[for'pliktəlsə]
responsabilidade (f)	ansvar (n)	['anˌsvar]

força (f) maior   force majeure (m)   [ˌfɔrs mɑ'ʒøːr]
litígio (m), disputa (f)   tvist (m)   ['tvist]
multas (f pl)   straffeavgifter (m pl)   ['strɑfə ɑv'jiftər]

108. Importação & Exportação

importação (f)	import (m)	[im'pɔːt]
importador (m)	importør (m)	[impɔː'tør]
importar (vt)	å importere	[ɔ impɔː'terə]
de importação	import-	[im'pɔːt-]
exportação (f)	eksport (m)	[ɛks'pɔːt]
exportador (m)	eksportør (m)	[ɛkspɔː'tør]
exportar (vt)	å eksportere	[ɔ ɛkspɔː'terə]
de exportação	eksport-	[ɛks'pɔːt-]
mercadoria (f)	vare (m/f)	['vɑrə]
lote (de mercadorias)	parti (n)	[pɑː'ti]
peso (m)	vekt (m)	['vɛkt]
volume (m)	volum (n)	[vɔ'lʉm]
metro (m) cúbico	kubikkmeter (m)	[kʉ'bikˌmetər]
produtor (m)	produsent (m)	[prʉdʉ'sɛnt]
companhia (f) de transporte	transportfirma (n)	[trɑns'pɔːtˌfirmɑ]
contentor (m)	container (m)	[kɔn'tɛjnər]
fronteira (f)	grense (m/f)	['grɛnsə]
alfândega (f)	toll (m)	['tɔl]
taxa (f) alfandegária	tollavgift (m)	['tɔl ɑv'jift]
funcionário (m) da alfândega	tollbetjent (m)	['tɔlbeˌtjɛnt]
contrabando (atividade)	smugling (m/f)	['smʉglin]
contrabando (produtos)	smuglergods (n)	['smʉgləˌgʉts]

109. Finanças

ação (f)	aksje (m)	['ɑkʂə]
obrigação (f)	obligasjon (m)	[ɔbligɑ'ʂʉn]
nota (f) promissória	veksel (m)	['vɛksəl]
bolsa (f)	børs (m)	['bœʂ]
cotação (m) das ações	aksjekurs (m)	['ɑkʂəˌkʉʂ]
tornar-se mais barato	å gå ned	[ɔ 'gɔ ne]
tornar-se mais caro	å gå opp	[ɔ 'gɔ ɔp]
parte (f)	andel (m)	['anˌdel]
participação (f) maioritária	aksjemajoritet (m)	['ɑkʂəˌmɑjori'tet]
investimento (m)	investering (m/f)	[inve'sterin]
investir (vt)	å investere	[ɔ inve'sterə]
percentagem (f)	prosent (m)	[prʉ'sɛnt]
juros (m pl)	rente (m/f)	['rɛntə]

lucro (m)	profitt (m), fortjeneste (m/f)	[prɔ'fit], [fɔ:'tjenɛstə]
lucrativo	profitabel	[prɔfi'tabəl]
imposto (m)	skatt (m)	['skat]

divisa (f)	valuta (m)	[va'lʉta]
nacional	nasjonal	[naʂʉ'nal]
câmbio (m)	veksling (m/f)	['vɛkʂliŋ]

| contabilista (m) | regnskapsfører (m) | ['rɛjnskaps,førər] |
| contabilidade (f) | bokføring (m/f) | ['bʊk'føriŋ] |

bancarrota (f)	fallitt (m)	[fa'lit]
falência (f)	krakk (n)	['krak]
ruína (f)	ruin (m)	[rʉ'in]
arruinar-se (vr)	å ruinere seg	[ɔ rʉi'nerə sæj]
inflação (f)	inflasjon (m)	[infla'ʂʊn]
desvalorização (f)	devaluering (m)	[devalʉ'eriŋ]

capital (m)	kapital (m)	[kapi'tal]
rendimento (m)	inntekt (m/f), innkomst (m)	['in,tɛkt], ['in,kɔmst]
volume (m) de negócios	omsetning (m/f)	['ɔm,sɛtniŋ]
recursos (m pl)	ressurser (m pl)	[re'sʉʂər]
recursos (m pl) financeiros	pengemidler (m pl)	['pɛŋə,midlər]
despesas (f pl) gerais	faste utgifter (m/f pl)	['fastə 'ʉtjiftər]
reduzir (vt)	å redusere	[ɔ redʉ'serə]

110. Marketing

marketing (m)	markedsføring (m/f)	['markəds,føriŋ]
mercado (m)	marked (n)	['markəd]
segmento (m) do mercado	markedssegment (n)	['markəds seg'mɛnt]
produto (m)	produkt (n)	[prʊ'dʉkt]
mercadoria (f)	vare (m/f)	['varə]

marca (f)	merkenavn (n)	['mærkə,navn]
marca (f) comercial	varemerke (n)	['varə,mærkə]
logotipo (m)	firmamerke (n)	['firma,mærkə]
logo (m)	logo (m)	['lugʉ]

| demanda (f) | etterspørsel (m) | ['ɛtə,spœʂəl] |
| oferta (f) | tilbud (n) | ['til,bʉd] |

| necessidade (f) | behov (n) | [be'hʊv] |
| consumidor (m) | forbruker (m) | [fɔr'brʉkər] |

| análise (f) | analyse (m) | [ana'lysə] |
| analisar (vt) | å analysere | [ɔ analy'serə] |

| posicionamento (m) | posisjonering (m/f) | [pʊsiʂʊ'neriŋ] |
| posicionar (vt) | å posisjonere | [ɔ pʊsiʂʊ'nerə] |

preço (m)	pris (m)	['pris]
política (f) de preços	prispolitikk (m)	['pris pʊli'tik]
formação (f) de preços	prisdannelse (m)	['pris,danəlsə]

111. Publicidade

publicidade (f)	reklame (m)	[rɛ'klɑmə]
publicitar (vt)	å reklamere	[ɔ rɛklɑ'merə]
orçamento (m)	budsjett (n)	[bʉd'ʂɛt]
anúncio (m) publicitário	annonse (m)	[ɑ'nɔnsə]
publicidade (f) televisiva	TV-reklame (m)	['tɛvɛ rɛ'klɑmə]
publicidade (f) na rádio	radioreklame (m)	['rɑdiʉ rɛ'klɑmə]
publicidade (f) exterior	utendørsreklame (m)	['ʉtən,dœʂ rɛ'klɑmə]
comunicação (f) de massa	massemedier (n pl)	['mɑsə,mediər]
periódico (m)	tidsskrift (n)	['tid,skrift]
imagem (f)	image (m)	['imidʒ]
slogan (m)	slogan (n)	['slɔgɑn]
mote (m), divisa (f)	motto (n)	['mɔtʉ]
campanha (f)	kampanje (m)	[kɑm'pɑnjə]
companha (f) publicitária	reklamekampanje (m)	[rɛ'klɑmə kɑm'pɑnjə]
grupo (m) alvo	målgruppe (m/f)	['mo:l,grʉpə]
cartão (m) de visita	visittkort (n)	[vi'sit,kɔ:t]
flyer (m)	reklameblad (n)	[rɛ'klɑmə,blɑ]
brochura (f)	brosjyre (m)	[brɔ'ʂyrə]
folheto (m)	folder (m)	['fɔlər]
boletim (~ informativo)	nyhetsbrev (n)	['nyhets,brev]
letreiro (m)	skilt (n)	['ʂilt]
cartaz, póster (m)	plakat, poster (m)	['plɑ,kɑt], ['pɔstər]
painel (m) publicitário	reklameskilt (m/f)	[rɛ'klɑmə,ʂilt]

112. Banca

banco (m)	bank (m)	['bɑnk]
sucursal, balcão (f)	avdeling (m)	['ɑv,deliŋ]
consultor (m)	konsulent (m)	[kʉnsʉ'lent]
gerente (m)	forstander (m)	[fɔ'ʂtɑndər]
conta (f)	bankkonto (m)	['bɑnk,kɔntʉ]
número (m) da conta	kontonummer (n)	['kɔntʉ,nʉmər]
conta (f) corrente	sjekkonto (m)	['ʂɛk,kɔntʉ]
conta (f) poupança	sparekonto (m)	['spɑrə,kɔntʉ]
abrir uma conta	å åpne en konto	[ɔ 'ɔpnə en 'kɔntʉ]
fechar uma conta	å lukke kontoen	[ɔ 'lʉkə 'kɔntʉən]
depositar na conta	å sette inn på kontoen	[ɔ 'sɛtə in pɔ 'kɔntʉən]
levantar (vt)	å ta ut fra kontoen	[ɔ 'tɑ ʉt frɑ 'kɔntʉən]
depósito (m)	innskudd (n)	['in,skʉd]
fazer um depósito	å sette inn	[ɔ 'sɛtə in]
transferência (f) bancária	overføring (m/f)	['ɔvər,føriŋ]

transferir (vt)	å overføre	[ɔ 'ɔvər̩førə]
soma (f)	sum (m)	['sʉm]
Quanto?	Hvor mye?	[vʊr 'mye]

assinatura (f)	underskrift (m/f)	['ʉnə̩skrift]
assinar (vt)	å underskrive	[ɔ 'ʉnə̩skrivə]

cartão (m) de crédito	kredittkort (n)	[krɛ'dit̩kɔːt]
código (m)	kode (m)	['kʊdə]
número (m) do cartão de crédito	kreditkortnummer (n)	[krɛ'dit̩kɔːt 'nʉmər]
Caixa Multibanco (m)	minibank (m)	['mini̩bank]

cheque (m)	sjekk (m)	['ʂɛk]
passar um cheque	å skrive en sjekk	[ɔ 'skrivə en 'ʂɛk]
livro (m) de cheques	sjekkbok (m/f)	['ʂɛk̩bʊk]

empréstimo (m)	lån (n)	['lɔn]
pedir um empréstimo	å søke om lån	[ɔ ̩søkə ɔm 'lɔn]
obter um empréstimo	å få lån	[ɔ 'fɔ 'lɔn]
conceder um empréstimo	å gi lån	[ɔ 'ji 'lɔn]
garantia (f)	garanti (m)	[garan'ti]

113. Telefone. Conversação telefónica

telefone (m)	telefon (m)	[tele'fʊn]
telemóvel (m)	mobiltelefon (m)	[mʊ'bil tele'fʊn]
secretária (f) electrónica	telefonsvarer (m)	[tele'fʊn̩svarər]

fazer uma chamada	å ringe	[ɔ 'riŋə]
chamada (f)	telefonsamtale (m)	[tele'fʊn 'sam̩talə]

marcar um número	å slå et nummer	[ɔ 'ʂlɔ et 'nʉmər]
Alô!	Hallo!	[ha'lʊ]
perguntar (vt)	å spørre	[ɔ 'spørə]
responder (vt)	å svare	[ɔ 'svarə]

ouvir (vt)	å høre	[ɔ 'hørə]
bem	godt	['gɔt]
mal	dårlig	['dɔːli]
ruído (m)	støy (m)	['støj]

auscultador (m)	telefonrør (n)	[tele'fʊn̩rør]
pegar o telefone	å ta telefonen	[ɔ 'ta tele'fʊnən]
desligar (vi)	å legge på røret	[ɔ 'legə pɔ 'rørə]

ocupado	opptatt	['ɔp̩tat]
tocar (vi)	å ringe	[ɔ 'riŋə]
lista (f) telefónica	telefonkatalog (m)	[tele'fʊn kata'lɔg]
local	lokal-	[lɔ'kal-]
chamada (f) local	lokalsamtale (m)	[lɔ'kal 'sam̩talə]
de longa distância	riks-	['riks-]
chamada (f) de longa distância	rikssamtale (m)	['riks 'sam̩talə]

| internacional | internasjonal | ['intɛ:ŋaʂʊˌnɑl] |
| chamada (f) internacional | internasjonal samtale (m) | ['intɛ:ŋaʂʊˌnɑl 'samˌtɑlə] |

114. Telefone móvel

telemóvel (m)	mobiltelefon (m)	[mʊ'bil tele'fʊn]
ecrã (m)	skjerm (m)	['ʂærm]
botão (m)	knapp (m)	['knɑp]
cartão SIM (m)	SIM-kort (n)	['simˌkɔ:t]

bateria (f)	batteri (n)	[batɛ'ri]
descarregar-se	å bli utladet	[ɔ 'bli 'ʉtˌlɑdət]
carregador (m)	lader (m)	['lɑdər]

| menu (m) | meny (m) | [me'ny] |
| definições (f pl) | innstillinger (m/f pl) | ['inˌstiliŋər] |

| melodia (f) | melodi (m) | [melɔ'di] |
| escolher (vt) | å velge | [ɔ 'vɛlgə] |

calculadora (f)	regnemaskin (m)	['rɛjnə maˌʂin]
correio (m) de voz	telefonsvarer (m)	[tele'fʉnˌsvɑrər]
despertador (m)	vekkerklokka (m/f)	['vɛkərˌklɔkɑ]
contatos (m pl)	kontakter (m pl)	[kʊn'tɑktər]

| mensagem (f) de texto | SMS-beskjed (m) | [ɛsɛm'ɛs bɛˌʂɛ] |
| assinante (m) | abonnent (m) | [abo'nɛnt] |

115. Estacionário

| caneta (f) | kulepenn (m) | ['kʉ:ləˌpɛn] |
| caneta (f) tinteiro | fyllepenn (m) | ['fʏləˌpɛn] |

lápis (m)	blyant (m)	['blyˌant]
marcador (m)	merkepenn (m)	['mærkəˌpɛn]
caneta (f) de feltro	tusjpenn (m)	['tʉʂˌpɛn]

| bloco (m) de notas | notatbok (m/f) | [nʊ'tɑtˌbʊk] |
| agenda (f) | dagbok (m/f) | ['dɑgˌbʊk] |

régua (f)	linjal (m)	[li'njɑl]
calculadora (f)	regnemaskin (m)	['rɛjnə maˌʂin]
borracha (f)	viskelær (n)	['viskəˌlær]

| pionés (m) | tegnestift (m) | ['tæjnəˌstift] |
| clipe (m) | binders (m) | ['bindɛʂ] |

| cola (f) | lim (n) | ['lim] |
| agrafador (m) | stiftemaskin (m) | ['stiftə maˌʂin] |

| furador (m) | hullemaskin (m) | ['hʉlə maˌʂin] |
| afia-lápis (m) | blyantspisser (m) | ['blyantˌspisər] |

116. Vários tipos de documentos

relatório (m)	rapport (m)	[ra'pɔ:t]
acordo (m)	avtale (m)	['av,tale]
ficha (f) de inscrição	søknadsskjema (n)	['søknads,ʂema]
autêntico	ekte	['ɛkte]
crachá (m)	badge (n)	['bædʒ]
cartão (m) de visita	visittkort (n)	[vi'sit,kɔ:t]

certificado (m)	sertifikat (n)	[sæ:ʧifi'kat]
cheque (m)	sjekk (m)	['ʂɛk]
conta (f)	regning (m/f)	['rɛjniŋ]
constituição (f)	grunnlov (m)	['grʉn,lɔv]

contrato (m)	avtale (m)	['av,tale]
cópia (f)	kopi (m)	[kʉ'pi]
exemplar (m)	eksemplar (n)	[ɛksɛm'plar]

declaração (f) alfandegária	tolldeklarasjon (m)	['tɔldɛklara'ʂʉn]
documento (m)	dokument (n)	[dɔkʉ'mɛnt]
carta (f) de condução	førerkort (n)	['førər,kɔ:t]
adenda (ao contrato)	tillegg, bilag (n)	['ti,leg], ['bi,lag]
questionário (m)	skjema (n)	['ʂema]

bilhete (m) de identidade	legitimasjon (m)	[legitima'ʂʉn]
inquérito (m)	forespørsel (m)	['fɔrə,spœʂəl]
convite (m)	invitasjonskort (n)	[invita'ʂʉns,kɔ:t]
fatura (f)	faktura (m)	[fak'tʉra]

lei (f)	lov (m)	['lɔv]
carta (correio)	brev (n)	['brev]
papel (m) timbrado	brevpapir (n)	['brev,pa'pir]
lista (f)	liste (m/f)	['liste]
manuscrito (m)	manuskript (n)	[manʉ'skript]
boletim (~ informativo)	nyhetsbrev (n)	['nyhets,brev]
bilhete (mensagem breve)	lapp, seddel (m)	['lap], ['sɛdəl]

passe (m)	adgangskort (n)	['adgaŋs,kɔ:t]
passaporte (m)	pass (n)	['pas]
permissão (f)	tillatelse (m)	['ti,latəlse]
CV, currículo (m)	CV (m/n)	['sɛvɛ]
vale (nota promissória)	skyldbrev, gjeldsbrev (m/f)	['ʂyl,brev], ['jɛl,brev]
recibo (m)	kvittering (m/f)	[kvi'təriŋ]
talão (f)	kassalapp (m)	['kasa,lap]
relatório (m)	rapport (m)	[ra'pɔ:t]

mostrar (vt)	å vise	[ɔ 'vise]
assinar (vt)	å underskrive	[ɔ 'ʉnə,skrive]
assinatura (f)	underskrift (m/f)	['ʉnə,skrift]
carimbo (m)	stempel (n)	['stɛmpəl]
texto (m)	tekst (m/f)	['tɛkst]
bilhete (m)	billett (m)	[bi'let]

riscar (vt)	å stryke ut	[ɔ 'stryke ʉt]
preencher (vt)	å utfylle	[ɔ 'ʉt,fʏle]

| guia (f) de remessa | fraktbrev (n) | ['frakt‚brev] |
| testamento (m) | testament (n) | [tɛsta'mɛnt] |

117. Tipos de negócios

serviços (m pl) de contabilidade	bokføringstjenester (m pl)	['buk‚føriŋs 'tjenɛstər]
publicidade (f)	reklame (m)	[rɛ'klamə]
agência (f) de publicidade	reklamebyrå (n)	[rɛ'klamə by‚ro]
ar (m) condicionado	klimaanlegg (n pl)	['klima'an‚leg]
companhia (f) aérea	flyselskap (n)	['flysəl‚skap]

bebidas (f pl) alcoólicas	alkoholholdige drikke (m pl)	[alku'hul‚holdiə 'drikə]
comércio (m) de antiguidades	antikviteter (m pl)	[antikvi'tetər]
galeria (f) de arte	kunstgalleri (n)	['kunst gale'ri]
serviços (m pl) de auditoria	revisjonstjenester (m pl)	[revi'ʂuns‚tjenɛstər]

negócios (m pl) bancários	bankvirksomhet (m/f)	['bank‚virksɔmhet]
bar (m)	bar (m)	['bar]
salão (m) de beleza	skjønnhetssalong (m)	['ʂønhɛts sa'lɔŋ]
livraria (f)	bokhandel (m)	['buk‚handəl]
cervejaria (f)	bryggeri (n)	[brʏge'ri]
centro (m) de escritórios	forretningssenter (n)	[fo'rɛtniŋs‚sɛntər]
escola (f) de negócios	handelsskole (m)	['handəls‚skulə]

casino (m)	kasino (n)	[ka'sinu]
construção (f)	byggeri (m/f)	[bʏge'ri]
serviços (m pl) de consultoria	konsulenttjenester (m pl)	[kunsu'lent ‚tjenɛstər]

estomatologia (f)	tannklinik (m)	['tankli'nik]
design (m)	design (m)	['desajn]
farmácia (f)	apotek (n)	[apu'tek]
lavandaria (f)	renseri (n)	[rɛnse'ri]
agência (f) de emprego	rekrutteringsbyrå (n)	['rekru‚teriŋs by‚ro]

serviços (m pl) financeiros	finansielle tjenester (m pl)	[finan'sielə ‚tjenɛstər]
alimentos (m/f pl)	matvarer (m/f pl)	['mat‚varər]
agência (f) funerária	begravelsesbyrå (n)	[be'gravelsəs by‚ro]
mobiliário (m)	møbler (n pl)	['møblər]
roupa (f)	klær (n)	['klær]
hotel (m)	hotell (n)	[hu'tɛl]

gelado (m)	iskrem (m)	['iskrɛm]
indústria (f)	industri (m)	[indu'stri]
seguro (m)	forsikring (m/f)	[fo'ʂikriŋ]
internet (f)	Internett	['intə‚ŋɛt]
investimento (m)	investering (m/f)	[inve'steriŋ]

joalheiro (m)	juveler (m)	[ju'velər]
joias (f pl)	smykker (n pl)	['smʏkər]
lavandaria (f)	vaskeri (n)	[vaske'ri]
serviços (m pl) jurídicos	juridisk rådgiver (m pl)	[ju'ridisk 'rɔd‚jivər]
indústria (f) ligeira	lettindustri (m)	['let‚indu'stri]
revista (f)	magasin, tidsskrift (n)	[maga'sin], ['tid‚skrift]

vendas (f pl) por catálogo	postordresalg (m)	['pɔst,ɔrdrə'salg]
medicina (f)	medisin (m)	[medi'sin]
cinema (m)	kino (m)	['çinʉ]
museu (m)	museum (n)	[mʉ'seum]

agência (f) de notícias	nyhetsbyrå (n)	['nyhets by,ro]
jornal (m)	avis (m/f)	[a'vis]
clube (m) noturno	nattklubb (m)	['nat,klʉb]

petróleo (m)	olje (m)	['ɔljə]
serviço (m) de encomendas	budtjeneste (m)	[bʉd'tjenɛstə]
indústria (f) farmacêutica	legemidler (pl)	['legə'midlər]
poligrafia (f)	trykkeri (n)	[trʏkə'ri]
editora (f)	forlag (n)	['fɔ:[ɑg]

rádio (m)	radio (m)	['rɑdiʉ]
imobiliário (m)	fast eiendom (m)	[,fast 'æjən,dɔm]
restaurante (m)	restaurant (m)	[rɛstʉ'raŋ]

empresa (f) de segurança	sikkerhetsselskap (n)	['sikərhɛts 'sel,skɑp]
desporto (m)	sport, idrett (m)	['spɔ:t], ['idrɛt]
bolsa (f)	børs (m)	['bœʂ]
loja (f)	forretning, butikk (m)	[fɔ'rɛtniŋ], [bʉ'tik]
supermercado (m)	supermarked (n)	['sʉpə,market]
piscina (f)	svømmebasseng (n)	['svœmə,bɑ'sɛŋ]

alfaiataria (f)	skredderi (n)	[skrɛde'ri]
televisão (f)	televisjon (m)	['televi,sʉn]
teatro (m)	teater (n)	[te'atər]
comércio (atividade)	handel (m)	['handəl]
serviços (m pl) de transporte	transport (m)	[trans'pɔ:t]
viagens (f pl)	turisme (m)	[tʉ'rismə]

veterinário (m)	dyrlege, veterinær (m)	['dyr,legə], [vetəri'nær]
armazém (m)	lager (n)	['lagər]
recolha (f) do lixo	avfallstømming (m/f)	['avfals,tømiŋ]

Emprego. Negócios. Parte 2

118. Espetáculo. Feira

feira (f)	messe (m/f)	['mɛsə]
feira (f) comercial	varemesse (m/f)	['varə,mɛsə]
participação (f)	deltagelse (m)	['del,tagəlsə]
participar (vi)	å delta	[ɔ 'dɛlta]
participante (m)	deltaker (m)	['del,takər]
diretor (m)	direktør (m)	[dirɛk'tør]
direção (f)	arrangørkontor (m)	[araŋ'sør kʉn'tʉr]
organizador (m)	arrangør (m)	[araŋ'sør]
organizar (vt)	å organisere	[ɔ ɔrgani'serə]
ficha (f) de inscrição	påmeldingsskjema (n)	['pɔmeliŋs,sɛma]
preencher (vt)	å utfylle	[ɔ 'ʉt,fʏlə]
detalhes (m pl)	detaljer (m pl)	[de'taljər]
informação (f)	informasjon (m)	[infɔrma'sʉn]
preço (m)	pris (m)	['pris]
incluindo	inklusive	['inklʉ,sivə]
incluir (vt)	å inkludere	[ɔ inklʉ'derə]
pagar (vt)	å betale	[ɔ be'talə]
taxa (f) de inscrição	registreringsavgift (m/f)	[rɛgi'strɛriŋs av'jift]
entrada (f)	inngang (m)	['in,gaŋ]
pavilhão (m)	paviljong (m)	[pavi'ljɔŋ]
inscrever (vt)	å registrere	[ɔ regi'strerə]
crachá (m)	badge (n)	['bædʒ]
stand (m)	messestand (m)	['mɛsə,stan]
reservar (vt)	å reservere	[ɔ resɛr'verə]
vitrina (f)	glassmonter (m)	['glas,mɔntər]
foco, spot (m)	lampe (m/f), spotlys (n)	['lampə], ['spɔt,lys]
design (m)	design (m)	['desajn]
pôr, colocar (vt)	å plassere	[ɔ pla'serə]
ser colocado, -a	å bli plasseret	[ɔ 'bli pla'serət]
distribuidor (m)	distributør (m)	[distribʉ'tør]
fornecedor (m)	leverandør (m)	[levəran'dør]
fornecer (vt)	å levere	[ɔ le'verə]
país (m)	land (n)	['lan]
estrangeiro	utenlandsk	['ʉtən,lansk]
produto (m)	produkt (n)	[prʉ'dʉkt]
associação (f)	forening (m/f)	[fɔ'reniŋ]
sala (f) de conferências	konferansesal (m)	[kʉnfə'ransə,sal]

| congresso (m) | kongress (m) | [kʊn'grɛs] |
| concurso (m) | tevling (m) | ['tɛvliŋ] |

visitante (m)	besøkende (m)	[be'søkenə]
visitar (vt)	å besøke	[ɔ be'søkə]
cliente (m)	kunde (m)	['kʉndə]

119. Media

jornal (m)	avis (m/f)	[ɑ'vis]
revista (f)	magasin, tidsskrift (n)	[mɑgɑ'sin], ['tid,skrift]
imprensa (f)	presse (m/f)	['prɛsə]
rádio (m)	radio (m)	['rɑdiʊ]
estação (f) de rádio	radiostasjon (m)	['rɑdiʊ,stɑ'şʊn]
televisão (f)	televisjon (m)	['televi,şʊn]

apresentador (m)	programleder (m)	[prʊ'grɑm,ledər]
locutor (m)	nyhetsoppleser (m)	['nyhets'ɔp,lesər]
comentador (m)	kommentator (m)	[kʊmən'tɑtʊr]

jornalista (m)	journalist (m)	[şu:ŋɑ'list]
correspondente (m)	korrespondent (m)	[kʊrespon'dɛnt]
repórter (m) fotográfico	pressefotograf (m)	['prɛsə fotɔ'grɑf]
repórter (m)	reporter (m)	[re'pɔ:ʈər]

| redator (m) | redaktør (m) | [rɛdɑk'tør] |
| redator-chefe (m) | sjefredaktør (m) | ['şɛf rɛdɑk'tør] |

assinar a ...	å abonnere	[ɔ abɔ'nerə]
assinatura (f)	abonnement (n)	[abɔnə'mɑŋ]
assinante (m)	abonnent (m)	[abɔ'nɛnt]
ler (vt)	å lese	[ɔ 'lesə]
leitor (m)	leser (m)	['lesər]

tiragem (f)	opplag (n)	['ɔp,lɑg]
mensal	månedlig	['mo:nədli]
semanal	ukentlig	['ʉkəntli]
número (jornal, revista)	nummer (n)	['nʉmər]
recente	ny, fersk	['ny], ['fæşk]

manchete (f)	overskrift (m)	['ɔvə,şkrift]
pequeno artigo (m)	notis (m)	[nʊ'tis]
coluna (~ semanal)	rubrikk (m)	[rʉ'brik]
artigo (m)	artikkel (m)	[ɑ:'ʈikəl]
página (f)	side (m/f)	['sidə]

reportagem (f)	reportasje (m)	[repɔ:'ʈɑşə]
evento (m)	hendelse (m)	['hɛndəlsə]
sensação (f)	sensasjon (m)	[sɛnsɑ'şʊn]
escândalo (m)	skandale (m)	[skɑn'dɑlə]
escandaloso	skandaløs	[skɑndɑ'løs]
grande	stor	['stʊr]
programa (m) de TV	program (n)	[prʊ'grɑm]
entrevista (f)	intervju (n)	[intə'vjʉ:]

| transmissão (f) em direto | direktesending (m/f) | [di'rɛktə‚sɛniŋ] |
| canal (m) | kanal (m) | [ka'nal] |

120. Agricultura

agricultura (f)	landbruk (n)	['lan‚brʉk]
camponês (m)	bonde (m)	['bɔnə]
camponesa (f)	bondekone (m/f)	['bɔnə‚kʉnə]
agricultor (m)	gårdbruker, bonde (m)	['gɔːr‚brʉkər], ['bɔnə]

| trator (m) | traktor (m) | ['traktʉr] |
| ceifeira-debulhadora (f) | skurtresker (m) | ['skʉː‚trɛskər] |

arado (m)	plog (m)	['plug]
arar (vt)	å pløye	[ɔ 'pløjə]
campo (m) lavrado	pløyemark (m/f)	['pløjə‚mark]
rego (m)	fure (m)	['fʉrə]

semear (vt)	å så	[ɔ 'sɔ]
semeadora (f)	såmaskin (m)	['soːma‚ʂin]
semeadura (f)	såing (m/f)	['soːiŋ]

| gadanha (f) | ljå (m) | ['ljoː] |
| gadanhar (vt) | å meie, å slå | [ɔ 'mæjə], [ɔ 'slɔ] |

| pá (f) | spade (m) | ['spadə] |
| cavar (vt) | å grave | [ɔ 'gravə] |

enxada (f)	hakke (m/f)	['hakə]
carpir (vt)	å hakke	[ɔ 'hakə]
erva (f) daninha	ugras (n)	[ʉ'gras]

regador (m)	vannkanne (f)	['van‚kanə]
regar (vt)	å vanne	[ɔ 'vanə]
rega (f)	vanning (m/f)	['vaniŋ]

| forquilha (f) | greip (m) | ['græjp] |
| ancinho (m) | rive (m/f) | ['rivə] |

fertilizante (m)	gjødsel (m/f)	['jøtsəl]
fertilizar (vt)	å gjødsle	['ɔ 'jøtslə]
estrume (m)	møkk (m/f)	['møk]

campo (m)	åker (m)	['oːker]
prado (m)	eng (m/f)	['ɛŋ]
horta (f)	kjøkkenhage (m)	['çœkən‚hagə]
pomar (m)	frukthage (m)	['frʉkt‚hagə]

pastar (vt)	å beite	[ɔ 'bæjtə]
pastor (m)	gjeter, hyrde (m)	['jetər], ['hʏrdə]
pastagem (f)	beite (n), beitemark (m/f)	['bæjtə], ['bæjtə‚mark]

| pecuária (f) | husdyrhold (n) | ['hʉsdyr‚hɔl] |
| criação (f) de ovelhas | sauehold (n) | ['sauə‚hɔl] |

plantação (f)	plantasje (m)	[plɑn'tɑʂə]
canteiro (m)	rad (m/f)	['rɑd]
invernadouro (m)	drivhus (n)	['driv,hʉs]

seca (f)	tørke (m/f)	['tœrkə]
seco (verão ~)	tørr	['tœr]

cereal (m)	korn (n)	['kuːɳ]
cereais (m pl)	cerealer (n pl)	[sere'ɑlər]
colher (vt)	å høste	[ɔ 'høstə]

moleiro (m)	møller (m)	['mølər]
moinho (m)	mølle (m/f)	['mølə]
moer (vt)	å male	[ɔ 'mɑlə]
farinha (f)	mel (n)	['mel]
palha (f)	halm (m)	['hɑlm]

121. Construção. Processo de construção

canteiro (m) de obras	byggeplass (m)	['bʏɡə,plɑs]
construir (vt)	å bygge	[ɔ 'bʏɡə]
construtor (m)	bygningsarbeider (m)	['bʏɡniŋs 'ar,bæjər]

projeto (m)	prosjekt (n)	[prʉ'ʂɛkt]
arquiteto (m)	arkitekt (m)	[ɑrki'tɛkt]
operário (m)	arbeider (m)	['ar,bæjdər]

fundação (f)	fundament (n)	[fʉndɑ'mɛnt]
telhado (m)	tak (n)	['tɑk]
estaca (f)	pæl (m)	['pæl]
parede (f)	mur, vegg (m)	['mʉr], ['vɛɡ]

varões (m pl) para betão	armeringsjern (n)	[ɑr'meriŋs'jæːɳ]
andaime (m)	stillas (n)	[sti'lɑs]

betão (m)	betong (m)	[be'tɔŋ]
granito (m)	granitt (m)	[grɑ'nit]
pedra (f)	stein (m)	['stæjn]
tijolo (m)	tegl (n), murstein (m)	['tæjl], ['mʉ,stæjn]

areia (f)	sand (m)	['sɑn]
cimento (m)	sement (m)	[se'mɛnt]
emboço (m)	puss (m)	['pʉs]
emboçar (vt)	å pusse	[ɔ 'pʉsə]

tinta (f)	maling (m/f)	['mɑliŋ]
pintar (vt)	å male	[ɔ 'mɑlə]
barril (m)	tønne (m)	['tœnə]

grua (f), guindaste (m)	heisekran (m/f)	['hæjsə,krɑn]
erguer (vt)	å løfte	[ɔ 'lœftə]
baixar (vt)	å heise ned	[ɔ 'hæjsə ne]
buldózer (m)	bulldoser (m)	['bʉl,dʉsər]
escavadora (f)	gravemaskin (m)	['grɑve mɑ'ʂin]

caçamba (f)	skuffe (m/f)	['skʉfə]
escavar (vt)	å grave	[ɔ 'grɑvə]
capacete (m) de proteção	hjelm (m)	['jɛlm]

122. Ciência. Investigação. Cientistas

ciência (f)	vitenskap (m)	['vitən‚skɑp]
científico	vitenskapelig	['vitən‚skɑpəli]
cientista (m)	vitenskapsmann (m)	['vitən‚skɑps mɑn]
teoria (f)	teori (m)	[teʉ'ri]
axioma (m)	aksiom (n)	[ɑksi'ɔm]
análise (f)	analyse (m)	[ɑnɑ'lysə]
analisar (vt)	å analysere	[ɔ ɑnɑly'serə]
argumento (m)	argument (n)	[ɑrgʉ'mɛnt]
substância (f)	stoff (n), substans (m)	['stɔf], [sʉb'stɑns]
hipótese (f)	hypotese (m)	[hypʉ'tesə]
dilema (m)	dilemma (n)	[di'lemɑ]
tese (f)	avhandling (m/f)	['ɑv‚hɑndliŋ]
dogma (m)	dogme (n)	['dɔgmə]
doutrina (f)	doktrine (m)	[dɔk'trinə]
pesquisa (f)	forskning (m)	['fɔːʂkniŋ]
pesquisar (vt)	å forske	[ɔ 'fɔːʂkə]
teste (m)	test (m), prøve (m/f)	['tɛst], ['prøvə]
laboratório (m)	laboratorium (n)	[lɑbʉrɑ'tɔrium]
método (m)	metode (m)	[me'tɔdə]
molécula (f)	molekyl (n)	[mʉle'kyl]
monitoramento (m)	overvåking (m/f)	['ɔvər‚vɔkiŋ]
descoberta (f)	oppdagelse (m)	['ɔp‚dɑgəlsə]
postulado (m)	postulat (n)	[postʉ'lɑt]
princípio (m)	prinsipp (n)	[prin'sip]
prognóstico (previsão)	prognose (m)	[prʉg'nʉsə]
prognosticar (vt)	å prognostisere	[ɔ prʉgnʉsti'serə]
síntese (f)	syntese (m)	[sʏn'tesə]
tendência (f)	tendens (m)	[tɛn'dɛns]
teorema (m)	teorem (n)	[teʉ'rɛm]
ensinamentos (m pl)	lære (m/f pl)	['læərə]
facto (m)	faktum (n)	['fɑktum]
expedição (f)	ekspedisjon (m)	[ɛkspedi'ʂʉn]
experiência (f)	eksperiment (n)	[ɛksperi'mɛnt]
académico (m)	akademiker (m)	[ɑkɑ'demikər]
bacharel (m)	bachelor (m)	['bɑtʂɛlɔr]
doutor (m)	doktor (m)	['dɔktʉr]
docente (m)	dosent (m)	[dʉ'sɛnt]
mestre (m)	magister (m)	[mɑ'gistər]
professor (m) catedrático	professor (m)	[prʉ'fɛsʉr]

Profissões e ocupações

123. Procura de emprego. Demissão

trabalho (m)	arbeid (n), jobb (m)	['ɑrbæj], ['job]
equipa (f)	ansatte (pl)	['anˌsatə]
pessoal (m)	personale (n)	[pæʂu'nɑlə]
carreira (f)	karriere (m)	[kɑri'ɛrə]
perspetivas (f pl)	utsikter (m pl)	['ʉtˌsiktər]
mestria (f)	mesterskap (n)	['mɛstæˌskɑp]
seleção (f)	utvelgelse (m)	['ʉtˌvɛlgəlsə]
agência (f) de emprego	rekrutteringsbyrå (n)	['rekrʉˌteriŋgs byˌro]
CV, currículo (m)	CV (m/n)	['sɛvɛ]
entrevista (f) de emprego	jobbintervju (n)	['job ˌintər'vjʉ]
vaga (f)	vakanse (m)	['vɑkɑnsə]
salário (m)	lønn (m/f)	['lœn]
salário (m) fixo	fastlønn (m/f)	['fastˌlœn]
pagamento (m)	betaling (m/f)	[be'tɑliŋ]
posto (m)	stilling (m/f)	['stiliŋ]
dever (do empregado)	plikt (m/f)	['plikt]
gama (f) de deveres	arbeidsplikter (m/f pl)	['ɑrbæjdsˌpliktər]
ocupado	opptatt	['ɔpˌtat]
despedir, demitir (vt)	å avskjedige	[ɔ 'afˌʂedigə]
demissão (f)	avskjedigelse (m)	['afʂeˌdigəlsə]
desemprego (m)	arbeidsløshet (m)	['ɑrbæjdsløsˌhet]
desempregado (m)	arbeidsløs (m)	['ɑrbæjdsˌløs]
reforma (f)	pensjon (m)	[pan'ʂʉn]
reformar-se	å gå av med pensjon	[ɔ 'gɔ ɑ: me pan'ʂʉn]

124. Gente de negócios

diretor (m)	direktør (m)	[dirɛk'tør]
gerente (m)	forstander (m)	[fɔ'ʂtandər]
patrão, chefe (m)	boss (m)	['bɔs]
superior (m)	overordnet (m)	['ɔvərˌordnet]
superiores (m pl)	overordnede (pl)	['ɔvərˌordnedə]
presidente (m)	president (m)	[prɛsi'dɛnt]
presidente (m) de direção	styreformann (m)	['styrəˌformɑn]
substituto (m)	stedfortreder (m)	['stedfɔ:ˌtredər]
assistente (m)	assistent (m)	[ɑsi'stɛnt]

secretário (m)	sekretær (m)	[sɛkrə'tær]
secretário (m) pessoal	privatsekretær (m)	[pri'vat sɛkrə'tær]

homem (m) de negócios	forretningsmann (m)	[fɔ'rɛtniŋsˌman]
empresário (m)	entreprenør (m)	[ɛntreprə'nør]
fundador (m)	grunnlegger (m)	['grʉnˌlegər]
fundar (vt)	å grunnlegge, å stifte	[ɔ 'grʉnˌlegə], [ɔ 'stiftə]

fundador, sócio (m)	stifter (m)	['stiftər]
parceiro, sócio (m)	partner (m)	['pɑːtnər]
acionista (m)	aksjonær (m)	[akʂʉ'nær]

milionário (m)	millionær (m)	[milju'nær]
bilionário (m)	milliardær (m)	[milja:'dær]
proprietário (m)	eier (m)	['æjər]
proprietário (m) de terras	jordeier (m)	['juːrˌæjər]

cliente (m)	kunde (m)	['kʉndə]
cliente (m) habitual	fast kunde (m)	[ˌfɑst 'kʉndə]
comprador (m)	kjøper (m)	['çœːpər]
visitante (m)	besøkende (m)	[be'søkenə]

profissional (m)	yrkesmann (m)	['yrkəsˌman]
perito (m)	ekspert (m)	[ɛks'pæːt]
especialista (m)	spesialist (m)	[spesiɑ'list]

banqueiro (m)	bankier (m)	[bɑnki'e]
corretor (m)	mekler, megler (m)	['mɛklər]

caixa (m, f)	kasserer (m)	[ka'serər]
contabilista (m)	regnskapsfører (m)	['rɛjnskɑpsˌførər]
guarda (m)	sikkerhetsvakt (m/f)	['sikərhɛtsˌvakt]

investidor (m)	investor (m)	[in'vɛstʉr]
devedor (m)	skyldner (m)	['ʂylnər]
credor (m)	kreditor (m)	['krɛditʉr]
mutuário (m)	låntaker (m)	['lɔnˌtakər]

importador (m)	importør (m)	[impɔ:'tør]
exportador (m)	eksportør (m)	[ɛkspɔ:'tør]

produtor (m)	produsent (m)	[prʉdʉ'sɛnt]
distribuidor (m)	distributør (m)	[distribʉ'tør]
intermediário (m)	mellommann (m)	['mɛlɔˌman]

consultor (m)	konsulent (m)	[kʉnsʉ'lent]
representante (m)	representant (m)	[represɛn'tant]
agente (m)	agent (m)	[a'gɛnt]
agente (m) de seguros	forsikringsagent (m)	[fɔ'ʂikriŋs a'gɛnt]

125. Profissões de serviços

cozinheiro (m)	kokk (m)	['kʊk]
cozinheiro chefe (m)	sjefkokk (m)	['ʂɛfˌkʊk]

padeiro (m)	baker (m)	['bɑkər]
barman (m)	bartender (m)	['bɑːˌtɛndər]
empregado (m) de mesa	servitør (m)	['særvi'tør]
empregada (f) de mesa	servitrise (m/f)	[særvi'trisə]

advogado (m)	advokat (m)	[ɑdvʊ'kɑt]
jurista (m)	jurist (m)	[jʉ'rist]
notário (m)	notar (m)	[nʊ'tɑr]

eletricista (m)	elektriker (m)	[ɛ'lektrikər]
canalizador (m)	rørlegger (m)	['rørˌlegər]
carpinteiro (m)	tømmermann (m)	['tœmərˌmɑn]

massagista (m)	massør (m)	[mɑ'sør]
massagista (f)	massøse (m)	[mɑ'søsə]
médico (m)	lege (m)	['legə]

taxista (m)	taxisjåfør (m)	['tɑksi ʂɔ'før]
condutor (automobilista)	sjåfør (m)	[ʂɔ'før]
entregador (m)	bud (n)	['bʉd]

camareira (f)	stuepike (m/f)	['stʉəˌpikə]
guarda (m)	sikkerhetsvakt (m/f)	['sikərhɛtsˌvɑkt]
hospedeira (f) de bordo	flyvertinne (m/f)	[flyvɛ:'ˌtinə]

professor (m)	lærer (m)	['lærər]
bibliotecário (m)	bibliotekar (m)	[bibliʉ'tekɑr]
tradutor (m)	oversetter (m)	['ɔvəˌsɛtər]
intérprete (m)	tolk (m)	['tɔlk]
guia (pessoa)	guide (m)	['gɑjd]

cabeleireiro (m)	frisør (m)	[fri'sør]
carteiro (m)	postbud (n)	['pɔstˌbʉd]
vendedor (m)	forselger (m)	[fo'ʂɛlər]

jardineiro (m)	gartner (m)	['gɑːˌtnər]
criado (m)	tjener (m)	['tjenər]
criada (f)	tjenestepike (m/f)	['tjenɛstəˌpikə]
empregada (f) de limpeza	vaskedame (m/f)	['vɑskəˌdɑmə]

126. Profissões militares e postos

soldado (m) raso	menig (m)	['meni]
sargento (m)	sersjant (m)	[sær'ʂɑnt]
tenente (m)	løytnant (m)	['løjtˌnɑnt]
capitão (m)	kaptein (m)	[kɑp'tæjn]

major (m)	major (m)	[mɑ'jɔr]
coronel (m)	oberst (m)	['ʊbɛʂt]
general (m)	general (m)	[gene'rɑl]
marechal (m)	marskalk (m)	['mɑrʂɑl]
almirante (m)	admiral (m)	[ɑdmi'rɑl]
militar (m)	militær (m)	[mili'tær]
soldado (m)	soldat (m)	[sʊl'dɑt]

| oficial (m) | offiser (m) | [ɔfi'sɛr] |
| comandante (m) | befalshaver (m) | [be'fals‚havər] |

guarda (m) fronteiriço	grensevakt (m/f)	['grɛnsə‚vakt]
operador (m) de rádio	radiooperatør (m)	['radiʊ ʊpəra'tør]
explorador (m)	oppklaringssoldat (m)	['ɔp‚klariŋ sʊl'dat]
sapador (m)	pioner (m)	[piʊ'ner]
atirador (m)	skytter (m)	['sytər]
navegador (m)	styrmann (m)	['styr‚man]

127. Oficiais. Padres

| rei (m) | konge (m) | ['kʊŋə] |
| rainha (f) | dronning (m/f) | ['drɔniŋ] |

| príncipe (m) | prins (m) | ['prins] |
| princesa (f) | prinsesse (m/f) | [prin'sɛsə] |

| czar (m) | tsar (m) | ['tsar] |
| czarina (f) | tsarina (m) | [tsa'rina] |

presidente (m)	president (m)	[prɛsi'dɛnt]
ministro (m)	minister (m)	[mi'nistər]
primeiro-ministro (m)	statsminister (m)	['stats mi'nistər]
senador (m)	senator (m)	[se'natʊr]

diplomata (m)	diplomat (m)	[diplʊ'mat]
cônsul (m)	konsul (m)	['kʊn‚sʊl]
embaixador (m)	ambassadør (m)	[ambasa'dør]
conselheiro (m)	rådgiver (m)	['rɔdˌjivər]

funcionário (m)	embetsmann (m)	['ɛmbets‚man]
prefeito (m)	prefekt (m)	[prɛ'fɛkt]
Presidente (m) da Câmara	borgermester (m)	[bɔrgər'mɛstər]

| juiz (m) | dommer (m) | ['dɔmər] |
| procurador (m) | anklager (m) | ['an‚klagər] |

missionário (m)	misjonær (m)	[miʂʊ'nær]
monge (m)	munk (m)	['mʉnk]
abade (m)	abbed (m)	['abed]
rabino (m)	rabbiner (m)	[ra'binər]

vizir (m)	vesir (m)	[vɛ'sir]
xá (m)	sjah (m)	['ʂa]
xeque (m)	sjeik (m)	['ʂæjk]

128. Profissões agrícolas

apicultor (m)	birøkter (m)	['bi‚røktər]
pastor (m)	gjeter, hyrde (m)	['jetər], ['hʏrdə]
agrónomo (m)	agronom (m)	[agrʊ'nʉm]

| criador (m) de gado | husdyrholder (m) | ['hʉsdyr,holdər] |
| veterinário (m) | dyrlege, veterinær (m) | ['dyr,legə], [vetəri'nær] |

agricultor (m)	gårdbruker, bonde (m)	['gɔːr,brʉkər], ['bɔnə]
vinicultor (m)	vinmaker (m)	['vin,makər]
zoólogo (m)	zoolog (m)	[sʊ:'lɔg]
cowboy (m)	cowboy (m)	['kaw,bɔj]

129. Profissões artísticas

| ator (m) | skuespiller (m) | ['skʉə,spilər] |
| atriz (f) | skuespillerinne (m/f) | ['skʉə,spilə'rinə] |

| cantor (m) | sanger (m) | ['saŋər] |
| cantora (f) | sangerinne (m/f) | [saŋə'rinə] |

| bailarino (m) | danser (m) | ['dansər] |
| bailarina (f) | danserinne (m/f) | [danse'rinə] |

| artista (m) | skuespiller (m) | ['skʉə,spilər] |
| artista (f) | skuespillerinne (m/f) | ['skʉə,spilə'rinə] |

músico (m)	musiker (m)	['mʉsikər]
pianista (m)	pianist (m)	[pia'nist]
guitarrista (m)	gitarspiller (m)	[gi'tar,spilər]

maestro (m)	dirigent (m)	[diri'gɛnt]
compositor (m)	komponist (m)	[kʊmpʊ'nist]
empresário (m)	impresario (m)	[impre'sariʊ]

realizador (m)	regissør (m)	[rɛşi'sør]
produtor (m)	produsent (m)	[prʊdʉ'sɛnt]
argumentista (m)	manusforfatter (m)	['manʉs for'fatər]
crítico (m)	kritiker (m)	['kritikər]

escritor (m)	forfatter (m)	[for'fatər]
poeta (m)	poet, dikter (m)	['pɔɛt], ['diktər]
escultor (m)	skulptør (m)	[skʉlp'tør]
pintor (m)	kunstner (m)	['kʉnstnər]

malabarista (m)	sjonglør (m)	[şɔŋ'lør]
palhaço (m)	klovn (m)	['klɔvn]
acrobata (m)	akrobat (m)	[akrʊ'bat]
mágico (m)	tryllekunstner (m)	['trʏlə,kʉnstnər]

130. Várias profissões

médico (m)	lege (m)	['legə]
enfermeira (f)	sykepleierske (m/f)	['sykə,plæəjeşkə]
psiquiatra (m)	psykiater (m)	[syki'atər]
estomatologista (m)	tannlege (m)	['tan,legə]
cirurgião (m)	kirurg (m)	[çi'rʉrg]

astronauta (m)	astronaut (m)	[ɑstrʉ'nɑʉt]
astrónomo (m)	astronom (m)	[ɑstrʉ'nʉm]
motorista (m)	fører (m)	['førər]
maquinista (m)	lokfører (m)	['lʉk,førər]
mecânico (m)	mekaniker (m)	[me'kɑnikər]
mineiro (m)	gruvearbeider (m)	['grʉve'ɑr,bæjdər]
operário (m)	arbeider (m)	['ɑr,bæjdər]
serralheiro (m)	låsesmed (m)	['lo:sə,sme]
marceneiro (m)	snekker (m)	['snɛkər]
torneiro (m)	dreier (m)	['dræjər]
construtor (m)	bygningsarbeider (m)	['bʏgniŋs 'ɑr,bæjər]
soldador (m)	sveiser (m)	['svæjsər]
professor (m) catedrático	professor (m)	[prʉ'fɛsʉr]
arquiteto (m)	arkitekt (m)	[ɑrki'tɛkt]
historiador (m)	historiker (m)	[hi'stʉrikər]
cientista (m)	vitenskapsmann (m)	['vitən,skɑps mɑn]
físico (m)	fysiker (m)	['fysikər]
químico (m)	kjemiker (m)	['çemikər]
arqueólogo (m)	arkeolog (m)	[,ɑrkeʉ'lɔg]
geólogo (m)	geolog (m)	[geʉ'lɔg]
pesquisador (cientista)	forsker (m)	['fɔşkər]
babysitter (f)	babysitter (m)	['bɛby,sitər]
professor (m)	lærer, pedagog (m)	[lærər], [pedɑ'gɔg]
redator (m)	redaktør (m)	[rɛdɑk'tør]
redator-chefe (m)	sjefredaktør (m)	['şɛf rɛdɑk'tør]
correspondente (m)	korrespondent (m)	[kʉrespɔn'dɛnt]
datilógrafa (f)	maskinskriverske (m)	[mɑ'şin ,skrivɛşkə]
designer (m)	designer (m)	[de'sɑjnər]
especialista (m) em informática	dataekspert (m)	['dɑtɑ ɛks'pɛ:t]
programador (m)	programmerer (m)	[prʉgrɑ'merər]
engenheiro (m)	ingeniør (m)	[inşe'njør]
marujo (m)	sjømann (m)	['şø,mɑn]
marinheiro (m)	matros (m)	[mɑ'trʉs]
salvador (m)	redningsmann (m)	['rɛdniŋs,mɑn]
bombeiro (m)	brannmann (m)	['brɑn,mɑn]
polícia (m)	politi (m)	[pʉli'ti]
guarda-noturno (m)	nattvakt (m)	['nɑt,vɑkt]
detetive (m)	detektiv (m)	[detɛk'tiv]
funcionário (m) da alfândega	tollbetjent (m)	['tɔlbe,tjɛnt]
guarda-costas (m)	livvakt (m/f)	['liv,vɑkt]
guarda (m) prisional	fangevokter (m)	['fɑŋə,vɔktər]
inspetor (m)	inspektør (m)	[inspɛk'tør]
desportista (m)	idrettsmann (m)	['idrɛts,mɑn]
treinador (m)	trener (m)	['trenər]

talhante (m)	slakter (m)	['ʂlaktər]
sapateiro (m)	skomaker (m)	['skʉˌmakər]
comerciante (m)	handelsmann (m)	['handəlsˌman]
carregador (m)	lastearbeider (m)	['lastəˈarˌbæjdər]

| estilista (m) | moteskaper (m) | ['mʊtəˌskapər] |
| modelo (f) | modell (m) | [mʊˈdɛl] |

131. Ocupações. Estatuto social

| aluno, escolar (m) | skolegutt (m) | ['skʉləˌgʉt] |
| estudante (~ universitária) | student (m) | [stʉˈdɛnt] |

filósofo (m)	filosof (m)	[filuˈsʊf]
economista (m)	økonom (m)	[økʉˈnʊm]
inventor (m)	oppfinner (m)	['ɔpˌfinər]

desempregado (m)	arbeidsløs (m)	['arbæjdsˌløs]
reformado (m)	pensjonist (m)	[panʂʉˈnist]
espião (m)	spion (m)	[spiˈun]

preso (m)	fange (m)	['faŋə]
grevista (m)	streiker (m)	['stræjkər]
burocrata (m)	byråkrat (m)	[byrɔˈkrat]
viajante (m)	reisende (m)	['ræjsenə]

homossexual (m)	homofil (m)	['hʊmʊˌfil]
hacker (m)	hacker (m)	['hakər]
hippie	hippie (m)	['hipi]

bandido (m)	banditt (m)	[banˈdit]
assassino (m) a soldo	leiemorder (m)	['læjəˌmʊrdər]
toxicodependente (m)	narkoman (m)	[narkʉˈman]
traficante (m)	narkolanger (m)	['narkɔˌlaŋər]
prostituta (f)	prostituert (m)	[prʊstitʉˈeːt]
chulo (m)	hallik (m)	['halik]

bruxo (m)	trollmann (m)	['trɔlˌman]
bruxa (f)	trollkjerring (m/f)	['trɔlˌçæriŋ]
pirata (m)	pirat, sjørøver (m)	['piˈrat], ['ʂøˌrøvər]
escravo (m)	slave (m)	['slavə]
samurai (m)	samurai (m)	[samʉˈraj]
selvagem (m)	villmann (m)	['vilˌman]

Desportos

132. Tipos de desportos. Desportistas

desportista (m)	idrettsmann (m)	['idrɛts‚man]
tipo (m) de desporto	idrettsgren (m/f)	['idrɛts‚gren]
basquetebol (m)	basketball (m)	['basketbal]
jogador (m) de basquetebol	basketballspiller (m)	['basketbal‚spilər]
beisebol (m)	baseball (m)	['bɛjsbɔl]
jogador (m) de beisebol	baseballspiller (m)	['bɛjsbɔl‚spilər]
futebol (m)	fotball (m)	['futbal]
futebolista (m)	fotballspiller (m)	['futbal‚spilər]
guarda-redes (m)	målmann (m)	['moːl‚man]
hóquei (m)	ishockey (m)	['is‚hɔki]
jogador (m) de hóquei	ishockeyspiller (m)	['is‚hɔki 'spilər]
voleibol (m)	volleyball (m)	['vɔlibal]
jogador (m) de voleibol	volleyballspiller (m)	['vɔlibal‚spilər]
boxe (m)	boksing (m)	['bɔksiŋ]
boxeador, pugilista (m)	bokser (m)	['bɔksər]
luta (f)	bryting (m/f)	['brytiŋ]
lutador (m)	bryter (m)	['brytər]
karaté (m)	karate (m)	[ka'rate]
karateca (m)	karateutøver (m)	[ka'rate 'ʉ‚tøvər]
judo (m)	judo (m)	['jʉdo]
judoca (m)	judobryter (m)	['jʉdo‚brytər]
ténis (m)	tennis (m)	['tɛnis]
tenista (m)	tennisspiller (m)	['tɛnis‚spilər]
natação (f)	svømming (m/f)	['svœmiŋ]
nadador (m)	svømmer (m)	['svœmər]
esgrima (f)	fekting (m)	['fɛktiŋ]
esgrimista (m)	fekter (m)	['fɛktər]
xadrez (m)	sjakk (m)	['ʂak]
xadrezista (m)	sjakkspiller (m)	['ʂak‚spilər]
alpinismo (m)	alpinisme (m)	[alpi'nismə]
alpinista (m)	alpinist (m)	[alpi'nist]
corrida (f)	løp (n)	['løp]

corredor (m)	løper (m)	['løpər]
atletismo (m)	friidrett (m)	['fri: 'i̱drɛt]
atleta (m)	atlet (m)	[at'let]

| hipismo (m) | ridesport (m) | ['ridə̱spɔ:t] |
| cavaleiro (m) | rytter (m) | ['rʏtər] |

patinagem (f) artística	kunstløp (n)	['kʉnst̩løp]
patinador (m)	kunstløper (m)	['kʉnst̩løpər]
patinadora (f)	kunstløperske (m/f)	['kʉnst̩løpə̱ʂkə]

| halterofilismo (m) | vektløfting (m/f) | ['vɛkt̩lœftiŋ] |
| halterofilista (m) | vektløfter (m) | ['vɛkt̩lœftər] |

| corrida (f) de carros | billøp (m), bilrace (n) | ['bil̩løp], ['bil̩ras] |
| piloto (m) | racerfører (m) | ['resə̱fører] |

| ciclismo (m) | sykkelsport (m) | ['sʏkəl̩spɔ:t] |
| ciclista (m) | syklist (m) | [sʏk'list] |

salto (m) em comprimento	lengdehopp (n pl)	['leŋdə̱hɔp]
salto (m) à vara	stavhopp (n)	['stav̩hɔp]
atleta (m) de saltos	hopper (m)	['hɔpər]

133. Tipos de desportos. Diversos

futebol (m) americano	amerikansk fotball (m)	[ameri'kansk 'fʊtbal]
badminton (m)	badminton (m)	['bɛdmintɔn]
biatlo (m)	skiskyting (m/f)	['ʂi̱ʂytiŋ]
bilhar (m)	biljard (m)	[bil'ja:d]

bobsled (m)	bobsleigh (m)	['bɔbslej]
musculação (f)	kroppsbygging (m/f)	['krɔps̩bygiŋ]
polo (m) aquático	vannpolo (m)	['van̩pʉlʉ]
andebol (m)	håndball (m)	['hɔn̩bal]
golfe (m)	golf (m)	['gɔlf]

remo (m)	roing (m/f)	['rʉiŋ]
mergulho (m)	dykking (m/f)	['dʏkiŋ]
corrida (f) de esqui	langrenn (n), skirenn (n)	['laŋ̩rɛn], ['ʂi̱rɛn]
ténis (m) de mesa	bordtennis (m)	['bʊr̩tɛnis]

vela (f)	seiling (m/f)	['sæjliŋ]
rali (m)	rally (n)	['rɛli]
râguebi (m)	rugby (m)	['rygbi]
snowboard (m)	snøbrett (n)	['snø̩brɛt]
tiro (m) com arco	bueskyting (m/f)	['bʉ:ə̱ʂytiŋ]

134. Ginásio

| barra (f) | vektstang (m/f) | ['vɛkt̩staŋ] |
| halteres (m pl) | manualer (m pl) | ['manʉ̩alər] |

aparelho (m) de musculaçao	treningsapparat (n)	['treniŋs apa'rat]
bicicleta (f) ergométrica	trimsykkel (m)	['trim,sʏkəl]
passadeira (f) de corrida	løpebånd (n)	['løpə,bɔːn]
barra (f) fixa	svingstang (m/f)	['sviŋstaŋ]
barras (f) paralelas	barre (m)	['barə]
cavalo (m)	hest (m)	['hɛst]
tapete (m) de ginástica	matte (m/f)	['matə]
corda (f) de saltar	hoppetau (n)	['hɔpə,taʊ]
aeróbica (f)	aerobic (m)	[aɛ'rɔbik]
ioga (f)	yoga (m)	['jogɑ]

135. Hóquei

hóquei (m)	ishockey (m)	['is,hɔki]
jogador (m) de hóquei	ishockeyspiller (m)	['is,hɔki 'spilər]
jogar hóquei	å spille ishockey	[ɔ 'spilə 'is,hɔki]
gelo (m)	is (m)	['is]
disco (m)	puck (m)	['puk]
taco (m) de hóquei	kølle (m/f)	['kølə]
patins (m pl) de gelo	skøyter (m/f pl)	['søjtər]
muro (m)	vant (n)	['vant]
tiro (m)	skudd (n)	['skʉd]
guarda-redes (m)	målvakt (m/f)	['moːl,vakt]
golo (m)	mål (n)	['mol]
marcar um golo	å score mål	[ɔ 'skɔrə ,mol]
tempo (m)	periode (m)	[pæri'ʉdə]
segundo tempo (m)	andre periode (m)	['andrə pæri'ʉdə]
banco (m) de reservas	reservebenk (m)	[re'sɛrvə,bɛnk]

136. Futebol

futebol (m)	fotball (m)	['fʊtbɑl]
futebolista (m)	fotballspiller (m)	['fʊtbɑl,spilər]
jogar futebol	å spille fotball	[ɔ 'spilə 'fʊtbɑl]
Liga Principal (f)	øverste liga (m)	['øvəstə ,liga]
clube (m) de futebol	fotballklubb (m)	['fʊtbɑl,klʉb]
treinador (m)	trener (m)	['trenər]
proprietário (m)	eier (m)	['æjər]
equipa (f)	lag (n)	['lag]
capitão (m) da equipa	kaptein (m) på laget	[kap'tæjn pɔ 'lagə]
jogador (m)	spiller (m)	['spilər]
jogador (m) de reserva	reservespiller (m)	[re'sɛrvə,spilər]
atacante (m)	spiss, angriper (m)	['spis], ['an,gripər]
avançado (m) centro	sentral spiss (m)	[sɛn'tral ,spis]

marcador (m)	målscorer (m)	['moːlˌskɔrər]
defesa (m)	forsvarer, back (m)	['fɔˌsvarər], ['bɛk]
médio (m)	midtbanespiller (m)	['mitˌbanə 'spilər]

jogo (desafio)	kamp (m)	['kamp]
encontrar-se (vr)	å møtes	[ɔ 'møtəs]
final (m)	finale (m)	[fi'nalə]
meia-final (f)	semifinale (m)	[ˌsemifi'nalə]
campeonato (m)	mesterskap (n)	['mɛstæˌskap]

tempo (m)	omgang (m)	['ɔmgaŋ]
primeiro tempo (m)	første omgang (m)	['fœʂtə ˌɔmgaŋ]
intervalo (m)	halvtid (m)	['halˌtid]

baliza (f)	mål (n)	['mol]
guarda-redes (m)	målmann (m), målvakt (m/f)	['moːlˌman], ['moːlˌvakt]
trave (f)	stolpe (m)	['stɔlpə]
barra (f) transversal	tverrligger (m)	['tvæːˌligər]
rede (f)	nett (n)	['nɛt]
sofrer um golo	å slippe inn et mål	[ɔ 'ʂlipə in et 'mol]

bola (f)	ball (m)	['bal]
passe (m)	pasning (m/f)	['pasniŋ]
chute (m)	spark (m/n)	['spark]
chutar (vt)	å sparke	[ɔ 'sparkə]
tiro (m) livre	frispark (m/n)	['friˌspark]
canto (m)	hjørnespark (m/n)	['jœːŋəˌspark]

ataque (m)	angrep (n)	['anˌgrɛp]
contra-ataque (m)	kontring (m/f)	['kɔntriŋ]
combinação (f)	kombinasjon (m)	[kʊmbina'ʂʊn]

árbitro (m)	dommer (m)	['dɔmər]
apitar (vi)	å blåse i fløyte	[ɔ 'bloːsə i 'fløjtə]
apito (m)	plystring (m/f)	['plystriŋ]
falta (f)	brudd (n), forseelse (m)	['brʊd], [fɔ'ʂeelsə]
cometer a falta	å begå en forseelse	[ɔ be'gɔ en fɔ'ʂeelsə]
expulsar (vt)	å utvise	[ɔ 'ʉtˌvisə]

cartão (m) amarelo	gult kort (n)	['gʉlt ˌkoːt]
cartão (m) vermelho	rødt kort (n)	['røt kɔːt]
desqualificação (f)	diskvalifisering (m)	['diskvalifiˌseriŋ]
desqualificar (vt)	å diskvalifisere	[ɔ 'diskvalifiˌserə]

penálti (m)	straffespark (m/n)	['strafəˌspark]
barreira (f)	mur (m)	['mʉr]
marcar (vt)	å score	[ɔ 'skɔrə]
golo (m)	mål (n)	['mol]
marcar um golo	å score mål	[ɔ 'skɔrə ˌmol]

substituição (f)	erstatning (m)	['æˌʂtatniŋ]
substituir (vt)	å bytte ut	[ɔ 'bʏtə ʉt]
regras (f pl)	regler (m pl)	['reglər]
tática (f)	taktikk (m)	[tak'tik]
estádio (m)	stadion (m/n)	['stadiɔn]
bancadas (f pl)	tribune (m)	[tri'bʉnə]

fã, adepto (m)	fan (m)	['fæn]
gritar (vi)	å skrike	[ɔ 'skrikə]

marcador (m)	måltavle (m/f)	['mo:lˌtavlə]
resultado (m)	resultat (n)	[resɵl'tat]

derrota (f)	nederlag (n)	['nedəˌlɑg]
perder (vt)	å tape	[ɔ 'tapə]
empate (m)	uavgjort (m)	[ɵ:av'jɔ:t]
empatar (vi)	å spille uavgjort	[ɔ 'spilə ɵ:av'jɔ:t]

vitória (f)	seier (m)	['sæjər]
ganhar, vencer (vi, vt)	å vinne	[ɔ 'vinə]

campeão (m)	mester (m)	['mɛstər]
melhor	best	['bɛst]
felicitar (vt)	å gratulere	[ɔ gratɵ'lerə]

comentador (m)	kommentator (m)	[kʊmən'tatʊr]
comentar (vt)	å kommentere	[ɔ kʊmən'terə]
transmissão (f)	sending (m/f)	['sɛniŋ]

137. Esqui alpino

esqui (m)	ski (m/f pl)	['ʂi]
esquiar (vi)	å gå på ski	[ɔ 'gɔ pɔ 'ʂi]
estância (f) de esqui	skisted (n)	['ʂistəd]
teleférico (m)	skiheis (m)	['ʂiˌhæjs]

bastões (m pl) de esqui	skistaver (m pl)	['ʂiˌstavər]
declive (m)	skråning (m)	['skrɔniŋ]
slalom (m)	slalåm (m)	['ʂlalɔm]

138. Ténis. Golfe

golfe (m)	golf (m)	['gɔlf]
clube (m) de golfe	golfklubb (m)	['gɔlfˌklɵb]
jogador (m) de golfe	golfspiller (m)	['gɔlfˌspilər]

buraco (m)	hull (n)	['hɵl]
taco (m)	kølle (m/f)	['kølə]
trolley (m)	golftralle (m/f)	['gɔlfˌtralə]

ténis (m)	tennis (m)	['tɛnis]
quadra (f) de ténis	tennisbane (m)	['tɛnisˌbanə]

saque (m)	serve (m)	['sɛrv]
sacar (vi)	å serve	[ɔ 'sɛrvə]

raquete (f)	racket (m)	['rɛket]
rede (f)	nett (n)	['nɛt]
bola (f)	ball (m)	['bal]

139. Xadrez

xadrez (m)	sjakk (m)	['ʂɑk]
peças (f pl) de xadrez	sjakkbrikker (m/f pl)	['ʂɑk‚brikər]
xadrezista (m)	sjakkspiller (m)	['ʂɑk‚spilər]
tabuleiro (m) de xadrez	sjakkbrett (n)	['ʂɑk‚brɛt]
peça (f) de xadrez	sjakbrikke (m/f)	['ʂɑk‚brikə]
brancas (f pl)	hvite brikker (m/f pl)	['vitə ‚brikər]
pretas (f pl)	svarte brikker (m/f pl)	['svɑːʈə ‚brikər]
peão (m)	bonde (m)	['bɔnə]
bispo (m)	løper (m)	['løpər]
cavalo (m)	springer (m)	['spriŋər]
torre (f)	tårn (n)	['tɔːɳ]
dama (f)	dronning (m/f)	['drɔniŋ]
rei (m)	konge (m)	['kuŋə]
vez (m)	trekk (n)	['trɛk]
mover (vt)	å flytte	[ɔ 'flʏtə]
sacrificar (vt)	å ofre	[ɔ 'ɔfrə]
roque (m)	rokade (m)	[ru'kɑdə]
xeque (m)	sjakk (m)	['ʂɑk]
xeque-mate (m)	matt (m)	['mɑt]
torneio (m) de xadrez	sjakkturnering (m/f)	['ʂɑk tʉr‚neriŋ]
grão-mestre (m)	stormester (m)	['stʉr‚mɛstər]
combinação (f)	kombinasjon (m)	[kʉmbinɑ'ʂʉn]
partida (f)	parti (n)	[pɑː'ti]
jogo (m) de damas	damspill (n)	['dɑm‚spil]

140. Boxe

boxe (m)	boksing (m)	['bɔksiŋ]
combate (m)	kamp (m)	['kɑmp]
duelo (m)	boksekamp (m)	['bɔksə‚kɑmp]
round (m)	runde (m)	['rʉndə]
ringue (m)	ring (m)	['riŋ]
gongo (m)	gong (m)	['gɔŋ]
murro, soco (m)	støt, slag (n)	['støt], ['ʂlɑg]
knockdown (m)	knockdown (m)	[nɔk'dɑʉn]
nocaute (m)	knockout (m)	[nɔk'ɑʉt]
nocautear (vt)	å slå ut	[ɔ 'ʂlɔ ʉt]
luva (f) de boxe	boksehanske (m)	['bɔksə‚hɑnskə]
árbitro (m)	dommer (m)	['dɔmər]
peso-leve (m)	lettvekt (m/f)	['let‚vɛkt]
peso-médio (m)	mellomvekt (m/f)	['mɛlɔm‚vɛkt]
peso-pesado (m)	tungvekt (m/f)	['tʉŋ‚vɛkt]

141. Desportos. Diversos

Jogos (m pl) Olímpicos	de olympiske leker	[de u'lʏmpiske 'leker]
vencedor (m)	seierherre (m)	['sæjer‚hɛrə]
vencer (vi)	å vinne, å seire	[ɔ 'vinə], [ɔ 'sæjrə]
vencer, ganhar (vi)	å vinne	[ɔ 'vinə]
líder (m)	leder (m)	['ledər]
liderar (vt)	å lede	[ɔ 'ledə]
primeiro lugar (m)	førsteplass (m)	['fœʂtə‚plɑs]
segundo lugar (m)	annenplass (m)	['ɑnən‚plɑs]
terceiro lugar (m)	tredjeplass (m)	['trɛdjə‚plɑs]
medalha (f)	medalje (m)	[me'daljə]
troféu (m)	trofé (m/n)	[trɔ'fe]
taça (f)	pokal (m)	[pɔ'kɑl]
prémio (m)	pris (m)	['pris]
prémio (m) principal	hovedpris (m)	['hʊvəd‚pris]
recorde (m)	rekord (m)	[re'kɔrd]
estabelecer um recorde	å sette rekord	[ɔ 'sɛtə re'kɔrd]
final (m)	finale (m)	[fi'nɑlə]
final	finale-	[fi'nɑlə-]
campeão (m)	mester (m)	['mɛstər]
campeonato (m)	mesterskap (n)	['mɛstæ‚ʂkɑp]
estádio (m)	stadion (m/n)	['stɑdiɔn]
bancadas (f pl)	tribune (m)	[tri'bʉnə]
fã, adepto (m)	fan (m)	['fæn]
adversário (m)	motstander (m)	['mʊt‚stɑnər]
partida (f)	start (m)	['stɑːt]
chegada, meta (f)	mål (n), målstrek (m)	['moːl], ['moːl‚strek]
derrota (f)	nederlag (n)	['nedə‚lɑg]
perder (vt)	å tape	[ɔ 'tɑpə]
árbitro (m)	dommer (m)	['dɔmər]
júri (m)	jury (m)	['jʉry]
resultado (m)	resultat (n)	[resʉl'tɑt]
empate (m)	uavgjort (m)	[ʉːav'jɔːt]
empatar (vi)	å spille uavgjort	[ɔ 'spilə ʉːav'jɔːt]
ponto (m)	poeng (n)	[pɔ'ɛŋ]
resultado (m) final	resultat (n)	[resʉl'tɑt]
tempo, período (m)	periode (m)	[pæri'ʊdə]
intervalo (m)	halvtid (m)	['hɑl‚tid]
doping (m)	doping (m)	['dʊpiŋ]
penalizar (vt)	å straffe	[ɔ 'strɑfə]
desqualificar (vt)	å diskvalifisere	[ɔ 'diskvɑlifi‚serə]
aparelho (m)	redskap (m/n)	['rɛd‚skɑp]

dardo (m)	spyd (n)	['spyd]
peso (m)	kule (m/f)	['kʉːlə]
bola (f)	kule (m/f), ball (m)	['kʉːlə], ['bɑl]
alvo, objetivo (m)	mål (n)	['mol]
alvo (~ de papel)	målskive (m/f)	['moːlˌʂivə]
atirar, disparar (vi)	å skyte	[ɔ 'ʂytə]
preciso (tiro ~)	fulltreffer	['fʉlˌtrɛfər]
treinador (m)	trener (m)	['trenər]
treinar (vt)	å trene	[ɔ 'trenə]
treinar-se (vr)	å trene	[ɔ 'trenə]
treino (m)	trening (m/f)	['treniŋ]
ginásio (m)	idrettssal (m)	['idrɛtsˌsal]
exercício (m)	øvelse (m)	['øvəlsə]
aquecimento (m)	oppvarming (m/f)	['ɔpˌvarmiŋ]

Educação

142. Escola

escola (f)	skole (m/f)	['skʉlə]
diretor (m) de escola	rektor (m)	['rektʉr]

aluno (m)	elev (m)	[e'lev]
aluna (f)	elev (m)	[e'lev]
escolar (m)	skolegutt (m)	['skʉlə‚gʉt]
escolar (f)	skolepike (m)	['skʉlə‚pikə]

ensinar (vt)	å undervise	[ɔ 'ʉnər‚visə]
aprender (vt)	å lære	[ɔ 'lærə]
aprender de cor	å lære utenat	[ɔ 'lærə 'ʉtənat]

estudar (vi)	å lære	[ɔ 'lærə]
andar na escola	å gå på skolen	[ɔ 'gɔ pɔ 'skʉlən]
ir à escola	å gå på skolen	[ɔ 'gɔ pɔ 'skʉlən]

alfabeto (m)	alfabet (n)	[alfa'bet]
disciplina (f)	fag (n)	['fag]

sala (f) de aula	klasserom (m/f)	['klasə‚rʉm]
lição (f)	time (m)	['timə]
recreio (m)	frikvarter (n)	['frikvɑ:‚ter]
toque (m)	skoleklokke (m/f)	['skʉlə‚klɔkə]
carteira (f)	skolepult (m)	['skʉlə‚pʉlt]
quadro (m) negro	tavle (m/f)	['tavlə]

nota (f)	karakter (m)	[karak'ter]
boa nota (f)	god karakter (m)	['gʉ karak'ter]
nota (f) baixa	dårlig karakter (m)	['do:ɭi karak'ter]
dar uma nota	å gi en karakter	[ɔ 'ji en karak'ter]

erro (m)	feil (m)	['fæjl]
fazer erros	å gjøre feil	[ɔ 'jørə ‚fæjl]
corrigir (vt)	å rette	[ɔ 'rɛtə]
cábula (f)	fuskelapp (m)	['fʉskə‚lap]

dever (m) de casa	lekser (m/f pl)	['leksər]
exercício (m)	øvelse (m)	['øvəlsə]

estar presente	å være til stede	[ɔ 'værə til 'stedə]
estar ausente	å være fraværende	[ɔ 'værə 'fra‚værənə]
faltar às aulas	å skulke skolen	[ɔ 'skʉlkə 'skʉlən]

punir (vt)	å straffe	[ɔ 'strafə]
punição (f)	straff, avstraffelse (m)	['straf], ['af‚strafəlsə]
comportamento (m)	oppførsel (m)	['ɔp‚fœʂəl]

boletim (m) escolar	karakterbok (m/f)	[kɑrɑk'ter‚bʉk]
lápis (m)	blyant (m)	['bly‚ɑnt]
borracha (f)	viskelær (n)	['viskə‚lær]
giz (m)	kritt (n)	['krit]
estojo (m)	pennal (n)	[pɛ'nɑl]

pasta (f) escolar	skoleveske (m/f)	['skʉlə‚vɛskə]
caneta (f)	penn (m)	['pɛn]
caderno (m)	skrivebok (m/f)	['skrivə‚bʉk]
manual (m) escolar	lærebok (m/f)	['lærə‚bʉk]
compasso (m)	passer (m)	['pɑsər]

traçar (vt)	å tegne	[ɔ 'tæjnə]
desenho (m) técnico	teknisk tegning (m/f)	['tɛknisk ‚tæjniŋ]

poesia (f)	dikt (n)	['dikt]
de cor	utenat	['ʉtən‚ɑt]
aprender de cor	å lære utenat	[ɔ 'lærə 'ʉtənɑt]

férias (f pl)	skoleferie (m)	['skʉlə‚fɛriə]
estar de férias	å være på ferie	[ɔ 'værə pɔ 'fɛriə]
passar as férias	å tilbringe ferien	[ɔ 'til‚briŋə 'fɛriən]

teste (m)	prøve (m/f)	['prøvə]
composição, redação (f)	essay (n)	[ɛ'sɛj]
ditado (m)	diktat (m)	[dik'tɑt]
exame (m)	eksamen (m)	[ɛk'sɑmən]
fazer exame	å ta eksamen	[ɔ 'tɑ ɛk'sɑmən]
experiência (~ química)	forsøk (n)	['fɔ'søk]

143. Colégio. Universidade

academia (f)	akademi (n)	[ɑkɑde'mi]
universidade (f)	universitet (n)	[ʉnivæşi'tet]
faculdade (f)	fakultet (n)	[fɑkʉl'tet]

estudante (m)	student (m)	[stʉ'dɛnt]
estudante (f)	kvinnelig student (m)	['kvinəli stʉ'dɛnt]
professor (m)	lærer, foreleser (m)	['lærər], ['fʉrə‚lesər]

sala (f) de palestras	auditorium (n)	[‚aʉdi'tʉrium]
graduado (m)	alumn (m)	[ɑ'lʉmn]

diploma (m)	diplom (n)	[di'plʉm]
tese (f)	avhandling (m/f)	['ɑv‚hɑndliŋ]

estudo (obra)	studie (m)	['stʉdiə]
laboratório (m)	laboratorium (n)	[lɑbʉrɑ'tɔrium]

palestra (f)	forelesning (m)	['fɔrə‚lesniŋ]
colega (m) de curso	studiekamerat (m)	['stʉdiə kɑme‚rɑt]

bolsa (f) de estudos	stipendium (n)	[sti'pɛndium]
grau (m) académico	akademisk grad (m)	[ɑkɑ'demisk ‚grɑd]

144. Ciências. Disciplinas

matemática (f)	matematikk (m)	[matəma'tik]
álgebra (f)	algebra (m)	['algə‚bra]
geometria (f)	geometri (m)	[geʊme'tri]
astronomia (f)	astronomi (m)	[astrʊnʊ'mi]
biologia (f)	biologi (m)	[biʊlʊ'gi]
geografia (f)	geografi (m)	[geʊgra'fi]
geologia (f)	geologi (m)	[geʊlʊ'gi]
história (f)	historie (m/f)	[hi'stʊriə]
medicina (f)	medisin (m)	[medi'sin]
pedagogia (f)	pedagogikk (m)	[pedagʊ'gik]
direito (m)	rett (m)	['rɛt]
física (f)	fysikk (m)	[fy'sik]
química (f)	kjemi (m)	[çe'mi]
filosofia (f)	filosofi (m)	[filʊsʊ'fi]
psicologia (f)	psykologi (m)	[sikʊlʊ'gi]

145. Sistema de escrita. Ortografia

gramática (f)	grammatikk (m)	[grama'tik]
vocabulário (m)	ordforråd (n)	['uːrfʊ‚rɔd]
fonética (f)	fonetikk (m)	[fʊne'tik]
substantivo (m)	substantiv (n)	['sʉbstan‚tiv]
adjetivo (m)	adjektiv (n)	['adjɛk‚tiv]
verbo (m)	verb (n)	['værb]
advérbio (m)	adverb (n)	[ad'væːb]
pronome (m)	pronomen (n)	[prʊ'nʊmən]
interjeição (f)	interjeksjon (m)	[interjɛk'ʂʊn]
preposição (f)	preposisjon (m)	[prɛpʊsi'ʂʊn]
raiz (f) da palavra	rot (m/f)	['rʊt]
terminação (f)	endelse (m)	['ɛnəlsə]
prefixo (m)	prefiks (n)	[prɛ'fiks]
sílaba (f)	stavelse (m)	['stavəlsə]
sufixo (m)	suffiks (n)	[sʉ'fiks]
acento (m)	betoning (m), trykk (n)	['be'tɔniŋ], ['trʏk]
apóstrofo (m)	apostrof (m)	[apʊ'strɔf]
ponto (m)	punktum (n)	['pʉnktum]
vírgula (f)	komma (n)	['kɔma]
ponto e vírgula (m)	semikolon (n)	[‚semikʊ'lɔn]
dois pontos (m pl)	kolon (n)	['kʊlɔn]
reticências (f pl)	tre prikker (m pl)	['tre 'prikər]
ponto (m) de interrogação	spørsmålstegn (n)	['spɔɛ̞smols‚tæjn]
ponto (m) de exclamação	utropstegn (n)	['ʉtrʊps‚tæjn]

aspas (f pl)	anførselstegn (n pl)	[anˈfœşɛlsˌtejn]
entre aspas	i anførselstegn	[i anˈfœşɛlsˌtejn]
parênteses (m pl)	parentes (m)	[parɛnˈtes]
entre parênteses	i parentes	[i parɛnˈtes]
hífen (m)	bindestrek (m)	[ˈbinəˌstrek]
travessão (m)	tankestrek (m)	[ˈtankəˌstrek]
espaço (m)	mellomrom (n)	[ˈmɛlɔmˌrʊm]
letra (f)	bokstav (m)	[ˈbʊkstɑv]
letra (f) maiúscula	stor bokstav (m)	[ˈstʊr ˈbʊkstɑv]
vogal (f)	vokal (m)	[vʊˈkɑl]
consoante (f)	konsonant (m)	[kʊnsʊˈnɑnt]
frase (f)	setning (m)	[ˈsɛtniŋ]
sujeito (m)	subjekt (n)	[sʉbˈjɛkt]
predicado (m)	predikat (n)	[prɛdiˈkɑt]
linha (f)	linje (m)	[ˈlinjə]
em uma nova linha	på ny linje	[pɔ ny ˈlinjə]
parágrafo (m)	avsnitt (n)	[ˈɑfˌsnit]
palavra (f)	ord (n)	[ˈuːr]
grupo (m) de palavras	ordgruppe (m/f)	[ˈuːrˌgrʉpə]
expressão (f)	uttrykk (n)	[ˈʉtˌtrʏk]
sinónimo (m)	synonym (n)	[synʊˈnym]
antónimo (m)	antonym (n)	[antʊˈnym]
regra (f)	regel (m)	[ˈrɛgəl]
exceção (f)	unntak (n)	[ˈʉnˌtɑk]
correto	riktig	[ˈrikti]
conjugação (f)	bøyning (m/f)	[ˈbøjniŋ]
declinação (f)	bøyning (m/f)	[ˈbøjniŋ]
caso (m)	kasus (m)	[ˈkɑsʉs]
pergunta (f)	spørsmål (n)	[ˈspœşˌmɔl]
sublinhar (vt)	å understreke	[ɔ ˈʉnəˌstrekə]
linha (f) pontilhada	prikket linje (m)	[ˈprikət ˈlinjə]

146. Línguas estrangeiras

língua (f)	språk (n)	[ˈsprɔk]
estrangeiro	fremmed-	[ˈfremə-]
língua (f) estrangeira	fremmedspråk (n)	[ˈfremedˌsprɔk]
estudar (vt)	å studere	[ɔ stʉˈderə]
aprender (vt)	å lære	[ɔ ˈlærə]
ler (vt)	å lese	[ɔ ˈlesə]
falar (vi)	å tale	[ɔ ˈtalə]
compreender (vt)	å forstå	[ɔ fɔˈştɔ]
escrever (vt)	å skrive	[ɔ ˈskrivə]
rapidamente	fort	[ˈfuːt]
devagar	langsomt	[ˈlaŋsomt]

fluentemente	flytende	['flytnə]
regras (f pl)	regler (m pl)	['rɛglər]
gramática (f)	grammatikk (m)	[grɑmɑ'tik]
vocabulário (m)	ordforråd (n)	['u:rfʊˌrɔd]
fonética (f)	fonetikk (m)	[fʊne'tik]

manual (m) escolar	lærebok (m/f)	['lærəˌbʊk]
dicionário (m)	ordbok (m/f)	['u:rˌbʊk]
manual (m) de autoaprendizagem	lærebok (m/f) for selvstudium	['lærəˌbʊk fɔ 'selˌstʉdium]
guia (m) de conversação	parlør (m)	[pɑ:'lør]

cassete (f)	kassett (m)	[kɑ'sɛt]
vídeo cassete (m)	videokassett (m)	['videʊ kɑ'sɛt]
CD (m)	CD-rom (m)	['sɛdɛˌrʊm]
DVD (m)	DVD (m)	[deve'de]

alfabeto (m)	alfabet (n)	[ɑlfɑ'bet]
soletrar (vt)	å stave	[ɔ 'stɑvə]
pronúncia (f)	uttale (m)	['ʉtˌtɑlə]

sotaque (m)	aksent (m)	[ak'sɑŋ]
com sotaque	med aksent	[me ak'sɑŋ]
sem sotaque	uten aksent	['ʉtən ak'sɑŋ]

palavra (f)	ord (n)	['u:r]
sentido (m)	betydning (m)	[be'tʏdniŋ]

cursos (m pl)	kurs (n)	['kʉʂ]
inscrever-se (vr)	å anmelde seg	[ɔ 'anˌmɛlə sæj]
professor (m)	lærer (m)	['lærər]

tradução (processo)	oversettelse (m)	['ɔvəˌsɛtəlsə]
tradução (texto)	oversettelse (m)	['ɔvəˌsɛtəlsə]
tradutor (m)	oversetter (m)	['ɔvəˌsɛtər]
intérprete (m)	tolk (m)	['tɔlk]

poliglota (m)	polyglott (m)	[pʊlʏ'glɔt]
memória (f)	minne (n), hukommelse (m)	['minə], [hʉ'kɔməlsə]

147. Personagens de contos de fadas

Pai (m) Natal	Julenissen	['jʉləˌnisən]
Cinderela (f)	Askepott	['askəˌpɔt]
sereia (f)	havfrue (m/f)	['hɑvˌfrʉə]
Neptuno (m)	Neptun	[nɛp'tʉn]

mago (m)	trollmann (m)	['trɔlˌman]
fada (f)	fe (m)	['fe]
mágico	trylle-	['trʏlə-]
varinha (f) mágica	tryllestav (m)	['trʏləˌstɑv]

conto (m) de fadas	eventyr (n)	['ɛvənˌtyr]
milagre (m)	mirakel (n)	[mi'rakəl]

| anão (m) | gnom, dverg (m) | ['gnʊm], ['dvɛrg] |
| transformar-se em … | å forvandle seg til … | [ɔ fɔr'vandlə sæj til …] |

fantasma (m)	fantom (m)	[fɑn'tɔm]
espetro (m)	spøkelse (n)	['spøkəlsə]
monstro (m)	monster (n)	['mɔnstər]
dragão (m)	drage (m)	['drɑgə]
gigante (m)	gigant (m)	[gi'gɑnt]

148. Signos do Zodíaco

Carneiro	Væren (m)	['værən]
Touro	Tyren (m)	['tyrən]
Gémeos	Tvillingene (m pl)	['tviliŋənə]
Caranguejo	Krepsen (m)	['krɛpsən]
Leão	Løven (m)	['løvən]
Virgem (f)	Jomfruen (m)	['ʉmfrʉən]

Balança	Vekten (m)	['vɛktən]
Escorpião	Skorpionen	[skɔrpi'ʊnən]
Sagitário	Skytten (m)	['ʂytən]
Capricórnio	Steinbukken (m)	['stæjn͵bʉkən]
Aquário	Vannmannen (m)	['vɑn͵mɑnən]
Peixes	Fiskene (pl)	['fiskenə]

caráter (m)	karakter (m)	[kɑrɑk'ter]
traços (m pl) do caráter	karaktertrekk (n pl)	[kɑrɑk'ter͵trɛk]
comportamento (m)	oppførsel (m)	['ɔp͵fœʂəl]
predizer (vt)	å spå	[ɔ 'spɔ]
adivinha (f)	spåkone (m/f)	['spɔ:͵kɔnə]
horóscopo (m)	horoskop (n)	[hʊrʉ'skɔp]

Artes

149. Teatro

teatro (m)	teater (n)	[te'atər]
ópera (f)	opera (m)	['ʊpera]
opereta (f)	operette (m)	[ʊpe'rɛtə]
balé (m)	ballett (m)	[ba'let]
cartaz (m)	plakat (m)	[pla'kat]
companhia (f) teatral	teatertrupp (m)	[te'atər,trʊp]
turné (digressão)	turné (m)	[tʉr'ne:]
estar em turné	å være på turné	[ɔ 'væərə pɔ tʉr'ne:]
ensaiar (vt)	å repetere	[ɔ repe'terə]
ensaio (m)	repetisjon (m)	[repeti'şʊn]
repertório (m)	repertoar (n)	[repæ:[ʊ'ar]
apresentação (f)	forestilling (m/f)	['fɔrə,stiliŋ]
espetáculo (m)	teaterstykke (n)	[te'atər,stʏkə]
peça (f)	skuespill (n)	['skʉə,spil]
bilhete (m)	billett (m)	[bi'let]
bilheteira (f)	billettluke (m/f)	[bi'let,lʉkə]
hall (m)	lobby, foajé (m)	['lɔbi], [fʊa'je]
guarda-roupa (m)	garderobe (m)	[ga:də'rʊbə]
senha (f) numerada	garderobemerke (n)	[ga:də'rʉbə 'mærkə]
binóculo (m)	kikkert (m)	['çikɛ:t]
lanterninha (m)	plassanviser (m)	['plas an,visər]
plateia (f)	parkett (m)	[par'kɛt]
balcão (m)	balkong (m)	[bal'kɔŋ]
primeiro balcão (m)	første losjerad (m)	['fœştə ,lʊşɛrad]
camarote (m)	losje (m)	['lʊşə]
fila (f)	rad (m/f)	['rad]
assento (m)	plass (m)	['plas]
público (m)	publikum (n)	['pʉblikum]
espetador (m)	tilskuer (m)	['til,skʉər]
aplaudir (vt)	å klappe	[ɔ 'klapə]
aplausos (m pl)	applaus (m)	[a'plaʊs]
ovação (f)	bifall (n)	['bi,fal]
palco (m)	scene (m)	['se:nə]
pano (m) de boca	teppe (n)	['tɛpə]
cenário (m)	dekorasjon (m)	[dekʊra'şʊn]
bastidores (m pl)	kulisser (m pl)	[kʉ'lisər]
cena (f)	scene (m)	['se:nə]
ato (m)	akt (m)	['akt]
entreato (m)	mellomakt (m)	['mɛlɔm,akt]

150. Cinema

Português	Norueguês	Pronúncia
ator (m)	skuespiller (m)	['skʉəˌspilər]
atriz (f)	skuespillerinne (m/f)	['skʉəˌspilə'rinə]
cinema (m)	filmindustri (m)	['film indʉ'stri]
filme (m)	film (m)	['film]
episódio (m)	del (m)	['del]
filme (m) policial	kriminalfilm (m)	[krimi'nalˌfilm]
filme (m) de ação	actionfilm (m)	['ɛkʂənˌfilm]
filme (m) de aventuras	eventyrfilm (m)	['ɛvəntyrˌfilm]
filme (m) de ficção científica	Sci-Fi film (m)	['sɑjˌfɑj film]
filme (m) de terror	skrekkfilm (m)	['skrɛkˌfilm]
comédia (f)	komedie (m)	['kʉ'mediə]
melodrama (m)	melodrama (n)	[melɔ'drɑmɑ]
drama (m)	drama (n)	['drɑmɑ]
filme (m) ficcional	spillefilm (m)	['spiləˌfilm]
documentário (m)	dokumentarfilm (m)	[dɔkʉmɛn'tar ˌfilm]
desenho (m) animado	tegnefilm (m)	['tæjnəˌfilm]
cinema (m) mudo	stumfilm (m)	['stʉmˌfilm]
papel (m)	rolle (m/f)	['rɔlə]
papel (m) principal	hovedrolle (m)	['hʉvədˌrɔle]
representar (vt)	å spille	[ɔ 'spilə]
estrela (f) de cinema	filmstjerne (m)	['filmˌstjæːŋə]
conhecido	kjent	['çɛnt]
famoso	berømt	[be'rømt]
popular	populær	[pʉpʉ'lær]
argumento (m)	manus (n)	['manʉs]
argumentista (m)	manusforfatter (m)	['manʉs fɔr'fatər]
realizador (m)	regissør (m)	[rɛʂi'sør]
produtor (m)	produsent (m)	[prʉdʉ'sɛnt]
assistente (m)	assistent (m)	[asi'stɛnt]
diretor (m) de fotografia	kameramann (m)	['kameraˌman]
duplo (m)	stuntmann (m)	['stantˌman]
duplo (m) de corpo	stand-in (m)	[ˌstand'in]
filmar (vt)	å spille inn en film	[ɔ 'spilə in en 'film]
audição (f)	prøve (m/f)	['prøvə]
filmagem (f)	opptak (n)	['ɔpˌtak]
equipe (f) de filmagem	filmteam (n)	['filmˌtim]
set (m) de filmagem	opptaksplass (m)	['ɔptaksˌplas]
câmara (f)	filmkamera (n)	['filmˌkamera]
cinema (m)	kino (m)	['çinʉ]
ecrã (m), tela (f)	filmduk (m)	['filmˌdʉk]
exibir um filme	å vise en film	[ɔ 'visə en 'film]
pista (f) sonora	lydspor (n)	['lydˌspʉr]
efeitos (m pl) especiais	spesialeffekter (m pl)	['spesi'al e'fɛktər]

legendas (f pl)	undertekster (m/f)	['ʉnəˌtɛkstər]
crédito (m)	rulletekst (m)	['rʉləˌtɛkst]
tradução (f)	oversettelse (m)	['ɔvəˌsɛtəlsə]

151. Pintura

arte (f)	kunst (m)	['kʉnst]
belas-artes (f pl)	de skjønne kunster	[de 'şønə 'kʉnstər]
galeria (f) de arte	kunstgalleri (n)	['kʉnst galeˈri]
exposição (f) de arte	maleriutstilling (m/f)	[ˌmale'ri ʉtˌstiliŋ]

pintura (f)	malerkunst (m)	['malərˌkʉnst]
arte (f) gráfica	grafikk (m)	[graˈfik]
arte (f) abstrata	abstrakt kunst (m)	[abˈstrakt 'kʉnst]
impressionismo (m)	impresjonisme (m)	[imprɛşʉˈnisme]

pintura (f), quadro (m)	maleri (m/f)	[ˌmale'ri]
desenho (m)	tegning (m/f)	['tæjniŋ]
cartaz, póster (m)	plakat, poster (m)	['plaˌkat], ['pɔstər]

ilustração (f)	illustrasjon (m)	[ilʉstraˈşʉn]
miniatura (f)	miniatyr (m)	[miniaˈtyr]
cópia (f)	kopi (m)	[kʉˈpi]
reprodução (f)	reproduksjon (m)	[reprʉdʉkˈşʉn]

mosaico (m)	mosaikk (m)	[mʉsaˈik]
vitral (m)	glassmaleri (n)	['glasˌmale'ri]
fresco (m)	freske (m)	['frɛskə]
gravura (f)	gravyr (m)	[graˈvyr]

busto (m)	byste (m)	['bystə]
escultura (f)	skulptur (m)	[skʉlpˈtʉr]
estátua (f)	statue (m)	['statʉə]
gesso (m)	gips (m)	['jips]
em gesso	gips-	['jips-]

retrato (m)	portrett (n)	[pɔːˈtrɛt]
autorretrato (m)	selvportrett (n)	['sɛlˌpɔːˈtrɛt]
paisagem (f)	landskapsmaleri (n)	['lanskapsˌmale'ri]
natureza (f) morta	stilleben (n)	['stilˌlebən]
caricatura (f)	karikatur (m)	[karikaˈtʉr]
esboço (m)	skisse (m/f)	['şisə]

tinta (f)	maling (m/f)	['maliŋ]
aguarela (f)	akvarell (m)	[akvaˈrɛl]
óleo (m)	olje (m)	['ɔljə]
lápis (m)	blyant (m)	['blyˌant]
tinta da China (f)	tusj (m/n)	['tʉş]
carvão (m)	kull (n)	['kʉl]

desenhar (vt)	å tegne	[ɔ 'tæjnə]
pintar (vt)	å male	[ɔ 'malə]
posar (vi)	å posere	[ɔ pɔˈserə]
modelo (m)	modell (m)	[mʉˈdɛl]

modelo (f)	modell (m)	[mʉ'dɛl]
pintor (m)	kunstner (m)	['kʉnstnər]
obra (f)	kunstverk (n)	['kʉnst‚værk]
obra-prima (f)	mesterverk (n)	['mɛstɛr‚værk]
estúdio (m)	atelier (n)	[ate'lje]
tela (f)	kanvas (m/n), lerret (n)	['kanvas], ['leret]
cavalete (m)	staffeli (n)	[stafe'li]
paleta (f)	palett (m)	[pa'let]
moldura (f)	ramme (m/f)	['ramə]
restauração (f)	restaurering (m)	[rɛstau'reriŋ]
restaurar (vt)	å restaurere	[ɔ rɛstau'rerə]

152. Literatura & Poesia

literatura (f)	litteratur (m)	[litəra'tʉr]
autor (m)	forfatter (m)	[for'fatər]
pseudónimo (m)	pseudonym (n)	[sewdʉ'nym]
livro (m)	bok (m/f)	['bʉk]
volume (m)	bind (n)	['bin]
índice (m)	innholdsfortegnelse (m)	['inhɔls fɔ:'ʈæjnəlsə]
página (f)	side (m/f)	['sidə]
protagonista (m)	hovedperson (m)	['hʉvəd pæ'ʂʉn]
autógrafo (m)	autograf (m)	[autʉ'graf]
conto (m)	novelle (m/f)	[nʉ'vɛlə]
novela (f)	kortroman (m)	['kʉːʈ rʉ‚man]
romance (m)	roman (m)	[rʉ'man]
obra (f)	verk (n)	['værk]
fábula (m)	fabel (m)	['fabəl]
romance (m) policial	kriminalroman (m)	[krimi'nal rʉ‚man]
poesia (obra)	dikt (n)	['dikt]
poesia (arte)	poesi (m)	[pɔɛ'si]
poema (m)	epos (n)	['ɛpɔs]
poeta (m)	poet, dikter (m)	['pɔɛt], ['diktər]
ficção (f)	skjønnlitteratur (m)	['ʂøn litəra'tʉr]
ficção (f) científica	science fiction (m)	['sajəns ‚fikʂn]
aventuras (f pl)	eventyr (n pl)	['ɛvən‚tyr]
literatura (f) didática	undervisningslitteratur (m)	['ʉnər‚visniŋs litəra'tʉr]
literatura (f) infantil	barnelitteratur (m)	['ba:ɳə litəra'tʉr]

153. Circo

circo (m)	sirkus (m/n)	['sirkʉs]
circo (m) ambulante	ambulerende sirkus (n)	['ambʉ‚lerɛnə 'sirkʉs]
programa (m)	program (n)	[prʉ'gram]
apresentação (f)	forestilling (m/f)	['forə‚stiliŋ]
número (m)	nummer (n)	['nʉmər]

arena (f)	manesje, arena (m)	[ma'neʂə], [a'rena]
pantomima (f)	pantomime (m)	[pantʉ'mimə]
palhaço (m)	klovn (m)	['klɔvn]
acrobata (m)	akrobat (m)	[akrʉ'bat]
acrobacia (f)	akrobatikk (m)	[akrʉba'tik]
ginasta (m)	gymnast (m)	[gʏm'nast]
ginástica (f)	gymnastikk (m)	[gʏmna'stik]
salto (m) mortal	salto (m)	['saltʉ]
homem forte (m)	atlet (m)	[at'let]
domador (m)	dyretemmer (m)	['dyrə,tɛmər]
cavaleiro (m) equilibrista	rytter (m)	['rʏtər]
truque (m)	trikk, triks (n)	['trik], ['triks]
truque (m) de mágica	trylletriks (n)	['trʏlə,triks]
mágico (m)	tryllekunstner (m)	['trʏlə,kʉnstnər]
malabarista (m)	sjonglør (m)	[ʂɔŋ'lør]
fazer malabarismos	å sjonglere	[ɔ 'ʂɔŋ,lerə]
domador (m)	dressør (m)	[drɛ'sør]
adestramento (m)	dressur (m)	[drɛ'sʉr]
adestrar (vt)	å dressere	[ɔ drɛ'serə]

154. Música. Música popular

música (f)	musikk (m)	[mʉ'sik]
músico (m)	musiker (m)	['mʉsikər]
instrumento (m) musical	musikkinstrument (n)	[mʉ'sik instrʉ'mɛnt]
tocar ...	å spille ...	[ɔ 'spilə ...]
guitarra (f)	gitar (m)	['gi,tar]
violino (m)	fiolin (m)	[fiʉ'lin]
violoncelo (m)	cello (m)	['sɛlʉ]
contrabaixo (m)	kontrabass (m)	['kʉntra,bas]
harpa (f)	harpe (m)	['harpə]
piano (m)	piano (n)	[pi'anʉ]
piano (m) de cauda	flygel (n)	['flygəl]
órgão (m)	orgel (n)	['ɔrgəl]
instrumentos (m pl) de sopro	blåseinstrumenter (n pl)	['blɔ:sə instrʉ'mɛntər]
oboé (m)	obo (m)	[ʉ'bʉ]
saxofone (m)	saksofon (m)	[saksʉ'fʊn]
clarinete (m)	klarinett (m)	[klari'nɛt]
flauta (f)	fløyte (m)	['fløjtə]
trompete (m)	trompet (m)	[trʊm'pet]
acordeão (m)	trekkspill (n)	['trɛk,spil]
tambor (m)	tromme (m)	['trʊmə]
duo, dueto (m)	duett (m)	[dʉ'ɛt]
trio (m)	trio (m)	['triʉ]
quarteto (m)	kvartett (m)	[kvɑ:'tɛt]

coro (m)	kor (n)	['kʊr]
orquestra (f)	orkester (n)	[ɔr'kɛstər]
música (f) pop	popmusikk (m)	['pɔp mʉ'sik]
música (f) rock	rockmusikk (m)	['rɔk mʉ'sik]
grupo (m) de rock	rockeband (n)	['rɔkəˌbɛnd]
jazz (m)	jazz (m)	['jas]
ídolo (m)	idol (n)	[i'dʊl]
fã, admirador (m)	beundrer (m)	[be'ʉndrər]
concerto (m)	konsert (m)	[kʊn'sæ:t]
sinfonia (f)	symfoni (m)	[sʏmfʊ'ni]
composição (f)	komposisjon (m)	[kʊmpʊzi'ʂʊn]
compor (vt)	å komponere	[ɔ kʊmpʊ'nerə]
canto (m)	synging (m/f)	['sʏŋiŋ]
canção (f)	sang (m)	['saŋ]
melodia (f)	melodi (m)	[melo'di]
ritmo (m)	rytme (m)	['rʏtmə]
blues (m)	blues (m)	['blʉs]
notas (f pl)	noter (m pl)	['nʊtər]
batuta (f)	taktstokk (m)	['taktˌstɔk]
arco (m)	bue, boge (m)	['bʉ:ə], ['bɔgə]
corda (f)	streng (m)	['strɛŋ]
estojo (m)	futteral (n), kasse (m/f)	['fʉte'ral], ['kasə]

Descanso. Entretenimento. Viagens

155. Viagens

turismo (m)	**turisme** (m)	[tʉ'rismə]
turista (m)	**turist** (m)	[tʉ'rist]
viagem (f)	**reise** (m/f)	['ræjsə]
aventura (f)	**eventyr** (n)	['ɛvənˌtyr]
viagem (f)	**tripp** (m)	['trip]
férias (f pl)	**ferie** (m)	['fɛriə]
estar de férias	**å være på ferie**	[ɔ 'værə pɔ 'fɛriə]
descanso (m)	**hvile** (m/f)	['vilə]
comboio (m)	**tog** (n)	['tɔg]
de comboio (chegar ~)	**med tog**	[me 'tɔg]
avião (m)	**fly** (n)	['fly]
de avião	**med fly**	[me 'fly]
de carro	**med bil**	[me 'bil]
de navio	**med skip**	[me 'ʂip]
bagagem (f)	**bagasje** (m)	[ba'gaʂə]
mala (f)	**koffert** (m)	['kʉfɛːt]
carrinho (m)	**bagasjetralle** (m/f)	[ba'gaʂəˌtralə]
passaporte (m)	**pass** (n)	['pas]
visto (m)	**visum** (n)	['visʉm]
bilhete (m)	**billett** (m)	[bi'let]
bilhete (m) de avião	**flybillett** (m)	['fly bi'let]
guia (m) de viagem	**reisehåndbok** (m/f)	['ræjsəˌhɔnbʉk]
mapa (m)	**kart** (n)	['kaːt]
local (m), area (f)	**område** (n)	['ɔmˌroːdə]
lugar, sítio (m)	**sted** (n)	['sted]
exótico	**eksotisk**	[ɛk'sʉtisk]
surpreendente	**forunderlig**	[fɔ'rʉndeː[i]
grupo (m)	**gruppe** (m)	['grʉpə]
excursão (f)	**utflukt** (m/f)	['ʉtˌflʉkt]
guia (m)	**guide** (m)	['gajd]

156. Hotel

hotel (m)	**hotell** (n)	[hʉ'tɛl]
motel (m)	**motell** (n)	[mʉ'tɛl]
três estrelas	**trestjernet**	['treˌstjæːŋə]
cinco estrelas	**femstjernet**	['fɛmˌstjæːŋə]

ficar (~ num hotel)	å bo	[ɔ 'buʊ]
quarto (m)	rom (n)	['rʊm]
quarto (m) individual	enkeltrom (n)	['ɛnkeltˌrʊm]
quarto (m) duplo	dobbeltrom (n)	['dɔbəltˌrʊm]
reservar um quarto	å reservere rom	[ɔ resɛr'verə 'rʊm]
meia pensão (f)	halvpensjon (m)	['hal panˌsʊn]
pensão (f) completa	fullpensjon (m)	['fʉl panˌsʊn]
com banheira	med badekar	[me 'badəˌkar]
com duche	med dusj	[me 'dʉʂ]
televisão (m) satélite	satellitt-TV (m)	[satɛ'lit 'tɛvɛ]
ar (m) condicionado	klimaanlegg (n)	['klima'anˌleg]
toalha (f)	håndkle (n)	['hɔnˌkle]
chave (f)	nøkkel (m)	['nøkəl]
administrador (m)	administrator (m)	[admini'strɑːtʊr]
camareira (f)	stuepike (m/f)	['stʉəˌpikə]
bagageiro (m)	pikkolo (m)	['pikɔlɔ]
porteiro (m)	portier (m)	[pɔː'tje]
restaurante (m)	restaurant (m)	[rɛstʉ'rɑŋ]
bar (m)	bar (m)	['bɑr]
pequeno-almoço (m)	frokost (m)	['frʊkɔst]
jantar (m)	middag (m)	['miˌdɑ]
buffet (m)	buffet (m)	[bʉ'fɛ]
hall (m) de entrada	hall, lobby (m)	['hal], ['lɔbi]
elevador (m)	heis (m)	['hæjs]
NÃO PERTURBE	VENNLIGST IKKE FORSTYRR!	['vɛnligt ikə fo'ʂtyr]
PROIBIDO FUMAR!	RØYKING FORBUDT	['røjkiŋ for'bʉt]

157. Livros. Leitura

livro (m)	bok (m/f)	['bʊk]
autor (m)	forfatter (m)	[fɔr'fatər]
escritor (m)	forfatter (m)	[fɔr'fatər]
escrever (vt)	å skrive	[ɔ 'skrivə]
leitor (m)	leser (m)	['lesər]
ler (vt)	å lese	[ɔ 'lesə]
leitura (f)	lesning (m/f)	['lesniŋ]
para si	for seg selv	[for sæj 'sɛl]
em voz alta	høyt	['højt]
publicar (vt)	å publisere	[ɔ pʉbli'serə]
publicação (f)	publisering (m/f)	[pʉbli'seriŋ]
editor (m)	forlegger (m)	['fɔːˌlegər]
editora (f)	forlag (n)	['fɔːˌlɑg]
sair (vi)	å komme ut	[ɔ 'komə ʉt]
lançamento (m)	utgivelse (m)	['ʉtˌjivəlsə]

tiragem (f)	opplag (n)	['ɔpˌlɑg]
livraria (f)	bokhandel (m)	['bʊkˌhɑndəl]
biblioteca (f)	bibliotek (n)	[bibliʊ'tek]

novela (f)	kortroman (m)	['kʊːʈ rʊˌmɑn]
conto (m)	novelle (m/f)	[nʊ'vɛlə]
romance (m)	roman (m)	[rʊ'mɑn]
romance (m) policial	kriminalroman (m)	[krimi'nɑl rʊˌmɑn]

memórias (f pl)	memoarer (pl)	[memʊ'ɑrər]
lenda (f)	legende (m)	['le'gɛndə]
mito (m)	myte (m)	['myːtə]

poesia (f)	dikt (n pl)	['dikt]
autobiografia (f)	selvbiografi (m)	['sɛlˌbiʊgrɑ'fi]
obras (f pl) escolhidas	utvalgte verker (n pl)	['ʉtˌvɑlgtə 'værkər]
ficção (f) científica	science fiction (m)	['sɑjəns ˌfikʂn]
título (m)	tittel (m)	['titəl]
introdução (f)	innledning (m)	['inˌledniŋ]
folha (f) de rosto	tittelblad (n)	['titəlˌblɑ]

capítulo (m)	kapitel (n)	[kɑ'pitəl]
excerto (m)	utdrag (n)	['ʉtˌdrɑg]
episódio (m)	episode (m)	[ɛpi'sʊdə]

tema (m)	handling (m/f)	['hɑndliŋ]
conteúdo (m)	innhold (n)	['inˌhɔl]
índice (m)	innholdsfortegnelse (m)	['inhɔls fɔ:'ʈæjnəlsə]
protagonista (m)	hovedperson (m)	['hʊvəd pæ'ʂʊn]

tomo, volume (m)	bind (n)	['bin]
capa (f)	omslag (n)	['ɔmˌslɑg]
encadernação (f)	bokbind (n)	['bʊkˌbin]
marcador (m) de livro	bokmerke (n)	['bʊkˌmærkə]

página (f)	side (m/f)	['sidə]
folhear (vt)	å bla	[ɔ 'blɑ]
margem (f)	marger (m pl)	['mɑrgər]
anotação (f)	annotering (n)	[ɑnʊ'tɛriŋ]
nota (f) de rodapé	anmerkning (m)	['ɑnˌmærkniŋ]

texto (m)	tekst (m/f)	['tɛkst]
fonte (f)	skrift, font (m)	['skrift], ['fɔnt]
gralha (f)	trykkfeil (m)	['trʏkˌfæjl]

tradução (f)	oversettelse (m)	['ɔvəˌsɛtəlsə]
traduzir (vt)	å oversette	[ɔ 'ɔvəˌsɛtə]
original (m)	original (m)	[ɔrigi'nɑl]

famoso	berømt	[be'rømt]
desconhecido	ukjent	['ʉˌçɛnt]
interessante	interessant	[intere'sɑn]
best-seller (m)	bestselger (m)	['bɛstˌsɛlər]
dicionário (m)	ordbok (m/f)	['uːrˌbʊk]
manual (m) escolar	lærebok (m/f)	['lærəˌbʊk]
enciclopédia (f)	encyklopedi (m)	[ɛnsʏklope'di]

158. Caça. Pesca

caça (f)	jakt (m/f)	['jakt]
caçar (vi)	å jage	[ɔ 'jagə]
caçador (m)	jeger (m)	['jɛːgər]
atirar (vi)	å skyte	[ɔ 'ṣytə]
caçadeira (f)	gevær (n)	[ge'vær]
cartucho (m)	patron (m)	[pɑ'trʊn]
chumbo (m) de caça	hagl (n)	['hɑgl]
armadilha (f)	saks (m/f)	['sɑks]
armadilha (com corda)	felle (m/f)	['fɛlə]
cair na armadilha	å fanges i felle	[ɔ 'faŋəs i 'fɛlə]
pôr a armadilha	å sette opp felle	[ɔ 'sɛtə ɔp 'fɛlə]
caçador (m) furtivo	tyvskytter (m)	['tyf,sytər]
caça (f)	vilt (n)	['vilt]
cão (m) de caça	jakthund (m)	['jakt,hʉn]
safári (m)	safari (m)	[sɑ'fɑri]
animal (m) empalhado	utstoppet dyr (n)	['ʉt,stɔpet ,dyr]
pescador (m)	fisker (m)	['fiskər]
pesca (f)	fiske (n)	['fiskə]
pescar (vt)	å fiske	[ɔ 'fiskə]
cana (f) de pesca	fiskestang (m/f)	['fiskə,stɑŋ]
linha (f) de pesca	fiskesnøre (n)	['fiskə,snøre]
anzol (m)	krok (m)	['krʊk]
boia (f)	dupp (m)	['dʉp]
isca (f)	agn (m)	['aŋn]
lançar a linha	å kaste ut	[ɔ 'kastə ʉt]
morder (vt)	å bite	[ɔ 'bitə]
pesca (f)	fangst (m)	['faŋst]
buraco (m) no gelo	hull (n) i isen	['hʉl i ,isən]
rede (f)	nett (n)	['nɛt]
barco (m)	båt (m)	['bɔt]
pescar com rede	å fiske med nett	[ɔ 'fiskə me 'nɛt]
lançar a rede	å kaste nettet	[ɔ 'kastə 'nɛtə]
puxar a rede	å hale opp nettet	[ɔ 'halə ɔp 'nɛtə]
cair nas malhas	å bli fanget i nett	[ɔ 'bli 'faŋet i 'nɛt]
baleeiro (m)	hvalfanger (m)	['val,faŋər]
baleeira (f)	hvalbåt (m)	['val,bɔt]
arpão (m)	harpun (m)	[har'pʉn]

159. Jogos. Bilhar

bilhar (m)	biljard (m)	[bil'jaːd]
sala (f) de bilhar	biljardsalong (m)	[bil'jaːdsɑ,lɔŋ]
bola (f) de bilhar	biljardkule (m/f)	[bil'jaːd,kʉːlə]

embolsar uma bola	å støte en kule	[ɔ 'støtə en 'kʉ:lə]
taco (m)	kø (m)	['kø]
caçapa (f)	hull (n)	['hʉl]

160. Jogos. Jogar cartas

ouros (m pl)	ruter (m pl)	['rʉtər]
espadas (f pl)	spar (m pl)	['spɑr]
copas (f pl)	hjerter (m)	['jæ:ʈər]
paus (m pl)	kløver (m)	['kløvər]

ás (m)	ess (n)	['ɛs]
rei (m)	konge (m)	['kʊŋə]
dama (f)	dame (m/f)	['dɑmə]
valete (m)	knekt (m)	['knɛkt]

carta (f) de jogar	kort (n)	['kɔ:ʈ]
cartas (f pl)	kort (n pl)	['kɔ:ʈ]
trunfo (m)	trumf (m)	['trʉmf]
baralho (m)	kortstokk (m)	['kɔ:ʈˌstɔk]

ponto (m)	poeng (n)	[pɔ'ɛŋ]
dar, distribuir (vt)	å gi, å dele ut	[ɔ 'ji], [ɔ 'delə ʉt]
embaralhar (vt)	å blande	[ɔ 'blɑnə]
vez, jogada (f)	trekk (n)	['trɛk]
batoteiro (m)	falskspiller (m)	['fɑlskˌspilər]

161. Casino. Roleta

casino (m)	kasino (n)	[kɑ'sinʊ]
roleta (f)	rulett (m)	[rʉ'let]
aposta (f)	innsats (m)	['inˌsats]
apostar (vt)	å satse	[ɔ 'satsə]

vermelho (m)	rød (m)	['rø]
preto (m)	svart (m)	['svɑ:ʈ]
apostar no vermelho	å satse på rød	[ɔ 'satsə pɔ 'rø]
apostar no preto	å satse på svart	[ɔ 'satsə pɔ 'svɑ:ʈ]

crupiê (m, f)	croupier, dealer (m)	[kru'pje], ['dilər]
girar a roda	å snurre hjulet	[ɔ 'snʉrə 'jʉle]
regras (f pl) do jogo	spilleregler (m pl)	['spiləˌrɛglər]
ficha (f)	sjetong (m)	[ʂɛ'tɔŋ]

| ganhar (vi, vt) | å vinne | [ɔ 'vinə] |
| ganho (m) | gevinst (m) | [ge'vinst] |

| perder (dinheiro) | å tape | [ɔ 'tɑpə] |
| perda (f) | tap (n) | ['tɑp] |

| jogador (m) | spiller (m) | ['spilər] |
| blackjack (m) | blackjack (m) | ['blekˌsɛk] |

jogo (m) de dados	terningspill (n)	['tæːɳiŋˌspil]
dados (m pl)	terninger (m/f pl)	['tæːɳiŋər]
máquina (f) de jogo	spilleautomat (m)	['spilə aʊtʊ'mɑt]

162. Descanso. Jogos. Diversos

passear (vi)	å spasere	[ɔ spɑ'serə]
passeio (m)	spasertur (m)	[spɑ'sɛːˌtʉr]
viagem (f) de carro	kjøretur (m)	['çœːrəˌtʉr]
aventura (f)	eventyr (n)	['ɛvənˌtyr]
piquenique (m)	piknik (m)	['piknik]
jogo (m)	spill (n)	['spil]
jogador (m)	spiller (m)	['spilər]
partida (f)	parti (n)	[pɑː'ti]
colecionador (m)	samler (m)	['sɑmlər]
colecionar (vt)	å samle	[ɔ 'sɑmlə]
coleção (f)	samling (m/f)	['sɑmliŋ]
palavras (f pl) cruzadas	kryssord (n)	['krʏsˌʊːr]
hipódromo (m)	travbane (m)	['trɑvˌbɑnə]
discoteca (f)	diskotek (n)	[diskʊ'tek]
sauna (f)	sauna (m)	['saʊna]
lotaria (f)	lotteri (n)	[lɔte'ri]
campismo (m)	campingtur (m)	['kɑmpiŋˌtʉr]
acampamento (m)	leir (m)	['læjr]
tenda (f)	telt (n)	['tɛlt]
bússola (f)	kompass (m/n)	[kʊm'pɑs]
campista (m)	camper (m)	['kɑmpər]
ver (vt), assistir à ...	å se på	[ɔ 'se pɔ]
telespectador (m)	TV-seer (m)	['tɛvɛ ˌseːər]
programa (m) de TV	TV-show (n)	['tɛvɛ ˌɕɔːw]

163. Fotografia

máquina (f) fotográfica	kamera (n)	['kɑmera]
foto, fotografia (f)	foto, fotografi (n)	['fɔtɔ], ['fɔtɔgrɑ'fi]
fotógrafo (m)	fotograf (m)	[fɔtɔ'grɑf]
estúdio (m) fotográfico	fotostudio (n)	['fɔtɔˌstʉdiɔ]
álbum (m) de fotografias	fotoalbum (n)	['fɔtɔˌɑlbʉm]
objetiva (f)	objektiv (n)	[ɔbjɛk'tiv]
teleobjetiva (f)	teleobjektiv (n)	['teleɔbjek'tiv]
filtro (m)	filter (m)	['filtər]
lente (f)	linse (m/f)	['linsə]
ótica (f)	optikk (m)	[ɔp'tik]
abertura (f)	blender (m)	['blenər]

| exposição (f) | eksponeringstid (m/f) | [ɛkspʉ'neriŋs‚tid] |
| visor (m) | søker (m) | ['søkər] |

câmara (f) digital	digitalkamera (n)	[digi'tal ‚kamera]
tripé (m)	stativ (m)	[sta'tiv]
flash (m)	blits (m)	['blits]

fotografar (vt)	å fotografere	[ɔ fotɔgra'ferə]
tirar fotos	å ta bilder	[ɔ 'ta 'bildər]
fotografar-se	å bli fotografert	[ɔ 'bli fotɔgra'fɛ:t]

foco (m)	fokus (n)	['fɔkʉs]
focar (vt)	å stille skarphet	[ɔ 'stilə 'skarp‚het]
nítido	skarp	['skarp]
nitidez (f)	skarphet (m)	['skarp‚het]

| contraste (m) | kontrast (m) | [kʉn'trast] |
| contrastante | kontrast- | [kʉn'trast-] |

retrato (m)	bilde (n)	['bildə]
negativo (m)	negativ (m/n)	['nega‚tiv]
filme (m)	film (m)	['film]
fotograma (m)	bilde (n)	['bildə]
imprimir (vt)	å skrive ut	[ɔ skrivə ʉt]

164. Praia. Natação

praia (f)	badestrand (m/f)	['badə‚stran]
areia (f)	sand (m)	['san]
deserto	øde	['ødə]

bronzeado (m)	solbrenthet (m)	['sʉlbrɛnt‚het]
bronzear-se (vr)	å sole seg	[ɔ 'sʉlə sæj]
bronzeado	solbrent	['sʉl‚brɛnt]
protetor (m) solar	solkrem (m)	['sʉl‚krɛm]

biquíni (m)	bikini (m)	[bi'kini]
fato (m) de banho	badedrakt (m/f)	['badə‚drakt]
calção (m) de banho	badebukser (m/f)	['badə‚bʉksər]

piscina (f)	svømmebasseng (n)	['svœmə‚ba'sɛŋ]
nadar (vi)	å svømme	[ɔ 'svœmə]
duche (m)	dusj (m)	['dʉʂ]
mudar de roupa	å kle seg om	[ɔ 'kle sæj ‚ɔm]
toalha (f)	håndkle (n)	['hɔn‚kle]

| barco (m) | båt (m) | ['bɔt] |
| lancha (f) | motorbåt (m) | ['mɔtʉr‚bɔt] |

esqui (m) aquático	vannski (m pl)	['van‚ʂi]
barco (m) de pedais	pedalbåt (m)	['pe'dal‚bɔt]
surf (m)	surfing (m/f)	['sørfiŋ]
surfista (m)	surfer (m)	['sørfər]
equipamento (m) de mergulho	scuba (n)	['skʉba]

barbatanas (f pl)	svømmeføtter (m pl)	['svœmə‚fœtər]
máscara (f)	maske (m/f)	['maskə]
mergulhador (m)	dykker (m)	['dʏkər]
mergulhar (vi)	å dykke	[ɔ 'dʏkə]
debaixo d'água	under vannet	['ʉnər 'vɑnə]

guarda-sol (m)	parasoll (m)	[parɑ'sɔl]
espreguiçadeira (f)	liggestol (m)	['ligə‚stʉl]
óculos (m pl) de sol	solbriller (m pl)	['sʉl‚brilər]
colchão (m) de ar	luftmadrass (m)	['lʉftmɑ‚drɑs]

| brincar (vi) | å leke | [ɔ 'lekə] |
| ir nadar | å bade | [ɔ 'bɑdə] |

bola (f) de praia	ball (m)	['bɑl]
encher (vt)	å blåse opp	[ɔ 'blɔːsə ɔp]
inflável, de ar	luft-, oppblåsbar	['lʉft-], [ɔp'blɔːsbɑr]

onda (f)	bølge (m)	['bølgə]
boia (f)	bøye (m)	['bøjə]
afogar-se (pessoa)	å drukne	[ɔ 'drʉknə]

salvar (vt)	å redde	[ɔ 'rɛdə]
colete (m) salva-vidas	redningsvest (m)	['rɛdniŋs‚vɛst]
observar (vt)	å observere	[ɔ ɔbsɛr'verə]
nadador-salvador (m)	badevakt (m/f)	['bɑdə‚vɑkt]

EQUIPAMENTO TÉCNICO. TRANSPORTES

Equipamento técnico. Transportes

165. Computador

computador (m)	datamaskin (m)	['dɑtɑ mɑˌʂin]
portátil (m)	bærbar, laptop (m)	['bærˌbɑr], ['lɑptɔp]
ligar (vt)	å slå på	[ɔ 'ʂlɔ pɔ]
desligar (vt)	å slå av	[ɔ 'ʂlɔ ɑ:]
teclado (m)	tastatur (n)	[tɑstɑ'tʉr]
tecla (f)	tast (m)	['tɑst]
rato (m)	mus (m/f)	['mʉs]
tapete (m) de rato	musematte (m/f)	['mʉsəˌmɑtə]
botão (m)	knapp (m)	['knɑp]
cursor (m)	markør (m)	[mɑr'kør]
monitor (m)	monitor (m)	['mɔnitɔr]
ecrã (m)	skjerm (m)	['ʂærm]
disco (m) rígido	harddisk (m)	['hɑrˌdisk]
capacidade (f) do disco rígido	harddiskkapasitet (m)	['hɑrˌdisk kɑpɑsi'tet]
memória (f)	minne (n)	['minə]
memória RAM (f)	hovedminne (n)	['hɔvədˌminə]
ficheiro (m)	fil (m)	['fil]
pasta (f)	mappe (m/f)	['mɑpə]
abrir (vt)	å åpne	[ɔ 'ɔpnə]
fechar (vt)	å lukke	[ɔ 'lʉkə]
guardar (vt)	å lagre	[ɔ 'lɑgrə]
apagar, eliminar (vt)	å slette, å fjerne	[ɔ 'ʂletə], [ɔ 'fjæ:ˌɳə]
copiar (vt)	å kopiere	[ɔ kʉ'pjerə]
ordenar (vt)	å sortere	[ɔ sɔ:'ˌterə]
copiar (vt)	å overføre	[ɔ 'ɔvərˌførə]
programa (m)	program (n)	[prʉ'grɑm]
software (m)	programvare (m/f)	[prʉ'grɑmˌvɑrə]
programador (m)	programmerer (m)	[prʉgrɑ'merər]
programar (vt)	å programmere	[ɔ prʉgrɑ'merə]
hacker (m)	hacker (m)	['hɑkər]
senha (f)	passord (n)	['pɑsˌu:r]
vírus (m)	virus (m)	['virʉs]
detetar (vt)	å oppdage	[ɔ 'ɔpˌdɑgə]
byte (m)	byte (m)	['bɑjt]

megabyte (m)	megabyte (m)	['mega,bajt]
dados (m pl)	data (m pl)	['data]
base (f) de dados	database (m)	['data,base]

cabo (m)	kabel (m)	['kabəl]
desconectar (vt)	å koble fra	[ɔ 'kɔblə fra]
conetar (vt)	å koble	[ɔ 'kɔblə]

166. Internet. E-mail

internet (f)	Internett	['intə,nɛt]
browser (m)	nettleser (m)	['nɛt,lesər]
motor (m) de busca	søkemotor (m)	['søkə,mɔtur]
provedor (m)	leverandør (m)	[levəran'dør]

webmaster (m)	webmaster (m)	['vɛb,mastər]
website, sítio web (m)	webside, hjemmeside (m/f)	['vɛb,sidə], ['jɛmə,sidə]
página (f) web	nettside (m)	['nɛt,sidə]

| endereço (m) | adresse (m) | [a'drɛsə] |
| livro (m) de endereços | adressebok (f) | [a'drɛsə,buk] |

caixa (f) de correio	postkasse (m/f)	['pɔst,kasə]
correio (m)	post (m)	['pɔst]
cheia (caixa de correio)	full	['fʉl]

mensagem (f)	melding (m/f)	['mɛliŋ]
mensagens (f pl) recebidas	innkommende meldinger	['in,kɔmenə 'mɛliŋər]
mensagens (f pl) enviadas	utgående meldinger	['ʉt,gɔənə 'mɛliŋər]
remetente (m)	avsender (m)	['af,sɛnər]
enviar (vt)	å sende	[ɔ 'sɛnə]
envio (m)	avsending (m)	['af,sɛniŋ]
destinatário (m)	mottaker (m)	['mɔt,takər]
receber (vt)	å motta	[ɔ 'mɔta]

| correspondência (f) | korrespondanse (m) | [kurɛspɔn'dansə] |
| corresponder-se (vr) | å brevveksle | [ɔ 'brɛv,vɛkslə] |

ficheiro (m)	fil (m)	['fil]
fazer download, baixar	å laste ned	[ɔ 'lastə 'ne]
criar (vt)	å opprette	[ɔ 'ɔp,rɛtə]
apagar, eliminar (vt)	å slette, å fjerne	[ɔ 'ʂletə], [ɔ 'fjæ:ɳə]
eliminado	slettet	['ʂletət]

conexão (f)	forbindelse (m)	[fɔr'binəlsə]
velocidade (f)	hastighet (m/f)	['hasti,het]
modem (m)	modem (n)	['mu'dɛm]
acesso (m)	tilgang (m)	['til,gaŋ]
porta (f)	port (m)	['pɔ:t]

conexão (f)	tilkobling (m/f)	['til,kɔbliŋ]
conetar (vi)	å koble	[ɔ 'kɔblə]
escolher (vt)	å velge	[ɔ 'vɛlgə]
buscar (vt)	å søke etter ...	[ɔ 'søkə ,ɛtər ...]

167. Eletricidade

eletricidade (f)	elektrisitet (m)	[ɛlektrisi'tet]
elétrico	elektrisk	[ɛ'lektrisk]
central (f) elétrica	kraftverk (n)	['kraft,værk]
energia (f)	energi (m)	[ɛnær'gi]
energia (f) elétrica	elkraft (m/f)	['ɛl,kraft]

lâmpada (f)	lyspære (m/f)	['lys,pærə]
lanterna (f)	lommelykt (m/f)	['lʉmə,lʏkt]
poste (m) de iluminação	gatelykt (m/f)	['gatə,lʏkt]

luz (f)	lys (n)	['lys]
ligar (vt)	å slå på	[ɔ 'ʂlɔ pɔ]
desligar (vt)	å slå av	[ɔ 'ʂlɔ ɑː]
apagar a luz	å slokke lyset	[ɔ 'ʂløkə 'lysə]

fundir (vi)	å brenne ut	[ɔ 'brɛnə ʉt]
curto-circuito (m)	kortslutning (m)	['kʉːt,slʉtniŋ]
rutura (f)	kabelbrudd (n)	['kabəl,brʉd]
contacto (m)	kontakt (m)	[kʉn'takt]

interruptor (m)	strømbryter (m)	['strøm,brytər]
tomada (f)	stikkontakt (m)	['stik kʉn,takt]
ficha (f)	støpsel (n)	['støpsəl]
extensão (f)	skjøteledning (m)	['ʂøtə,ledniŋ]

fusível (m)	sikring (m)	['sikriŋ]
fio, cabo (m)	ledning (m)	['ledniŋ]
instalação (f) elétrica	ledningsnett (n)	['ledniŋs,nɛt]

ampere (m)	ampere (m)	[am'pɛr]
amperagem (f)	strømstyrke (m)	['strøm,styrkə]
volt (m)	volt (m)	['vɔlt]
voltagem (f)	spenning (m/f)	['spɛniŋ]

| aparelho (m) elétrico | elektrisk apparat (n) | [ɛ'lektrisk apa'rat] |
| indicador (m) | indikator (m) | [indi'katʉr] |

eletricista (m)	elektriker (m)	[ɛ'lektrikər]
soldar (vt)	å lodde	[ɔ 'lɔdə]
ferro (m) de soldar	loddebolt (m)	['lɔdə,bɔlt]
corrente (f) elétrica	strøm (m)	['strøm]

168. Ferramentas

ferramenta (f)	verktøy (n)	['værk,tøj]
ferramentas (f pl)	verktøy (n pl)	['værk,tøj]
equipamento (m)	utstyr (n)	['ʉt,styr]

martelo (m)	hammer (m)	['hamər]
chave (f) de fendas	skrutrekker (m)	['skrʉ,trɛkər]
machado (m)	øks (m/f)	['øks]

serra (f)	sag (m/f)	['sɑg]
serrar (vt)	å sage	[ɔ 'sɑgə]
plaina (f)	høvel (m)	['høvəl]
aplainar (vt)	å høvle	[ɔ 'høvlə]
ferro (m) de soldar	loddebolt (m)	['lɔdə‚bɔlt]
soldar (vt)	å lodde	[ɔ 'lɔdə]

lima (f)	fil (m/f)	['fil]
tenaz (f)	knipetang (m/f)	['knipə‚tɑŋ]
alicate (m)	flattang (m/f)	['flɑt‚tɑŋ]
formão (m)	hoggjern, huggjern (n)	['hʉg‚jæːɳ]

broca (f)	bor (m/n)	['bʉr]
berbequim (f)	boremaskin (m)	['bore mɑ‚sin]
furar (vt)	å bore	[ɔ 'bɔrə]

faca (f)	kniv (m)	['kniv]
lâmina (f)	blad (n)	['blɑ]

afiado	skarp	['skɑrp]
cego	sløv	['sløv]
embotar-se (vr)	å bli sløv	[ɔ 'bli 'sløv]
afiar, amolar (vt)	å skjerpe, å slipe	[ɔ 'ʂɛrpə], [ɔ 'ʂlipə]

parafuso (m)	bolt (m)	['bɔlt]
porca (f)	mutter (m)	['mʉtər]
rosca (f)	gjenge (n)	['jɛŋə]
parafuso (m) para madeira	skrue (m)	['skrʉə]

prego (m)	spiker (m)	['spikər]
cabeça (f) do prego	spikerhode (n)	['spikər‚hʉdə]

régua (f)	linjal (m)	[li'njɑl]
fita (f) métrica	målebånd (n)	['moːlə‚bɔn]
nível (m)	vater, vaterpass (n)	['vɑtər], ['vɑtər‚pɑs]
lupa (f)	lupe (m/f)	['lʉpə]

medidor (m)	måleinstrument (n)	['moːlə instrʉ'mɛnt]
medir (vt)	å måle	[ɔ 'moːlə]
escala (f)	skala (m)	['skɑlɑ]
indicação (f), registo (m)	avlesninger (m/f pl)	['ɑv‚lesniŋər]

compressor (m)	kompressor (m)	[kʊm'presʊr]
microscópio (m)	mikroskop (n)	[mikrʉ'skʊp]

bomba (f)	pumpe (m/f)	['pʉmpə]
robô (m)	robot (m)	['rɔbɔt]
laser (m)	laser (m)	['lɑsər]

chave (f) de boca	skrunøkkel (m)	['skrʉ‚nøkəl]
fita (f) adesiva	pakketeip (m)	['pɑkə‚tɛjp]
cola (f)	lim (n)	['lim]

lixa (f)	sandpapir (n)	['sɑnpɑ‚pir]
mola (f)	fjær (m/f)	['fjær]
íman (m)	magnet (m)	[mɑŋ'net]

luvas (f pl)	hansker (m pl)	['hanskər]
corda (f)	reip, rep (n)	['ræjp], ['rɛp]
cordel (m)	snor (m/f)	['snʊr]
fio (m)	ledning (m)	['ledniŋ]
cabo (m)	kabel (m)	['kabəl]
marreta (f)	slegge (m/f)	['ʂlegə]
pé de cabra (m)	spett, jernspett (n)	['spɛt], ['jæːn̩ˌspɛt]
escada (f) de mão	stige (m)	['stiːə]
escadote (m)	trappstige (m/f)	['trapˌstiːə]
enroscar (vt)	å skru fast	[ɔ 'skrʉ 'fast]
desenroscar (vt)	å skru løs	[ɔ 'skrʉ ˌløs]
apertar (vt)	å klemme	[ɔ 'klemə]
colar (vt)	å klistre, å lime	[ɔ 'klistrə], [ɔ 'limə]
cortar (vt)	å skjære	[ɔ 'ʂæːrə]
falha (mau funcionamento)	funksjonsfeil (m)	['fʉnkʂɔnsˌfæjl]
conserto (m)	reparasjon (m)	[repara'ʂʊn]
consertar, reparar (vt)	å reparere	[ɔ repa'rerə]
regular, ajustar (vt)	å justere	[ɔ jʉ'sterə]
verificar (vt)	å sjekke	[ɔ 'ʂɛkə]
verificação (f)	kontroll (m)	[kʊn'trɔl]
indicação (f), registo (m)	avlesninger (m/f pl)	['avˌlesniŋər]
seguro	pålitelig	[pɔ'liteli]
complicado	komplisert	[kʊmpli'sɛːt]
enferrujar (vi)	å ruste	[ɔ 'rʉstə]
enferrujado	rusten, rustet	['rʉstən], ['rʉstət]
ferrugem (f)	rust (m/f)	['rʉst]

Transportes

169. Avião

avião (m)	fly (n)	['fly]
bilhete (m) de avião	flybillett (m)	['fly bi'let]
companhia (f) aérea	flyselskap (n)	['flysəlˌskɑp]
aeroporto (m)	flyplass (m)	['flyˌplɑs]
supersónico	overlyds-	['ɔvəˌlyds-]
comandante (m) do avião	kaptein (m)	[kɑp'tæjn]
tripulação (f)	besetning (m/f)	[be'sɛtniŋ]
piloto (m)	pilot (m)	[pi'lɔt]
hospedeira (f) de bordo	flyvertinne (m/f)	[flyvɛ:'ʈinə]
copiloto (m)	styrmann (m)	['styrˌmɑn]
asas (f pl)	vinger (m pl)	['viŋər]
cauda (f)	hale (m)	['hɑlə]
cabine (f) de pilotagem	cockpit, førerkabin (m)	['kɔkpit], ['førərkɑˌbin]
motor (m)	motor (m)	['mɔtʊr]
trem (m) de aterragem	landingshjul (n)	['lɑniŋsjʉl]
turbina (f)	turbin (m)	[tʉr'bin]
hélice (f)	propell (m)	[prʉ'pɛl]
caixa-preta (f)	svart boks (m)	['svɑ:ʈ bɔks]
coluna (f) de controlo	ratt (n)	['rɑt]
combustível (m)	brensel (n)	['brɛnsəl]
instruções (f pl) de segurança	sikkerhetsbrosjyre (m)	['sikərhɛtsˌbrɔ'syrə]
máscara (f) de oxigénio	oksygenmaske (m/f)	['ɔksygənˌmɑskə]
uniforme (m)	uniform (m)	[ʉni'fɔrm]
colete (m) salva-vidas	redningsvest (m)	['rɛdniŋsˌvɛst]
paraquedas (m)	fallskjerm (m)	['fɑlˌsærm]
descolagem (f)	start (m)	['stɑ:ʈ]
descolar (vi)	å løfte	[ɔ 'lœftə]
pista (f) de descolagem	startbane (m)	['stɑ:ˌʈbɑnə]
visibilidade (f)	siktbarhet (m)	['siktbɑrˌhet]
voo (m)	flyging (m/f)	['flygiŋ]
altura (f)	høyde (m)	['højdə]
poço (m) de ar	lufthull (n)	['lʉftˌhʉl]
assento (m)	plass (m)	['plɑs]
auscultadores (m pl)	hodetelefoner (n pl)	['hodəteləˌfunər]
mesa (f) rebatível	klappbord (n)	['klɑpˌbʊr]
vigia (f)	vindu (n)	['vindʉ]
passagem (f)	midtgang (m)	['mitˌgɑn]

170. Comboio

comboio (m)	tog (n)	['tɔg]
comboio (m) suburbano	lokaltog (n)	[lɔ'kal,tɔg]
comboio (m) rápido	ekspresstog (n)	[ɛks'prɛs,tɔg]
locomotiva (f) diesel	diesellokomotiv (n)	['disəl lʉkɔmɔ'tiv]
locomotiva (f) a vapor	damplokomotiv (n)	['damp lʉkɔmɔ'tiv]
carruagem (f)	vogn (m)	['vɔŋn]
carruagem restaurante (f)	restaurantvogn (m/f)	[rɛstʉ'raŋ,vɔŋn]
carris (m pl)	skinner (m/f pl)	['şinər]
caminho de ferro (m)	jernbane (m)	['jæ:n̩,banə]
travessa (f)	sville (m/f)	['svilə]
plataforma (f)	perrong, plattform (m/f)	[pɛ'rɔŋ], ['platfɔrm]
linha (f)	spor (n)	['spʉr]
semáforo (m)	semafor (m)	[sema'fʉr]
estação (f)	stasjon (m)	[sta'şʉn]
maquinista (m)	lokfører (m)	['lʉk,førər]
bagageiro (m)	bærer (m)	['bærər]
hospedeiro, -a (da carruagem)	betjent (m)	['be'tjɛnt]
passageiro (m)	passasjer (m)	[pasa'şɛr]
revisor (m)	billett inspektør (m)	[bi'let inspɛk'tør]
corredor (m)	korridor (m)	[kʉri'dɔr]
freio (m) de emergência	nødbrems (m)	['nød,brɛms]
compartimento (m)	kupé (m)	[kʉ'pe]
cama (f)	køye (m/f)	['køjə]
cama (f) de cima	overkøye (m/f)	['ɔvər,køjə]
cama (f) de baixo	underkøye (m/f)	['ʉnər,køjə]
roupa (f) de cama	sengetøy (n)	['sɛŋə,tøj]
bilhete (m)	billett (m)	[bi'let]
horário (m)	rutetabell (m)	['rʉtə,ta'bɛl]
painel (m) de informação	informasjonstavle (m/f)	[informa'şʉns ,tavlə]
partir (vt)	å avgå	[ɔ 'avgɔ]
partida (f)	avgang (m)	['av,gaŋ]
chegar (vi)	å ankomme	[ɔ 'an,kɔmə]
chegada (f)	ankomst (m)	['an,kɔmst]
chegar de comboio	å ankomme med toget	[ɔ 'an,kɔmə me 'tɔge]
apanhar o comboio	å gå på toget	[ɔ 'gɔ pɔ 'tɔge]
sair do comboio	å gå av toget	[ɔ 'gɔ a: 'tɔge]
acidente (m) ferroviário	togulykke (m/n)	['tɔg ʉ'lʏkə]
descarrilar (vi)	å spore av	[ɔ 'spʉrə a:]
locomotiva (f) a vapor	damplokomotiv (n)	['damp lʉkɔmɔ'tiv]
fogueiro (m)	fyrbøter (m)	['fyr,bøtər]
fornalha (f)	fyrrom (n)	['fyr,rʉm]
carvão (m)	kull (n)	['kʉl]

171. Barco

navio (m)	skip (n)	['ṣip]
embarcação (f)	fartøy (n)	['fɑːˌtøj]
vapor (m)	dampskip (n)	['dɑmpˌṣip]
navio (m)	elvebåt (m)	['ɛlvəˌbɔt]
transatlântico (m)	cruiseskip (n)	['krʉsˌṣip]
cruzador (m)	krysser (m)	['krʏsər]
iate (m)	jakt (m/f)	['jakt]
rebocador (m)	bukserbåt (m)	[bʉk'ser,bɔt]
barcaça (f)	lastepram (m)	['lastəˌpram]
ferry (m)	ferje, ferge (m/f)	['færjə], ['færgə]
veleiro (m)	seilbåt (n)	['sæjlˌbɔt]
bergantim (m)	brigantin (m)	[brigɑn'tin]
quebra-gelo (m)	isbryter (m)	['isˌbrytər]
submarino (m)	ubåt (m)	['ʉːˌbɔt]
bote, barco (m)	båt (m)	['bɔt]
bote, dingue (m)	jolle (m/f)	['jɔlə]
bote (m) salva-vidas	livbåt (m)	['livˌbɔt]
lancha (f)	motorbåt (m)	['mɔtʉrˌbɔt]
capitão (m)	kaptein (m)	[kɑp'tæjn]
marinheiro (m)	matros (m)	[mɑ'trʉs]
marujo (m)	sjømann (m)	['ṣøˌmɑn]
tripulação (f)	besetning (m/f)	[be'sɛtniŋ]
contramestre (m)	båtsmann (m)	['bɔsˌmɑn]
grumete (m)	skipsgutt, jungmann (m)	['ṣipsˌgʉt], ['jʉŋˌmɑn]
cozinheiro (m) de bordo	kokk (m)	['kʉk]
médico (m) de bordo	skipslege (m)	['ṣipsˌlegə]
convés (m)	dekk (n)	['dɛk]
mastro (m)	mast (m/f)	['mast]
vela (f)	seil (n)	['sæjl]
porão (m)	lasterom (n)	['lastəˌrʉm]
proa (f)	baug (m)	['bæu]
popa (f)	akterende (m)	['aktəˌrɛnə]
remo (m)	åre (m)	['oːrə]
hélice (f)	propell (m)	[prʉ'pɛl]
camarote (m)	hytte (m)	['hʏte]
sala (f) dos oficiais	offisersmesse (m/f)	[ɔfi'sɛrsˌmɛsə]
sala (f) das máquinas	maskinrom (n)	[mɑ'ṣinˌrʉm]
ponte (m) de comando	kommandobro (m/f)	[kɔ'mɑndʉˌbrʉ]
sala (f) de comunicações	radiorom (m)	['rɑdiʉˌrʉm]
onda (f) de rádio	bølge (m)	['bølgə]
diário (m) de bordo	loggbok (m/f)	['lɔgˌbʉk]
luneta (f)	langkikkert (m)	['laŋˌkikeːt]
sino (m)	klokke (m/f)	['klɔkə]

bandeira (f)	flagg (n)	['flag]
cabo (m)	trosse (m/f)	['trʊsə]
nó (m)	knute (m)	['knʉtə]

| corrimão (m) | rekkverk (n) | ['rɛkˌværk] |
| prancha (f) de embarque | landgang (m) | ['lanˌgaŋ] |

âncora (f)	anker (n)	['ankər]
recolher a âncora	å lette anker	[ɔ 'letə 'ankər]
lançar a âncora	å kaste anker	[ɔ 'kastə 'ankər]
amarra (f)	ankerkjetting (m)	['ankərˌçɛtiŋ]

porto (m)	havn (m/f)	['havn]
cais, amarradouro (m)	kai (m/f)	['kaj]
atracar (vi)	å fortøye	[ɔ fɔː'tøjə]
desatracar (vi)	å kaste loss	[ɔ 'kastə lɔs]

viagem (f)	reise (m/f)	['ræjsə]
cruzeiro (m)	cruise (n)	['krʉs]
rumo (m), rota (f)	kurs (m)	['kʉʂ]
itinerário (m)	rute (m/f)	['rʉtə]

canal (m) navegável	seilrende (m)	['sæjlˌrɛnə]
banco (m) de areia	grunne (m/f)	['grʉnə]
encalhar (vt)	å gå på grunn	[ɔ 'gɔ pɔ 'grʉn]

tempestade (f)	storm (m)	['stɔrm]
sinal (m)	signal (n)	[siŋ'nal]
afundar-se (vr)	å synke	[ɔ 'sʏnkə]
Homem ao mar!	Mann over bord!	['man ˌɔvər 'bʊr]
SOS	SOS (n)	[ɛsʊ'ɛs]
boia (f) salva-vidas	livbøye (m/f)	['livˌbøjə]

172. Aeroporto

aeroporto (m)	flyplass (m)	['flyˌplas]
avião (m)	fly (n)	['fly]
companhia (f) aérea	flyselskap (n)	['flysəlˌskap]
controlador (m)	flygeleder (m)	['flygəˌledər]
de tráfego aéreo		

partida (f)	avgang (m)	['avˌgaŋ]
chegada (f)	ankomst (m)	['anˌkɔmst]
chegar (~ de avião)	å ankomme	[ɔ 'anˌkɔmə]

| hora (f) de partida | avgangstid (m/f) | ['avgaŋsˌtid] |
| hora (f) de chegada | ankomsttid (m/f) | [an'kɔmsˌtid] |

| estar atrasado | å bli forsinket | [ɔ 'bli fɔ'ʂinkət] |
| atraso (m) de voo | avgangsforsinkelse (m) | ['avgaŋs fɔ'ʂinkəlsə] |

painel (m) de informação	informasjonstavle (m/f)	[informa'ʂʊns ˌtavlə]
informação (f)	informasjon (m)	[informa'ʂʊn]
anunciar (vt)	å meddele	[ɔ 'mɛdˌdelə]

voo (m)	fly (n)	['fly]
alfândega (f)	toll (m)	['tɔl]
funcionário (m) da alfândega	tollbetjent (m)	['tɔlbe‚tjɛnt]

declaração (f) alfandegária	tolldeklarasjon (m)	['tɔldɛklara'şʉn]
preencher (vt)	å utfylle	[ɔ 'ʉt‚fʏlə]
preencher a declaração	å utfylle en tolldeklarasjon	[ɔ 'ʉt‚fʏlə en 'tɔldɛklara‚şʉn]
controlo (m) de passaportes	passkontroll (m)	['paskʉn‚trɔl]

bagagem (f)	bagasje (m)	[ba'gaşə]
bagagem (f) de mão	håndbagasje (m)	['hɔn‚ba'gaşə]
carrinho (m)	bagasjetralle (m/f)	[ba'gaşə‚tralə]

aterragem (f)	landing (m)	['laniŋ]
pista (f) de aterragem	landingsbane (m)	['laniŋs‚banə]
aterrar (vi)	å lande	[ɔ 'lanə]
escada (f) de avião	trapp (m/f)	['trap]

check-in (m)	innsjekking (m/f)	['in‚şɛkiŋ]
balcão (m) do check-in	innsjekkingsskranke (m)	['in‚şɛkiŋs ‚skrankə]
fazer o check-in	å sjekke inn	[ɔ 'şɛkə in]
cartão (m) de embarque	boardingkort (n)	['bɔːdiŋ‚kɔːt]
porta (f) de embarque	gate (m/f)	['gejt]

trânsito (m)	transitt (m)	[tran'sit]
esperar (vi, vt)	å vente	[ɔ 'vɛntə]
sala (f) de espera	ventehall (m)	['vɛntə‚hal]
despedir-se de ...	å ta avskjed	[ɔ 'ta 'af‚şɛd]
despedir-se (vr)	å si farvel	[ɔ 'si far'vɛl]

173. Bicicleta. Motocicleta

bicicleta (f)	sykkel (m)	['sʏkəl]
scotter, lambreta (f)	skooter (m)	['skutər]
mota (f)	motorsykkel (m)	['mɔtʉr‚sʏkəl]

ir de bicicleta	å sykle	[ɔ 'sʏklə]
guiador (m)	styre (n)	['styrə]
pedal (m)	pedal (m)	[pe'dal]
travões (m pl)	bremser (m pl)	['brɛmsər]
selim (m)	sete (n)	['setə]

bomba (f) de ar	pumpe (m/f)	['pʉmpə]
porta-bagagens (m)	bagasjebrett (n)	[ba'gaşə‚brɛt]
lanterna (f)	lykt (m/f)	['lʏkt]
capacete (m)	hjelm (m)	['jɛlm]

roda (f)	hjul (n)	['jʉl]
guarda-lamas (m)	skjerm (m)	['şærm]
aro (m)	felg (m)	['fɛlg]
raio (m)	eik (m/f)	['æjk]

Carros

174. Tipos de carros

carro, automóvel (m)	bil (m)	['bil]
carro (m) desportivo	sportsbil (m)	['spɔːʦ̩bil]
limusine (f)	limousin (m)	[limʉ'sin]
todo o terreno (m)	terrengbil (m)	[tɛ'rɛŋ̩bil]
descapotável (m)	kabriolet (m)	[kabriʉ'le]
minibus (m)	minibuss (m)	['mini̩bʉs]
ambulância (f)	ambulanse (m)	[ambʉ'lansə]
limpa-neve (m)	snøplog (m)	['snø̩plɔg]
camião (m)	lastebil (m)	['lastə̩bil]
camião-cisterna (m)	tankbil (m)	['taŋk̩bil]
carrinha (f)	skapbil (m)	['skap̩bil]
camião-trator (m)	trekkvogn (m/f)	['trɛk̩vɔŋn]
atrelado (m)	tilhenger (m)	['til̩hɛŋər]
confortável	komfortabel	[kʊmfɔ:'ʈabəl]
usado	brukt	['brʊkt]

175. Carros. Carroçaria

capô (m)	panser (n)	['pansər]
guarda-lamas (m)	skjerm (m)	['ʂærm]
tejadilho (m)	tak (n)	['tɑk]
para-brisa (m)	frontrute (m/f)	['frɔnt̩rʉtə]
espelho (m) retrovisor	bakspeil (n)	['bak̩spæjl]
lavador (m)	vindusspyler (m)	['vindʉs̩spylər]
limpa-para-brisas (m)	viskerblader (n pl)	['viskəblaər]
vidro (m) lateral	siderute (m/f)	['sidə̩rʉtə]
elevador (m) do vidro	vindusheis (m)	['vindʉs̩hæjs]
antena (f)	antenne (m)	[an'tɛnə]
teto solar (m)	takluke (m/f), soltak (n)	['tak̩lʉkə], ['sʊl̩tak]
para-choques (m pl)	støtfanger (m)	['støt̩faŋər]
bagageira (f)	bagasjerom (n)	[ba'gaʂə̩rʊm]
bagageira (f) de tejadilho	takgrind (m/f)	['tak̩grin]
porta (f)	dør (m/f)	['dœr]
maçaneta (f)	dørhåndtak (n)	['dœr̩hɔntak]
fechadura (f)	dørlås (m/n)	['dœr̩lɔs]
matrícula (f)	nummerskilt (n)	['nʉmər̩ʂilt]
silenciador (m)	lyddemper (m)	['lyd̩dɛmpər]

| tanque (m) de gasolina | bensintank (m) | [bɛn'sin͵tɑnk] |
| tubo (m) de escape | eksosrør (n) | ['ɛksʊs͵rør] |

acelerador (m)	gass (m)	['gɑs]
pedal (m)	pedal (m)	[pe'dɑl]
pedal (m) do acelerador	gasspedal (m)	['gɑs pe'dɑl]

travão (m)	brems (m)	['brɛms]
pedal (m) do travão	bremsepedal (m)	['brɛmsə pe'dɑl]
travar (vt)	å bremse	[ɔ 'brɛmsə]
travão (m) de mão	håndbrekk (n)	['hɔn͵brɛk]

embraiagem (f)	koppling (m)	['kɔplɪŋ]
pedal (m) da embraiagem	kopplingspedal (m)	['kɔplɪŋs pe'dɑl]
disco (m) de embraiagem	koplingsskive (m/f)	['kɔplɪŋs͵sivə]
amortecedor (m)	støtdemper (m)	['støt͵dɛmpər]

roda (f)	hjul (n)	['jʉl]
pneu (m) sobresselente	reservehjul (n)	[re'sɛrvə jʉl]
pneu (m)	dekk (n)	['dɛk]
tampão (m) de roda	hjulkapsel (m)	['jʉl͵kɑpsəl]

rodas (f pl) motrizes	drivhjul (n pl)	['driv jʉl]
de tração dianteira	forhjulsdrevet	['forjʉls͵drevət]
de tração traseira	bakhjulsdrevet	['bɑkjʉls͵drevət]
de tração às 4 rodas	firehjulsdrevet	['firəjʉls͵drevət]

caixa (f) de mudanças	girkasse (m/f)	['gir͵kasə]
automático	automatisk	[aʉtʊ'matisk]
mecânico	mekanisk	[me'kanisk]
alavanca (f) das mudanças	girspak (m)	['gi͵spak]

| farol (m) | lyskaster (m) | ['lys͵kastər] |
| faróis, luzes | lyskastere (m pl) | ['lys͵kastərə] |

médios (m pl)	nærlys (n)	['nær͵lys]
máximos (m pl)	fjernlys (n)	['fjæ:n͵lys]
luzes (f pl) de stop	stopplys, bremselys (n)	['stɔp͵lys], ['brɛmsə͵lys]

mínimos (m pl)	parkeringslys (n)	[par'kerɪŋs͵lys]
luzes (f pl) de emergência	varselblinklys (n)	['vasəl͵blink lys]
faróis (m pl) antinevoeiro	tåkelys (n)	['to:kə͵lys]
pisca-pisca (m)	blinklys (n)	['blink͵lys]
luz (f) de marcha atrás	baklys (n)	['bak͵lys]

176. Carros. Habitáculo

interior (m) do carro	interiør (n), innredning (m/f)	[inter'jør], ['in͵rednɪŋ]
de couro, de pele	lær-	['lær-]
de veludo	velur	[ve'lʉr]
estofos (m pl)	trekk (n)	['trɛk]

| indicador (m) | instrument (n) | [instrʉ'mɛnt] |
| painel (m) de instrumentos | dashbord (n) | ['daʂbɔ:d] |

| velocímetro (m) | speedometer (n) | [spidʉ'metər] |
| ponteiro (m) | viser (m) | ['visər] |

conta-quilómetros (m)	kilometerteller (m)	[çilu'metər͵tɛlər]
sensor (m)	indikator (m)	[indi'katʉr]
nível (m)	nivå (n)	[ni'vo]
luz (f) avisadora	varsellampe (m/f)	['vaşəl͵lampə]

volante (m)	ratt (n)	['rat]
buzina (f)	horn (n)	['hʉːn̩]
botão (m)	knapp (m)	['knap]
interruptor (m)	bryter (m)	['brytər]

assento (m)	sete (n)	['setə]
costas (f pl) do assento	seterygg (m)	['setə͵rʏg]
cabeceira (f)	nakkestøtte (m/f)	['nakə͵stœtə]
cinto (m) de segurança	sikkerhetsbelte (m)	['sikərhɛts͵bɛltə]
apertar o cinto	å spenne	[ɔ 'spɛnə
	fast sikkerhetsbeltet	fast 'sikərhets͵bɛltə]
regulação (f)	justering (m/f)	[jʉ'steriŋ]

| airbag (m) | kollisjonspute (m/f) | ['kʉlişʉns͵pʉtə] |
| ar (m) condicionado | klimaanlegg (n) | ['klima'an͵leg] |

rádio (m)	radio (m)	['radiʉ]
leitor (m) de CD	CD-spiller (m)	['sɛdɛ ͵spilər]
ligar (vt)	å slå på	[ɔ 'şlɔ pɔ]
antena (f)	antenne (m)	[an'tɛnə]
porta-luvas (m)	hanskerom (n)	['hanskə͵rʉm]
cinzeiro (m)	askebeger (n)	['askə͵begər]

177. Carros. Motor

motor (m)	motor (m)	['mɔtʉr]
diesel	diesel-	['disəl-]
a gasolina	bensin-	[bɛn'sin-]

cilindrada (f)	motorvolum (n)	['mɔtʉr vɔ'lʉm]
potência (f)	styrke (m)	['styrkə]
cavalo-vapor (m)	hestekraft (m/f)	['hɛstə͵kraft]
pistão (m)	stempel (n)	['stɛmpəl]
cilindro (m)	sylinder (m)	[sy'lindər]
válvula (f)	ventil (m)	[vɛn'til]

injetor (m)	injektor (m)	[i'njɛktʉr]
gerador (m)	generator (m)	[gene'ratʉr]
carburador (m)	forgasser (m)	[fɔr'gasər]
óleo (m) para motor	motorolje (m)	['mɔtʉr͵ɔljə]

radiador (m)	radiator (m)	[radi'atʉr]
refrigerante (m)	kjølevæske (m/f)	['çœlə͵væskə]
ventilador (m)	vifte (m/f)	['viftə]
bateria (f)	batteri (n)	[batɛ'ri]
dispositivo (m) de arranque	starter (m)	['staːtər]

ignição (f)	tenning (m/f)	['tɛniŋ]
vela (f) de ignição	tennplugg (m)	['tɛn͵plʉg]
borne (m)	klemme (m/f)	['klemə]
borne (m) positivo	plussklemme (m/f)	['plʉs͵klemə]
borne (m) negativo	minusklemme (m/f)	['minʉs͵klemə]
fusível (m)	sikring (m)	['sikriŋ]
filtro (m) de ar	luftfilter (n)	['lʉft͵filtər]
filtro (m) de óleo	oljefilter (n)	['ɔljə͵filtər]
filtro (m) de combustível	brenselsfilter (n)	['brɛnsəls͵filtər]

178. Carros. Batidas. Reparação

acidente (m) de carro	bilulykke (m/f)	['bil ʉ'lʏkə]
acidente (m) rodoviário	trafikkulykke (m/f)	[tra'fik ʉ'lʏkə]
ir contra …	å kjøre inn i …	[ɔ 'çœːrə in i …]
sofrer um acidente	å havarere	[ɔ hava'rerə]
danos (m pl)	skade (m)	['skadə]
intato	uskadd	['ʉ͵skad]
avaria (no motor, etc.)	havari (n)	[hava'ri]
avariar (vi)	å bryte sammen	[ɔ 'brytə 'samən]
cabo (m) de reboque	slepetau (n)	['ʂlepə͵taʉ]
furo (m)	punktering (m)	[pʉn'teriŋ]
estar furado	å være punktert	[ɔ 'værə pʉnk'tɛːt]
encher (vt)	å pumpe opp	[ɔ 'pʉmpə ɔp]
pressão (f)	trykk (n)	['trʏk]
verificar (vt)	å sjekke	[ɔ 'ʂɛkə]
reparação (f)	reparasjon (m)	[repara'ʂʉn]
oficina (f)	bilverksted (n)	['bil 'værk͵sted]
de reparação de carros		
peça (f) sobresselente	reservedel (m)	[re'sɛrvə͵del]
peça (f)	del (m)	['del]
parafuso (m)	bolt (m)	['bɔlt]
parafuso (m)	skrue (m)	['skrʉə]
porca (f)	mutter (m)	['mʉtər]
anilha (f)	skive (m/f)	['ʂivə]
rolamento (m)	lager (n)	['lagər]
tubo (m)	rør (m)	['rør]
junta (f)	pakning (m/f)	['pakniŋ]
fio, cabo (m)	ledning (m)	['ledniŋ]
macaco (m)	jekk (m), donkraft (m/f)	['jɛk], ['dɔn͵kraft]
chave (f) de boca	skrunøkkel (m)	['skrʉ͵nøkəl]
martelo (m)	hammer (m)	['hamər]
bomba (f)	pumpe (m/f)	['pʉmpə]
chave (f) de fendas	skrutrekker (m)	['skrʉ͵trekər]
extintor (m)	brannslukker (n)	['bran͵ʂlʉkər]
triângulo (m) de emergência	varseltrekant (m)	['vaʂəl 'trɛ͵kant]

parar (vi) (motor)	å skjære	[ɔ 'ʂæːrə]
paragem (f)	stans (m), stopp (m/n)	['stɑns], ['stɔp]
estar quebrado	å være ødelagt	[ɔ 'værə 'ødə,lɑkt]

superaquecer-se (vr)	å bli overopphetet	[ɔ 'bli 'ɔvərɔp,hetət]
entupir-se (vr)	å bli tilstoppet	[ɔ 'bli til'stɔpət]
congelar-se (vr)	å fryse	[ɔ 'frysə]
rebentar (vi)	å sprekke, å briste	[ɔ 'sprɛkə], [ɔ 'bristə]

pressão (f)	trykk (n)	['trʏk]
nível (m)	nivå (n)	[ni'vo]
frouxo	slakk	['ʂlɑk]

mossa (f)	bulk (m)	['bʉlk]
ruído (m)	bankelyd (m), dunk (m/n)	['bɑnkə,lyd], ['dʉnk]
fissura (f)	sprekk (m)	['sprɛk]
arranhão (m)	ripe (m/f)	['ripə]

179. Carros. Estrada

estrada (f)	vei (m)	['væj]
autoestrada (f)	hovedvei (m)	['hʉvəd,væj]
rodovia (f)	motorvei (m)	['motʉr,væj]
direção (f)	retning (m/f)	['rɛtniŋ]
distância (f)	avstand (m)	['ɑf,stɑn]

ponte (f)	bro (m/f)	['brʉ]
parque (m) de estacionamento	parkeringsplass (m)	[pɑr'keriŋs,plɑs]
praça (f)	torg (n)	['tɔr]
nó (m) rodoviário	trafikkmaskin (m)	[trɑ'fik mɑ,ʂin]
túnel (m)	tunnel (m)	['tʉnəl]

posto (m) de gasolina	bensinstasjon (m)	[bɛn'sin,stɑ'ʂʉn]
parque (m) de estacionamento	parkeringsplass (m)	[pɑr'keriŋs,plɑs]
bomba (f) de gasolina	bensinpumpe (m/f)	[bɛn'sin,pʉmpə]
oficina (f) de reparação de carros	bilverksted (n)	['bil 'værk,sted]
abastecer (vt)	å tanke opp	[ɔ 'tɑnkə ɔp]
combustível (m)	brensel (n)	['brɛnsəl]
bidão (m) de gasolina	bensinkanne (m/f)	[bɛn'sin,kɑnə]

asfalto (m)	asfalt (m)	['ɑs,fɑlt]
marcação (f) de estradas	vegoppmerking (m/f)	['veg 'ɔp,mærkiŋ]
lancil (m)	fortauskant (m)	['fɔːtaʉs,kɑnt]
proteção (f) guard-rail	autovern, veirekkverk (n)	['aʉtɔ,væːn], ['væj,rekværk]
valeta (f)	veigrøft (m/f)	['væj,grœft]
berma (f) da estrada	veikant (m)	['væj,kɑnt]
poste (m) de luz	lyktestolpe (m)	['lʏktə,stɔlpə]

conduzir, guiar (vt)	å kjøre	[ɔ 'çœːrə]
virar (ex. ~ à direita)	å svinge	[ɔ 'sviŋə]
dar retorno	å ta en U-sving	[ɔ 'tɑ en 'ʉː,sviŋ]
marcha-atrás (f)	revers (m)	[re'væʂ]
buzinar (vi)	å tute	[ɔ 'tʉtə]

buzina (f)	tut (n)	['tʉt]
atolar-se (vr)	å kjøre seg fast	[ɔ 'çœːrə sæj 'fast]
patinar (na lama)	å spinne	[ɔ 'spinə]
desligar (vt)	å stanse	[ɔ 'stansə]

velocidade (f)	hastighet (m/f)	['hasti‚het]
exceder a velocidade	å overskride fartsgrensen	[ɔ 'ɔvə‚skridə 'faːʈʂ‚grɛnsən]
multar (vt)	å gi bot	[ɔ 'ji 'bʉt]
semáforo (m)	trafikklys (n)	[tra'fik‚lys]
carta (f) de condução	førerkort (n)	['førər‚kɔːʈ]

passagem (f) de nível	planovergang (m)	['plan 'ɔvər‚gaŋ]
cruzamento (m)	veikryss (n)	['væjkrʏs]
passadeira (f)	fotgjengerovergang (m)	['fʉtjɛŋər 'ɔvər‚gaŋ]
curva (f)	kurve (m)	['kʉrvə]
zona (f) pedonal	gågate (m/f)	['goː‚gatə]

180. Sinais de trânsito

código (m) da estrada	trafikkregler (m pl)	[tra'fik‚rɛglər]
sinal (m) de trânsito	trafikkskilt (n)	[tra'fik‚silt]
ultrapassagem (f)	forbikjøring (m/f)	['fɔrbi‚çœriŋ]
curva (f)	Sving	['sviŋ]
inversão (f) de marcha	u-sving, u-vending	['ʉː‚sviŋ], ['ʉː‚vɛniŋ]
rotunda (f)	rundkjøring	['rʉn‚çœriŋ]

sentido proibido	Innkjøring forbudt	['in'çœriŋ fɔr'bʉt]
trânsito proibido	Trafikkforbud	[tra'fik fɔr‚bʉt]
proibição de ultrapassar	Forbikjøring forbudt	['fɔrbi‚çœriŋ fɔr'bʉt]
estacionamento proibido	Parkering forbudt	[par'keriŋ fɔr'bʉt]
paragem proibida	Stans forbudt	['stans fɔr'bʉt]

curva (f) perigosa	Farlig sving	['faːli̩ ‚sviŋ]
descida (f) perigosa	Bratt bakke	['brat ‚bakə]
trânsito de sentido único	Enveiskjøring	['ɛnvæjs‚søriŋ]
passadeira (f)	fotgjengerovergang (m)	['fʉtjɛŋər 'ɔvər‚gaŋ]
pavimento (m) escorregadio	Glatt kjørebane	['glat 'çœːrə‚banə]
cedência de passagem	Vikeplikt	['vikə‚plikt]

PESSOAS. EVENTOS

Eventos

181. Férias. Evento

festa (f)	fest (m)	['fɛst]
festa (f) nacional	nasjonaldag (m)	[nɑʂuˈnɑlˌdɑ]
feriado (m)	festdag (m)	['fɛstˌdɑ]
festejar (vt)	å feire	[ɔ ˈfæjrə]

evento (festa, etc.)	begivenhet (m/f)	[beˈjivenˌhet]
evento (banquete, etc.)	evenement (n)	[ɛvenəˈmɑn]
banquete (m)	bankett (m)	[banˈkɛt]
receção (f)	resepsjon (m)	[resɛpˈʂun]
festim (m)	fest (n)	['fɛst]

aniversário (m)	årsdag (m)	['oːʂˌdɑ]
jubileu (m)	jubileum (n)	[jʉbiˈleʉm]
celebrar (vt)	å feire	[ɔ ˈfæjrə]

Ano (m) Novo	nytt år (n)	['nʏt ˌoːr]
Feliz Ano Novo!	Godt nytt år!	['gɔt nʏt ˌoːr]
Pai (m) Natal	Julenissen	['jʉləˌnisən]

Natal (m)	Jul (m/f)	['jʉl]
Feliz Natal!	Gledelig jul!	['gledəli ˈjʉl]
árvore (f) de Natal	juletre (n)	['jʉləˌtrɛ]
fogo (m) de artifício	fyrverkeri (n)	[ˌfyrværkəˈri]

boda (f)	bryllup (n)	['brʏlʉp]
noivo (m)	brudgom (m)	['brʉdˌgɔm]
noiva (f)	brud (m/f)	['brʉd]

| convidar (vt) | å innby, å invitere | [ɔ 'inby], [ɔ inviˈterə] |
| convite (m) | innbydelse (m) | [inˈbydəlse] |

convidado (m)	gjest (m)	['jɛst]
visitar (vt)	å besøke	[ɔ beˈsøkə]
receber os hóspedes	å hilse på gjestene	[ɔ ˈhilsə pɔ ˈjɛstenə]

presente (m)	gave (m/f)	['gɑvə]
oferecer (vt)	å gi	[ɔ 'ji]
receber presentes	å få gaver	[ɔ 'fɔ 'gɑvər]
ramo (m) de flores	bukett (m)	[bʉˈkɛt]

felicitações (f pl)	lykkønskning (m/f)	['lʏkˌønsknin]
felicitar (dar os parabéns)	å gratulere	[ɔ gratʉˈlerə]
cartão (m) de parabéns	gratulasjonskort (n)	[gratʉlaˈʂunsˌkoːt]

| enviar um postal | à sende postkort | [ɔ 'sɛnə 'pɔstˌkɔːt] |
| receber um postal | à fà postkort | [ɔ 'fɔ 'pɔstˌkɔːt] |

brinde (m)	skàl (m/f)	['skɔl]
oferecer (vt)	à tilby	[ɔ 'tilby]
champanhe (m)	champagne (m)	[ʂam'panjə]

divertir-se (vr)	à more seg	[ɔ 'mʊrə sæj]
diversão (f)	munterhet (m)	['mʉntərˌhet]
alegria (f)	glede (m/f)	['glede]

| dança (f) | dans (m) | ['dɑns] |
| dançar (vi) | à danse | [ɔ 'dɑnsə] |

| valsa (f) | vals (m) | ['vɑls] |
| tango (m) | tango (m) | ['taŋgʊ] |

182. Funerais. Enterro

cemitério (m)	gravplass, kirkegård (m)	['grɑvˌplɑs], ['çirkəˌgɔːr]
sepultura (f), túmulo (m)	grav (m)	['grɑv]
cruz (f)	kors (n)	['kɔːʂ]
lápide (f)	gravstein (m)	['grɑfˌstæjn]
cerca (f)	gjerde (n)	['jæərə]
capela (f)	kapell (n)	[kɑ'pɛl]

morte (f)	død (m)	['dø]
morrer (vi)	à dø	[ɔ 'dø]
defunto (m)	den avdøde	[den 'ɑvˌdødə]
luto (m)	sorg (m/f)	['sɔr]

enterrar, sepultar (vt)	à begrave	[ɔ be'grɑvə]
agência (f) funerária	begravelsesbyrå (n)	[be'grɑvəlsəs byˌro]
funeral (m)	begravelse (m)	[be'grɑvəlsə]

coroa (f) de flores	krans (m)	['krɑns]
caixão (m)	likkiste (m/f)	['likˌçistə]
carro (m) funerário	likbil (m)	['likˌbil]
mortalha (f)	likklede (n)	['likˌkledə]

procissão (f) funerária	gravfølge (n)	['grɑvˌfølgə]
urna (f) funerária	askeurne (m/f)	['askəˌʉːŋə]
crematório (m)	krematorium (n)	[krɛmɑ'tʉrium]

obituário (m), necrologia (f)	nekrolog (m)	[nekrʊ'lɔg]
chorar (vi)	à gråte	[ɔ 'groːtə]
soluçar (vi)	à hulke	[ɔ 'hʉlkə]

183. Guerra. Soldados

| pelotão (m) | tropp (m) | ['trɔp] |
| companhia (f) | kompani (n) | [kʊmpɑ'ni] |

regimento (m)	regiment (n)	[rɛgi'mɛnt]
exército (m)	hær (m)	['hær]
divisão (f)	divisjon (m)	[divi'ʂʊn]

destacamento (m)	tropp (m)	['trɔp]
hoste (f)	hær (m)	['hær]

soldado (m)	soldat (m)	[sʊl'dat]
oficial (m)	offiser (m)	[ɔfi'sɛr]

soldado (m) raso	menig (m)	['meni]
sargento (m)	sersjant (m)	[sær'ʂant]
tenente (m)	løytnant (m)	['løjt,nant]
capitão (m)	kaptein (m)	[kap'tæjn]
major (m)	major (m)	[ma'jor]
coronel (m)	oberst (m)	['ʊbɛʂt]
general (m)	general (m)	[gene'ral]

marujo (m)	sjømann (m)	['ʂø,man]
capitão (m)	kaptein (m)	[kap'tæjn]
contramestre (m)	båtsmann (m)	['bɔs,man]

artilheiro (m)	artillerist (m)	[,a:tile'rist]
soldado (m) paraquedista	fallskjermjeger (m)	['fal,særm 'jɛ:gər]
piloto (m)	flyger, flyver (m)	['flygər], ['flyvər]
navegador (m)	styrmann (m)	['styr,man]
mecânico (m)	mekaniker (m)	[me'kanikər]

sapador (m)	pioner (m)	[piʊ'ner]
paraquedista (m)	fallskjermhopper (m)	['fal,særm 'hɔpər]
explorador (m)	oppklaringssoldat (m)	['ɔp,klariŋ sʊl'dat]
franco-atirador (m)	skarpskytte (m)	['skarp,ʂʏtə]

patrulha (f)	patrulje (m)	[pa'trʉlje]
patrulhar (vt)	å patruljere	[ɔ patrʉ'ljerə]
sentinela (f)	vakt (m)	['vakt]

guerreiro (m)	kriger (m)	['krigər]
patriota (m)	patriot (m)	[patri'ɔt]

herói (m)	helt (m)	['hɛlt]
heroína (f)	heltinne (m)	['hɛlt,inə]

traidor (m)	forræder (m)	[fɔ'ræðər]
trair (vt)	å forråde	[ɔ fɔ'rɔːdə]

desertor (m)	desertør (m)	[desæː'tør]
desertar (vt)	å desertere	[ɔ desæː'terə]

mercenário (m)	leiesoldat (m)	['læjesʊl,dat]
recruta (m)	rekrutt (m)	[re'krʉt]
voluntário (m)	frivillig (m)	['fri,vili]

morto (m)	drept (m)	['drɛpt]
ferido (m)	såret (m)	['soːrə]
prisioneiro (m) de guerra	fange (m)	['faŋə]

184. Guerra. Ações militares. Parte 1

guerra (f)	krig (m)	['krig]
guerrear (vt)	å være i krig	[ɔ 'værə i ˌkrig]
guerra (f) civil	borgerkrig (m)	['bɔrgərˌkrig]
perfidamente	lumsk, forræderisk	['lʉmsk], [fɔ'rædərisk]
declaração (f) de guerra	krigserklæring (m)	['krigs ærˌklæriŋ]
declarar (vt) guerra	å erklære	[ɔ ær'klærə]
agressão (f)	aggresjon (m)	[agre'ʂʉn]
atacar (vt)	å angripe	[ɔ 'anˌgripə]
invadir (vt)	å invadere	[ɔ inva'derə]
invasor (m)	angriper (m)	['anˌgripər]
conquistador (m)	erobrer (m)	[ɛ'rʊbrər]
defesa (f)	forsvar (n)	['fʉˌʂvɑr]
defender (vt)	å forsvare	[ɔ fɔ'ʂvɑrə]
defender-se (vr)	å forsvare seg	[ɔ fɔ'ʂvɑrə sæj]
inimigo (m)	fiende (m)	['fiɛndə]
adversário (m)	motstander (m)	['mʊtˌstɑnər]
inimigo	fiendtlig	['fjɛntli]
estratégia (f)	strategi (m)	[strate'gi]
tática (f)	taktikk (m)	[tɑk'tik]
ordem (f)	ordre (m)	['ɔrdrə]
comando (m)	ordre, kommando (m/f)	['ɔrdrə], ['kʊ'mɑndʊ]
ordenar (vt)	å beordre	[ɔ be'ɔrdrə]
missão (f)	oppdrag (m)	['ɔpdrag]
secreto	hemmelig	['hɛməli]
batalha (f), combate (m)	slag (n)	['ʂlag]
batalha (f)	batalje (m)	[ba'taljə]
combate (m)	kamp (m)	['kamp]
ataque (m)	angrep (n)	['anˌgrɛp]
assalto (m)	storm (m)	['stɔrm]
assaltar (vt)	å storme	[ɔ 'stɔrmə]
assédio, sítio (m)	beleiring (m/f)	[be'læjriŋ]
ofensiva (f)	offensiv (m), angrep (n)	['ɔfenˌsif], ['anˌgrɛp]
passar à ofensiva	å angripe	[ɔ 'anˌgripə]
retirada (f)	retrett (m)	[rɛ'trɛt]
retirar-se (vr)	å retirere	[ɔ reti'rerə]
cerco (m)	omringing (m/f)	['ɔmˌriŋiŋ]
cercar (vt)	å omringe	[ɔ 'ɔmˌriŋə]
bombardeio (m)	bombing (m/f)	['bʊmbiŋ]
lançar uma bomba	å slippe bombe	[ɔ 'ʂlipə 'bʊmbə]
bombardear (vt)	å bombardere	[ɔ bʊmbɑ:'derə]
explosão (f)	eksplosjon (m)	[ɛksplʊ'ʂʉn]

tiro (m)	skudd (n)	['skud]
disparar um tiro	å skyte av	[ɔ 'ʂytə ɑ:]
tiroteio (m)	skytning (m/f)	['ʂytniŋ]

apontar para ...	å sikte på ...	[ɔ 'siktə pɔ ...]
apontar (vt)	å rette	[ɔ 'rɛtə]
acertar (vt)	å treffe	[ɔ 'trɛfə]

afundar (um navio)	å senke	[ɔ 'sɛnkə]
brecha (f)	hull (n)	['hul]
afundar-se (vr)	å synke	[ɔ 'synkə]

frente (m)	front (m)	['front]
evacuação (f)	evakuering (m/f)	[ɛvɑku'eriŋ]
evacuar (vt)	å evakuere	[ɔ ɛvɑku'erə]

trincheira (f)	skyttergrav (m)	['ʂytə͵grɑv]
arame (m) farpado	piggtråd (m)	['pig͵trod]
obstáculo (m) anticarro	hinder (n), sperring (m/f)	['hindər], ['spɛriŋ]
torre (f) de vigia	vakttårn (n)	['vɑkt͵to:ɳ]

hospital (m)	militærsykehus (n)	[mili'tær͵sykə'hus]
ferir (vt)	å såre	[ɔ 'so:rə]
ferida (f)	sår (n)	['sor]
ferido (m)	såret (n)	['so:rə]
ficar ferido	å bli såret	[ɔ 'bli 'so:rət]
grave (ferida ~)	alvorlig	[ɑl'vo:l̩i]

185. Guerra. Ações militares. Parte 2

cativeiro (m)	fangeskap (n)	['faŋə͵skɑp]
capturar (vt)	å ta til fange	[ɔ 'tɑ til 'faŋə]
estar em cativeiro	å være i fangeskap	[ɔ 'værə i 'faŋə͵skɑp]
ser aprisionado	å bli tatt til fange	[ɔ 'bli tat til 'faŋə]

campo (m) de concentração	konsentrasjonsleir (m)	[kunsentrɑ'ʂuns͵læjr]
prisioneiro (m) de guerra	fange (m)	['faŋə]
escapar (vi)	å flykte	[ɔ 'flyktə]

trair (vt)	å forråde	[ɔ fɔ'ro:də]
traidor (m)	forræder (m)	[fɔ'rædər]
traição (f)	forræderi (n)	[forædə'ri]

| fuzilar, executar (vt) | å henrette ved skyting | [ɔ 'hɛn͵rɛtə ve 'ʂytiŋ] |
| fuzilamento (m) | skyting (m/f) | ['ʂytiŋ] |

equipamento (m)	mundering (m/f)	[mun'dɛriŋ]
platina (f)	skulderklaff (m)	['skuldər͵klɑf]
máscara (f) antigás	gassmaske (m/f)	['gɑs͵mɑskə]

rádio (m)	feltradio (m)	['fɛlt͵rɑdiu]
cifra (f), código (m)	chiffer (n)	['ʂifər]
conspiração (f)	hemmeligholdelse (m)	['hɛməli͵holəlsə]
senha (f)	passord (n)	['pɑs͵u:r]

167

mina (f)	mine (m/f)	['minə]
minar (vt)	å minelegge	[ɔ 'minəˌlegə]
campo (m) minado	minefelt (n)	['minəˌfɛlt]

alarme (m) aéreo	flyalarm (m)	['fly ɑ'lɑrm]
alarme (m)	alarm (m)	[ɑ'lɑrm]
sinal (m)	signal (n)	[siŋ'nɑl]
sinalizador (m)	signalrakett (m)	[siŋ'nɑl rɑ'kɛt]

estado-maior (m)	stab (m)	['stɑb]
reconhecimento (m)	oppklaring (m/f)	['ɔpˌklɑriŋ]
situação (f)	situasjon (m)	[situɑ'ʂʉn]
relatório (m)	rapport (m)	[rɑ'pɔːt]
emboscada (f)	bakhold (n)	['bɑkˌhɔl]
reforço (m)	forsterkning (m/f)	[fɔ'ʂtærkniŋ]

alvo (m)	mål (n)	['mol]
campo (m) de tiro	skytefelt (n)	['ʂytəˌfɛlt]
manobras (f pl)	manøverer (m pl)	[mɑ'nøvər]

pânico (m)	panikk (m)	[pɑ'nik]
devastação (f)	ødeleggelse (m)	['ødəˌlegəlsə]
ruínas (f pl)	ruiner (m pl)	[rʉ'inər]
destruir (vt)	å ødelegge	[ɔ 'ødəˌlegə]

sobreviver (vi)	å overleve	[ɔ 'ɔvəˌlevə]
desarmar (vt)	å avvæpne	[ɔ 'avˌvæpnə]
manusear (vt)	å handtere	[ɔ hɑn'terə]

Firmes!	Rett! | Gi-akt!	['rɛt], ['ji:'ɑkt]
Descansar!	Hvil!	['vil]

façanha (f)	bedrift (m)	[be'drift]
juramento (m)	ed (m)	['ɛd]
jurar (vi)	å sverge	[ɔ 'sværgə]

condecoração (f)	belønning (m/f)	[be'lœniŋ]
condecorar (vt)	å belønne	[ɔ be'lœnə]
medalha (f)	medalje (m)	[me'dɑljə]
ordem (f)	orden (m)	['ɔrdən]

vitória (f)	seier (m)	['sæjər]
derrota (f)	nederlag (n)	['nedəˌlɑg]
armistício (m)	våpenhvile (m)	['vɔpənˌvilə]

bandeira (f)	fane (m)	['fɑnə]
glória (f)	berømmelse (m)	[be'rœməlsə]
desfile (m) militar	parade (m)	[pɑ'rɑdə]
marchar (vi)	å marsjere	[ɔ mɑ'ʂerə]

186. Armas

arma (f)	våpen (n)	['vɔpən]
arma (f) de fogo	skytevåpen (n)	['ʂytəˌvɔpən]

arma (f) branca	blankvåpen (n)	['blank,vopən]
arma (f) química	kjemisk våpen (n)	['çemisk ,vopən]
nuclear	kjerne-	['çæ:ŋə-]
arma (f) nuclear	kjernevåpen (n)	['çæ:ŋə,vopən]
bomba (f)	bombe (m)	['bumbə]
bomba (f) atómica	atombombe (m)	[a'tum,bumbə]
pistola (f)	pistol (m)	[pi'stul]
caçadeira (f)	gevær (n)	[ge'vær]
pistola-metralhadora (f)	maskinpistol (m)	[ma'şin pi,stul]
metralhadora (f)	maskingevær (n)	[ma'şin ge,vær]
boca (f)	munning (m)	['muniŋ]
cano (m)	løp (n)	['løp]
calibre (m)	kaliber (m/n)	[ka'libər]
gatilho (m)	avtrekker (m)	['av,trɛkər]
mira (f)	sikte (n)	['siktə]
carregador (m)	magasin (n)	[maga'sin]
coronha (f)	kolbe (m)	['kolbə]
granada (f) de mão	håndgranat (m)	['hon,gra'nat]
explosivo (m)	sprengstoff (n)	['sprɛŋ,stof]
bala (f)	kule (m/f)	['ku:lə]
cartucho (m)	patron (m)	[pa'trun]
carga (f)	ladning (m)	['ladniŋ]
munições (f pl)	ammunisjon (m)	[amuni'şun]
bombardeiro (m)	bombefly (n)	['bumbə,fly]
avião (m) de caça	jagerfly (n)	['jagər,fly]
helicóptero (m)	helikopter (n)	[heli'koptər]
canhão (m) antiaéreo	luftvernkanon (m)	['luftvɛ:n̩ ka'nun]
tanque (m)	stridsvogn (m/f)	['strids,voŋn]
canhão (de um tanque)	kanon (m)	[ka'nun]
artilharia (f)	artilleri (n)	[,a:ţile'ri]
canhão (m)	kanon (m)	[ka'nun]
fazer a pontaria	å rette	[ɔ 'rɛtə]
obus (m)	projektil (m)	[pruek'til]
granada (f) de morteiro	granat (m/f)	[gra'nat]
morteiro (m)	granatkaster (m)	[gra'nat,kastər]
estilhaço (m)	splint (m)	['splint]
submarino (m)	ubåt (m)	['u:,bot]
torpedo (m)	torpedo (m)	[tur'pedu]
míssil (m)	rakett (m)	[ra'kɛt]
carregar (uma arma)	å lade	[ɔ 'ladə]
atirar, disparar (vi)	å skyte	[ɔ 'şytə]
apontar para ...	å sikte på ...	[ɔ 'siktə pɔ ...]
baioneta (f)	bajonett (m)	[bajo'nɛt]
espada (f)	kårde (m)	['ko:rdə]

sabre (m)	**sabel** (m)	['sabəl]
lança (f)	**spyd** (n)	['spyd]
arco (m)	**bue** (m)	['bʉːə]
flecha (f)	**pil** (m/f)	['pil]
mosquete (m)	**muskett** (m)	[mʉ'skɛt]
besta (f)	**armbrøst** (m)	['arm‚brøst]

187. Povos da antiguidade

primitivo	**ur-**	['ʉr-]
pré-histórico	**forhistorisk**	['forhi‚stʉrisk]
antigo	**oldtidens, antikkens**	['ɔl‚tidəns], [an'tikəns]
Idade (f) da Pedra	**Steinalderen**	['stæjn‚alderən]
Idade (f) do Bronze	**bronsealder** (m)	['brɔnsə‚aldər]
período (m) glacial	**istid** (m/f)	['is‚tid]
tribo (f)	**stamme** (m)	['stamə]
canibal (m)	**kannibal** (m)	[kani'bal]
caçador (m)	**jeger** (m)	['jɛːgər]
caçar (vi)	**å jage**	[ɔ 'jagə]
mamute (m)	**mammut** (m)	['mamʉt]
caverna (f)	**grotte** (m/f)	['grɔtə]
fogo (m)	**ild** (m)	['il]
fogueira (f)	**bål** (n)	['bɔl]
pintura (f) rupestre	**helleristning** (m/f)	['hɛlə‚ristniŋ]
ferramenta (f)	**redskap** (m/n)	['rɛd‚skap]
lança (f)	**spyd** (n)	['spyd]
machado (m) de pedra	**steinøks** (m/f)	['stæjn‚øks]
guerrear (vt)	**å være i krig**	[ɔ 'værə i ‚krig]
domesticar (vt)	**å temme**	[ɔ 'tɛmə]
ídolo (m)	**idol** (n)	[i'dʉl]
adorar, venerar (vt)	**å dyrke**	[ɔ 'dyrkə]
superstição (f)	**overtro** (m)	['ɔvə‚trʉ]
ritual (m)	**ritual** (n)	[ritʉ'al]
evolução (f)	**evolusjon** (m)	[ɛvɔlʉ'ʂʉn]
desenvolvimento (m)	**utvikling** (m/f)	['ʉt‚vikliŋ]
desaparecimento (m)	**forsvinning** (m/f)	[fo'ʂviniŋ]
adaptar-se (vr)	**å tilpasse seg**	[ɔ 'til‚pasə sæj]
arqueologia (f)	**arkeologi** (m)	[‚arkeʉlʉ'gi]
arqueólogo (m)	**arkeolog** (m)	[‚arkeʉ'lɔg]
arqueológico	**arkeologisk**	[‚arkeʉ'lɔgisk]
local (m) das escavações	**utgravingssted** (n)	['ʉt‚graviŋs ‚sted]
escavações (f pl)	**utgravinger** (m/f pl)	['ʉt‚graviŋər]
achado (m)	**funn** (n)	['fʉn]
fragmento (m)	**fragment** (n)	[frag'mɛnt]

188. Idade média

povo (m)	folk (n)	['fɔlk]
povos (m pl)	folk (n pl)	['fɔlk]
tribo (f)	stamme (m)	['stɑmə]
tribos (f pl)	stammer (m pl)	['stɑmər]

bárbaros (m pl)	barbarer (m pl)	[bɑr'bɑrər]
gauleses (m pl)	gallere (m pl)	['gɑlere]
godos (m pl)	gotere (m pl)	['gɔterə]
eslavos (m pl)	slavere (m pl)	['slɑvɛrə]
víquingues (m pl)	vikinger (m pl)	['vikiŋər]

| romanos (m pl) | romere (m pl) | ['rʊmerə] |
| romano | romersk | ['rʊmæʂk] |

bizantinos (m pl)	bysantiner (m pl)	[bysɑn'tinər]
Bizâncio	Bysants	[by'sɑnts]
bizantino	bysantinsk	[bysɑn'tinsk]

imperador (m)	keiser (m)	['kæjsər]
líder (m)	høvding (m)	['høvdiŋ]
poderoso	mektig	['mɛkti]
rei (m)	konge (m)	['kʊŋə]
governante (m)	hersker (m)	['hæʂkər]

cavaleiro (m)	ridder (m)	['ridər]
senhor feudal (m)	føydalherre (m)	['føjdɑlˌhɛrə]
feudal	føydal	['føjdɑl]
vassalo (m)	vasall (m)	[vɑ'sɑl]

duque (m)	hertug (m)	['hæːˌtʉg]
conde (m)	greve (m)	['grevə]
barão (m)	baron (m)	[bɑ'rʊn]
bispo (m)	biskop (m)	['biskɔp]

armadura (f)	rustning (m/f)	['rʉstniŋ]
escudo (m)	skjold (n)	['ʂɔl]
espada (f)	sverd (n)	['sværd]
viseira (f)	visir (n)	[vi'sir]
cota (f) de malha	ringbrynje (m/f)	['riŋˌbrynje]

| cruzada (f) | korstog (n) | ['kɔːʂˌtɔg] |
| cruzado (m) | korsfarer (m) | ['kɔːʂˌfɑrər] |

território (m)	territorium (n)	[tɛri'tʊrium]
atacar (vt)	å angripe	[ɔ 'ɑnˌgripə]
conquistar (vt)	å erobre	[ɔ ɛ'rʊbrə]
ocupar, invadir (vt)	å okkupere	[ɔ ɔkʉ'perə]

assédio, sítio (m)	beleiring (m/f)	[be'læjriŋ]
sitiado	beleiret	[be'læjrət]
assediar, sitiar (vt)	å beleire	[ɔ be'læjre]
inquisição (f)	inkvisisjon (m)	[inkvisi'ʂʊn]
inquisidor (m)	inkvisitor (m)	[inkvi'sitʊr]

tortura (f)	tortur (m)	[tɔ:'tʉr]
cruel	brutal	[brʉ'tɑl]
herege (m)	kjetter (m)	['çɛtər]
heresia (f)	kjetteri (n)	[çɛtə'ri]

navegação (f) marítima	sjøfart (m)	['ʂøˌfɑːt]
pirata (m)	pirat, sjørøver (m)	['pi'rɑt], ['ʂøˌrøvər]
pirataria (f)	sjørøveri (n)	['ʂø røvɛ'ri]
abordagem (f)	entring (m/f)	['ɛntriŋ]
presa (f), butim (m)	bytte (n)	['bʏtə]
tesouros (m pl)	skatter (m pl)	['skɑtər]

descobrimento (m)	oppdagelse (m)	['ɔpˌdɑgəlsə]
descobrir (novas terras)	å oppdage	[ɔ 'ɔpˌdɑgə]
expedição (f)	ekspedisjon (m)	[ɛkspedi'ʂʊn]

mosqueteiro (m)	musketer (m)	[mʉskə'ter]
cardeal (m)	kardinal (m)	[kɑ:ɖi'nɑl]
heráldica (f)	heraldikk (m)	[herɑl'dik]
heráldico	heraldisk	[he'rɑldisk]

189. Líder. Chefe. Autoridades

rei (m)	konge (m)	['kʊŋə]
rainha (f)	dronning (m/f)	['drɔniŋ]
real	kongelig	['kʊŋəli]
reino (m)	kongerike (n)	['kʊŋəˌrikə]

| príncipe (m) | prins (m) | ['prins] |
| princesa (f) | prinsesse (m/f) | [prin'sɛsə] |

presidente (m)	president (m)	[prɛsi'dɛnt]
vice-presidente (m)	visepresident (m)	['visə prɛsi'dɛnt]
senador (m)	senator (m)	[se'nɑtʊr]

monarca (m)	monark (m)	[mʊ'nɑrk]
governante (m)	hersker (m)	['hæʂkər]
ditador (m)	diktator (m)	[dik'tatʊr]
tirano (m)	tyrann (m)	[ty'rɑn]
magnata (m)	magnat (m)	[mɑɳ'nɑt]

diretor (m)	direktør (m)	[dirɛk'tør]
chefe (m)	sjef (m)	['ʂɛf]
dirigente (m)	forstander (m)	[fɔ'ʂtɑndər]
patrão (m)	boss (m)	['bɔs]
dono (m)	eier (m)	['æjər]

líder, chefe (m)	leder (m)	['ledər]
chefe (~ de delegação)	leder (m)	['ledər]
autoridades (f pl)	myndigheter (m pl)	['mʏndiˌhetər]
superiores (m pl)	overordnede (pl)	['ɔvərˌɔrdnedə]

| governador (m) | guvernør (m) | [gʉver'nør] |
| cônsul (m) | konsul (m) | ['kʊnˌsʉl] |

diplomata (m)	diplomat (m)	[diplu'mat]
Presidente (m) da Câmara	borgermester (m)	[bɔrgər'mɛstər]
xerife (m)	sheriff (m)	[sɛ'rif]

imperador (m)	keiser (m)	['kæjsər]
czar (m)	tsar (m)	['tsɑr]
faraó (m)	farao (m)	['farɑu]
cã (m)	khan (m)	['kɑn]

190. Estrada. Caminho. Direções

| estrada (f) | vei (m) | ['væj] |
| caminho (m) | vei (m) | ['væj] |

rodovia (f)	motorvei (m)	['mɔtʊrˌvæj]
autoestrada (f)	hovedvei (m)	['hʊvədˌvæj]
estrada (f) nacional	riksvei (m)	['riksˌvæj]

| estrada (f) principal | hovedvei (m) | ['hʊvədˌvæj] |
| caminho (m) de terra batida | bygdevei (m) | ['bʏgdəˌvæj] |

| trilha (f) | sti (m) | ['sti] |
| vereda (f) | sti (m) | ['sti] |

Onde?	Hvor?	['vʊr]
Para onde?	Hvorhen?	['vʊrhen]
De onde?	Hvorfra?	['vʊrfra]

| direção (f) | retning (m/f) | ['rɛtniŋ] |
| indicar (orientar) | å peke | [ɔ 'pekə] |

para esquerda	til venstre	[til 'vɛnstrə]
para direita	til høyre	[til 'højrə]
em frente	rett frem	['rɛt frem]
para trás	tilbake	[til'bɑkə]

curva (f)	kurve (m)	['kʉrvə]
virar (ex. ~ à direita)	å svinge	[ɔ 'sviŋə]
dar retorno	å ta en U-sving	[ɔ 'tɑ en 'ʉːˌsviŋ]

| estar visível | å være synlig | [ɔ 'værə 'sʏnli] |
| aparecer (vi) | å vise seg | [ɔ 'visə sæj] |

paragem (pausa)	stopp (m), hvile (m/f)	['stɔp], ['vilə]
descansar (vi)	å hvile	[ɔ 'vilə]
descanso (m)	hvile (m/f)	['vilə]

perder-se (vr)	å gå seg vill	[ɔ 'gɔ sæj 'vil]
conduzir (caminho)	å føre til ...	[ɔ 'førə til ...]
chegar a ...	å komme ut ...	[ɔ 'kɔmə ʉt ...]
trecho (m)	strekning (m)	['strɛkniŋ]

| asfalto (m) | asfalt (m) | ['ɑsˌfalt] |
| lancil (m) | fortauskant (m) | ['fɔːˌtausˌkant] |

valeta (f)	veigrøft (m/f)	['væj‚grœft]
tampa (f) de esgoto	kum (m), kumlokk (n)	['kʉm], ['kʉm‚lɔk]
berma (f) da estrada	veikant (m)	['væj‚kɑnt]
buraco (m)	grop (m/f)	['grʊp]

ir (a pé)	å gå	[ɔ 'gɔ]
ultrapassar (vt)	å passere	[ɔ pɑ'serə]

passo (m)	skritt (n)	['skrit]
a pé	til fots	[til 'fʊts]

bloquear (vt)	å sperre	[ɔ 'spɛrə]
cancela (f)	bom (m)	['bʉm]
beco (m) sem saída	blindgate (m/f)	['blin‚gɑtə]

191. Viloação da lei. Criminosos. Parte 1

bandido (m)	banditt (m)	[bɑn'dit]
crime (m)	forbrytelse (m)	[fɔr'brytəlsə]
criminoso (m)	forbryter (m)	[fɔr'brytər]

ladrão (m)	tyv (m)	['tyv]
roubar (vt)	å stjele	[ɔ 'stjelə]

raptar (ex. ~ uma criança)	å kidnappe	[ɔ 'kid‚nɛpə]
rapto (m)	kidnapping (m)	['kid‚nɛpiŋ]
raptor (m)	kidnapper (m)	['kid‚nɛpər]

resgate (m)	løsepenger (m pl)	['løsə‚pɛŋər]
pedir resgate	å kreve løsepenger	[ɔ 'krevə 'løsə‚pɛŋər]

roubar (vt)	å rane	[ɔ 'rɑnə]
assalto, roubo (m)	ran (n)	['rɑn]
assaltante (m)	raner (m)	['rɑnər]

extorquir (vt)	å presse ut	[ɔ 'prɛsə ʉt]
extorsionário (m)	utpresser (m)	['ʉt‚prɛsər]
extorsão (f)	utpressing (m/f)	['ʉt‚prɛsiŋ]

matar, assassinar (vt)	å myrde	[ɔ 'my:də]
homicídio (m)	mord (n)	['mʊr]
homicida, assassino (m)	morder (m)	['mʊrdər]

tiro (m)	skudd (n)	['skʉd]
dar um tiro	å skyte av	[ɔ 'ʂytə ɑ:]
matar a tiro	å skyte ned	[ɔ 'ʂytə ne]
atirar, disparar (vi)	å skyte	[ɔ 'ʂytə]
tiroteio (m)	skyting, skytning (m/f)	['ʂytiŋ], ['ʂytniŋ]

incidente (m)	hendelse (m)	['hɛndəlsə]
briga (~ de rua)	slagsmål (n)	['slɑks‚mol]
Socorro!	Hjelp!	['jɛlp]
vítima (f)	offer (n)	['ɔfər]
danificar (vt)	å skade	[ɔ 'skɑdə]

dano (m)	skade (m)	['skadə]
cadáver (m)	lik (n)	['lik]
grave	alvorlig	[al'vɔ:[i]

atacar (vt)	å anfalle	[ɔ 'an‚falə]
bater (espancar)	å slå	[ɔ 'ṣlɔ]
espancar (vt)	å klå opp	[ɔ 'klɔ ɔp]
tirar, roubar (dinheiro)	å berøve	[ɔ be'røvə]
esfaquear (vt)	å stikke i hjel	[ɔ 'stikə i 'jel]
mutilar (vt)	å lemleste	[ɔ 'lem‚lestə]
ferir (vt)	å såre	[ɔ 'so:rə]

chantagem (f)	utpressing (m/f)	['ʉt‚prɛsiŋ]
chantagear (vt)	å utpresse	[ɔ 'ʉt‚prɛsə]
chantagista (m)	utpresser (m)	['ʉt‚prɛsər]

extorsão (em troca de proteção)	utpressing (m/f)	['ʉt‚prɛsiŋ]
extorsionário (m)	utpresser (m)	['ʉt‚prɛsər]
gângster (m)	gangster (m)	['gɛŋstər]
máfia (f)	mafia (m)	['mafia]

carteirista (m)	lommetyv (m)	['lʊmə‚tyv]
assaltante, ladrão (m)	innbruddstyv (m)	['inbrʉds‚tyv]
contrabando (m)	smugling (m/f)	['smʉgliŋ]
contrabandista (m)	smugler (m)	['smʉglər]

falsificação (f)	forfalskning (m/f)	[fɔr'falskniŋ]
falsificar (vt)	å forfalske	[ɔ fɔr'falskə]
falsificado	falsk	['falsk]

192. Viloação da lei. Criminosos. Parte 2

violação (f)	voldtekt (m)	['vɔl‚tɛkt]
violar (vt)	å voldta	[ɔ 'vɔl‚ta]
violador (m)	voldtektsmann (m)	['vɔl‚tɛkts man]
maníaco (m)	maniker (m)	['manikər]

prostituta (f)	prostituert (m)	[prʊstitʉ'e:t]
prostituição (f)	prostitusjon (m)	[prʊstitʉ'ṣʊn]
chulo (m)	hallik (m)	['halik]

| toxicodependente (m) | narkoman (m) | [narkʊ'man] |
| traficante (m) | narkolanger (m) | ['narkɔ‚laŋər] |

explodir (vt)	å sprenge	[ɔ 'sprɛŋə]
explosão (f)	eksplosjon (m)	[ɛksplʊ'ṣʊn]
incendiar (vt)	å sette fyr	[ɔ 'sɛtə ‚fyr]
incendiário (m)	brannstifter (m)	['bran‚stiftər]

terrorismo (m)	terrorisme (m)	[tɛrʊ'rismə]
terrorista (m)	terrorist (m)	[tɛrʊ'rist]
refém (m)	gissel (m)	['jisəl]
enganar (vt)	å bedra	[ɔ be'dra]

engano (m)	bedrag (n)	[be'drɑg]
vigarista (m)	bedrager, svindler (m)	[be'drɑgər], ['svindlər]
subornar (vt)	å bestikke	[ɔ be'stikə]
suborno (atividade)	bestikkelse (m)	[be'stikəlsə]
suborno (dinheiro)	bestikkelse (m)	[be'stikəlsə]
veneno (m)	gift (m/f)	['jift]
envenenar (vt)	å forgifte	[ɔ fɔr'jiftə]
envenenar-se (vr)	å forgifte seg selv	[ɔ fɔr'jiftə sæj sɛl]
suicídio (m)	selvmord (n)	['sɛl‚mʊr]
suicida (m)	selvmorder (m)	['sɛl‚mʊrdər]
ameaçar (vt)	å true	[ɔ 'trʉə]
ameaça (f)	trussel (m)	['trʉsəl]
atentar contra a vida de ...	å begå mordforsøk	[ɔ be'gɔ 'mʊrdfɔ‚søk]
atentado (m)	mordforsøk (n)	['mʊrdfɔ‚søk]
roubar (o carro)	å stjele	[ɔ 'stjelə]
desviar (o avião)	å kapre	[ɔ 'kɑprə]
vingança (f)	hevn (m)	['hɛvn]
vingar (vt)	å hevne	[ɔ 'hɛvnə]
torturar (vt)	å torturere	[ɔ tɔ:[ʉ'rerə]
tortura (f)	tortur (m)	[tɔ:'tʉr]
atormentar (vt)	å plage	[ɔ 'plɑgə]
pirata (m)	pirat, sjørøver (m)	['pi'rɑt], ['ʂø‚røvər]
desordeiro (m)	bølle (m)	['bølə]
armado	bevæpnet	[be'væpnət]
violência (f)	vold (m)	['vɔl]
ilegal	illegal	['ile‚gɑl]
espionagem (f)	spionasje (m)	[spiʉ'nɑʂə]
espionar (vi)	å spionere	[ɔ spiʉ'nerə]

193. Polícia. Lei. Parte 1

justiça (f)	justis (m), rettspleie (m/f)	['jʉ'stis], ['rɛts‚plæje]
tribunal (m)	rettssal (m)	['rɛts‚sɑl]
juiz (m)	dommer (m)	['dɔmər]
jurados (m pl)	lagrettemedlemmer (n pl)	['lɑg‚rɛtə medle'mer]
tribunal (m) do júri	lagrette, juryordning (m)	['lɑg‚rɛtə], ['jʉri‚ɔrdniŋ]
julgar (vt)	å dømme	[ɔ 'dœmə]
advogado (m)	advokat (m)	[ɑdvʉ'kɑt]
réu (m)	anklaget (m)	['ɑn‚klɑget]
banco (m) dos réus	anklagebenk (m)	[ɑn'klɑgə‚bɛnk]
acusação (f)	anklage (m)	['ɑn‚klɑgə]
acusado (m)	anklagede (m)	['ɑn‚klɑgedə]

sentença (f)	dom (m)	['dɔm]
sentenciar (vt)	å dømme	[ɔ 'dœmə]
culpado (m)	skyldige (m)	['ʂyldiə]
punir (vt)	å straffe	[ɔ 'strɑfə]
punição (f)	straff, avstraffelse (m)	['strɑf], ['ɑf‚strɑfəlsə]
multa (f)	bot (m/f)	['bʊt]
prisão (f) perpétua	livsvarig fengsel (n)	['lifs‚vɑri 'fɛŋsəl]
pena (f) de morte	dødsstraff (m/f)	['død‚strɑf]
cadeira (f) elétrica	elektrisk stol (m)	[ɛ'lektrisk ‚stʊl]
forca (f)	galge (m)	['gɑlgə]
executar (vt)	å henrette	[ɔ 'hɛn‚rɛtə]
execução (f)	henrettelse (m)	['hɛn‚rɛtəlsə]
prisão (f)	fengsel (n)	['fɛŋsəl]
cela (f) de prisão	celle (m)	['sɛlə]
escolta (f)	eskorte (m)	[ɛs'kɔːtə]
guarda (m) prisional	fangevokter (m)	['fɑŋə‚vɔktər]
preso (m)	fange (m)	['fɑŋə]
algemas (f pl)	håndjern (n pl)	['hɔn‚jæːɳ]
algemar (vt)	å sette håndjern	[ɔ 'sɛtə 'hɔn‚jæːɳ]
fuga, evasão (f)	flykt (m/f)	['flʏkt]
fugir (vi)	å flykte, å rømme	[ɔ 'flʏktə], [ɔ 'rœmə]
desaparecer (vi)	å forsvinne	[ɔ fo'svinə]
soltar, libertar (vt)	å løslate	[ɔ 'løs‚lɑtə]
amnistia (f)	amnesti (m)	[ɑmnɛ'sti]
polícia (instituição)	politi (n)	[pʊli'ti]
polícia (m)	politi (m)	[pʊli'ti]
esquadra (f) de polícia	politistasjon (m)	[pʊli'ti‚stɑ'ʂʊn]
cassetete (m)	gummikølle (m/f)	['gʉmi‚kølə]
megafone (m)	megafon (m)	[megɑ'fʊn]
carro (m) de patrulha	patruljebil (m)	[pɑ'trʉljə‚bil]
sirene (f)	sirene (m/f)	[si'renə]
ligar a sirene	å slå på sirenen	[ɔ 'ʂlɔ pɔ si'renən]
toque (m) da sirene	sirene hyl (n)	[si'renə ‚hyl]
cena (f) do crime	åsted (n)	['ɔsted]
testemunha (f)	vitne (n)	['vitnə]
liberdade (f)	frihet (m)	['fri‚het]
cúmplice (m)	medskyldig (m)	['mɛ‚ʂyldi]
escapar (vi)	å flykte	[ɔ 'flʏktə]
traço (não deixar ~s)	spor (n)	['spʊr]

194. Polícia. Lei. Parte 2

procura (f)	ettersøking (m/f)	['ɛtə‚søkiŋ]
procurar (vt)	å søke etter ...	[ɔ 'søkə ‚ɛtər ...]

suspeita (f)	mistanke (m)	['mis‚tankə]
suspeito	mistenkelig	[mis'tɛnkəli]
parar (vt)	å stoppe	[ɔ 'stɔpə]
deter (vt)	å anholde	[ɔ 'an‚hɔlə]

caso (criminal)	sak (m/f)	['sak]
investigação (f)	etterforskning (m/f)	['ɛtər‚fɔʂkniŋ]
detetive (m)	detektiv (m)	[detɛk'tiv]
investigador (m)	etterforsker (m)	['ɛtər‚fɔʂkər]
versão (f)	versjon (m)	[væ'ʂʊn]

motivo (m)	motiv (n)	[mʊ'tiv]
interrogatório (m)	forhør (n)	[fɔr'hør]
interrogar (vt)	å forhøre	[ɔ fɔr'hørə]
questionar (vt)	å avhøre	[ɔ 'av‚hørə]
verificação (f)	sjekking (m/f)	['ʂɛkiŋ]

batida (f) policial	rassia, razzia (m)	['rasia]
busca (f)	ransakelse (m)	['ran‚sakəlsə]
perseguição (f)	jakt (m/f)	['jakt]
perseguir (vt)	å forfølge	[ɔ fɔr'følə]
seguir (vt)	å spore	[ɔ 'spʊrə]

prisão (f)	arrest (m)	[a'rɛst]
prender (vt)	å arrestere	[ɔ arɛ'sterə]
pegar, capturar (vt)	å fange	[ɔ 'faŋə]
captura (f)	pågripelse (m)	['pɔ‚gripəlsə]

documento (m)	dokument (n)	[dɔkʉ'mɛnt]
prova (f)	bevis (n)	[be'vis]
provar (vt)	å bevise	[ɔ be'visə]
pegada (f)	fotspor (n)	['fʊt‚spʊr]
impressões (f pl) digitais	fingeravtrykk (n pl)	['fiŋər‚avtrʏk]
prova (f)	bevis (n)	[be'vis]

álibi (m)	alibi (n)	['alibi]
inocente	uskyldig	[ʉ'ʂyldi]
injustiça (f)	urettferdighet (m)	['ʉrɛtfærdi‚het]
injusto	urettferdig	['ʉrɛt‚færdi]

criminal	kriminell	[krimi'nɛl]
confiscar (vt)	å konfiskere	[ɔ kʉnfi'skerə]
droga (f)	narkotika (m)	[nar'kɔtika]
arma (f)	våpen (n)	['vɔpən]
desarmar (vt)	å avvæpne	[ɔ 'av‚væpnə]
ordenar (vt)	å befale	[ɔ be'falə]
desaparecer (vi)	å forsvinne	[ɔ fɔ'ʂvinə]

lei (f)	lov (m)	['lɔv]
legal	lovlig	['lɔvli]
ilegal	ulovlig	[ʉ'lɔvli]

| responsabilidade (f) | ansvar (n) | ['an‚svar] |
| responsável | ansvarlig | [ans'vɑ:ɭi] |

NATUREZA

A Terra. Parte 1

195. Espaço sideral

cosmos (m)	rommet, kosmos (n)	['rʊmə], ['kɔsmɔs]
cósmico	rom-	['rʊm-]
espaço (m) cósmico	ytre rom (n)	['ytrə ˌrʊm]
mundo (m)	verden (m)	['værdən]
universo (m)	univers (n)	[ʉni'væʂ]
galáxia (f)	galakse (m)	[ga'laksə]
estrela (f)	stjerne (m/f)	['stjæːɳə]
constelação (f)	stjernebilde (n)	['stjæːɳəˌbildə]
planeta (m)	planet (m)	[pla'net]
satélite (m)	satellitt (m)	[satɛ'lit]
meteorito (m)	meteoritt (m)	[meteʉ'rit]
cometa (m)	komet (m)	[kʊ'met]
asteroide (m)	asteroide (n)	[asterʉ'idə]
órbita (f)	bane (m)	['banə]
girar (vi)	å rotere	[ɔ rɔ'terə]
atmosfera (f)	atmosfære (m)	[atmʉ'sfærə]
Sol (m)	Solen	['sʊlən]
Sistema (m) Solar	solsystem (n)	['sʊl sʏ'stem]
eclipse (m) solar	solformørkelse (m)	['sʊl fɔr'mœrkəlsə]
Terra (f)	Jorden	['juːrən]
Lua (f)	Månen	['moːnən]
Marte (m)	Mars	['maʂ]
Vénus (f)	Venus	['venʉs]
Júpiter (m)	Jupiter	['jʉpitər]
Saturno (m)	Saturn	['saˌtʉːɳ]
Mercúrio (m)	Merkur	[mær'kʉr]
Urano (m)	Uranus	[ʉ'ranʉs]
Neptuno (m)	Neptun	[nɛp'tʉn]
Plutão (m)	Pluto	['plʉtʊ]
Via Láctea (f)	Melkeveien	['mɛlkəˌvæjən]
Ursa Maior (f)	den Store Bjørn	['dən 'stʊrə ˌbjœːɳ]
Estrela Polar (f)	Nordstjernen, Polaris	['nʊːrˌstjæːɳən], [pɔ'laris]
marciano (m)	marsbeboer (m)	['maʂˌbebʊər]
extraterrestre (m)	utenomjordisk vesen (n)	['ʉtənɔmˌjuːrdisk 'vesən]

alienígena (m)	romvesen (n)	['rʊmˌvesən]
disco (m) voador	flygende tallerken (m)	['flygenə tɑ'lærkən]
nave (f) espacial	romskip (n)	['rʊmˌʂip]
estação (f) orbital	romstasjon (m)	['rʊmˌstɑ'ʂʊn]
lançamento (m)	start (m), oppskyting (m/f)	['stɑːt], ['ɔpˌʂytiŋ]
motor (m)	motor (m)	['mɔtʊr]
bocal (m)	dyse (m)	['dysə]
combustível (m)	brensel (n), drivstoff (n)	['brɛnsəl], ['drifˌstɔf]
cabine (f)	cockpit (m), flydekk (n)	['kɔkpit], ['flyˌdɛk]
antena (f)	antenne (m)	[ɑn'tɛnə]
vigia (f)	koøye (n)	['kuˌøjə]
bateria (f) solar	solbatteri (n)	['sʊl batɛ'ri]
traje (m) espacial	romdrakt (m/f)	['rʊmˌdrɑkt]
imponderabilidade (f)	vektløshet (m/f)	['vɛktløsˌhet]
oxigénio (m)	oksygen (n)	['ɔksy'gen]
acoplagem (f)	dokking (m/f)	['dɔkiŋ]
fazer uma acoplagem	å dokke	[ɔ 'dɔkə]
observatório (m)	observatorium (n)	[ɔbsərvɑ'tʊrium]
telescópio (m)	teleskop (n)	[tele'skʊp]
observar (vt)	å observere	[ɔ ɔbsɛr'verə]
explorar (vt)	å utforske	[ɔ 'ʉtˌføʂkə]

196. A Terra

Terra (f)	Jorden	['juːrən]
globo terrestre (Terra)	jordklode (m)	['juːrˌklodə]
planeta (m)	planet (m)	[plɑ'net]
atmosfera (f)	atmosfære (m)	[atmʊ'sfærə]
geografia (f)	geografi (m)	[geʊgrɑ'fi]
natureza (f)	natur (m)	[nɑ'tʉr]
globo (mapa esférico)	globus (m)	['globʉs]
mapa (m)	kart (n)	['kɑːt]
atlas (m)	atlas (n)	['ɑtlɑs]
Europa (f)	Europa	[ɛʉ'rʊpɑ]
Ásia (f)	Asia	['ɑsiɑ]
África (f)	Afrika	['ɑfrikɑ]
Austrália (f)	Australia	[aʉ'strɑliɑ]
América (f)	Amerika	[a'merikɑ]
América (f) do Norte	Nord-Amerika	['nʊːr a'merikɑ]
América (f) do Sul	Sør-Amerika	['sør a'merikɑ]
Antártida (f)	Antarktis	[ɑn'tɑrktis]
Ártico (m)	Arktis	['ɑrktis]

197. Pontos cardeais

norte (m)	nord (n)	['nuːr]
para norte	mot nord	[mʉt 'nuːr]
no norte	i nord	[i 'nʉːr]
do norte	nordlig	['nuːrli]

sul (m)	syd, sør	['syd], ['sør]
para sul	mot sør	[mʉt 'sør]
no sul	i sør	[i 'sør]
do sul	sydlig, sørlig	['sydli], ['søːli]

oeste, ocidente (m)	vest (m)	['vɛst]
para oeste	mot vest	[mʉt 'vɛst]
no oeste	i vest	[i 'vɛst]
ocidental	vestlig, vest-	['vɛstli]

leste, oriente (m)	øst (m)	['øst]
para leste	mot øst	[mʉt 'øst]
no leste	i øst	[i 'øst]
oriental	østlig	['østli]

198. Mar. Oceano

mar (m)	hav (n)	['hav]
oceano (m)	verdenshav (n)	[værdəns'hav]
golfo (m)	bukt (m/f)	['bʉkt]
estreito (m)	sund (n)	['sʉn]

terra (f) firme	fastland (n)	['fast‚lan]
continente (m)	fastland, kontinent (n)	['fast‚lan], [kʉnti'nɛnt]
ilha (f)	øy (m/f)	['øj]
península (f)	halvøy (m/f)	['hal‚øːj]
arquipélago (m)	skjærgård (m), arkipelag (n)	['şær‚gor], [arkipe'lag]

baía (f)	bukt (m/f)	['bʉkt]
porto (m)	havn (m/f)	['havn]
lagoa (f)	lagune (m)	[la'gʉnə]
cabo (m)	nes (n), kapp (n)	['nes], ['kap]

atol (m)	atoll (m)	[a'tɔl]
recife (m)	rev (n)	['rev]
coral (m)	korall (m)	[kʉ'ral]
recife (m) de coral	korallrev (n)	[kʉ'ral‚rev]

profundo	dyp	['dyp]
profundidade (f)	dybde (m)	['dybdə]
abismo (m)	avgrunn (m)	['av‚grʉn]
fossa (f) oceânica	dyphavsgrop (m/f)	['dyphafs‚grɔp]

corrente (f)	strøm (m)	['strøm]
banhar (vt)	å omgi	[ɔ 'ɔm‚ji]
litoral (m)	kyst (m)	['çyst]

costa (f)	kyst (m)	['çyst]
maré (f) alta	flo (m/f)	['flu]
refluxo (m), maré (f) baixa	ebbe (m), fjære (m/f)	['ɛbə], ['fjærə]
restinga (f)	sandbanke (m)	['san,bankə]
fundo (m)	bunn (m)	['bʉn]
onda (f)	bølge (m)	['bølgə]
crista (f) da onda	bølgekam (m)	['bølgə,kam]
espuma (f)	skum (n)	['skʉm]
tempestade (f)	storm (m)	['stɔrm]
furacão (m)	orkan (m)	[ɔr'kan]
tsunami (m)	tsunami (m)	[tsʉ'nami]
calmaria (f)	stille (m/f)	['stilə]
calmo	stille	['stilə]
polo (m)	pol (m)	['pʉl]
polar	pol-, polar	['pʉl-], [pʉ'lar]
latitude (f)	bredde, latitude (m)	['brɛdə], ['lati,tʉdə]
longitude (f)	lengde (m/f)	['leŋdə]
paralela (f)	breddegrad (m)	['brɛdə,grad]
equador (m)	ekvator (m)	[ɛ'kvatʉr]
céu (m)	himmel (m)	['himəl]
horizonte (m)	horisont (m)	[hʉri'sɔnt]
ar (m)	luft (f)	['lʉft]
farol (m)	fyr (n)	['fyr]
mergulhar (vi)	å dykke	[ɔ 'dʏkə]
afundar-se (vr)	å synke	[ɔ 'sʏnkə]
tesouros (m pl)	skatter (m pl)	['skatər]

199. Nomes de Mares e Oceanos

Oceano (m) Atlântico	Atlanterhavet	[at'lantər,have]
Oceano (m) Índico	Indiahavet	['india,have]
Oceano (m) Pacífico	Stillehavet	['stilə,have]
Oceano (m) Ártico	Polhavet	['pɔl,have]
Mar (m) Negro	Svartehavet	['svaːtə,have]
Mar (m) Vermelho	Rødehavet	['rødə,have]
Mar (m) Amarelo	Gulehavet	['gʉlə,have]
Mar (m) Branco	Kvitsjøen, Hvitehavet	['kvit,ʂøːn], ['vit,have]
Mar (m) Cáspio	Kaspihavet	['kaspi,have]
Mar (m) Morto	Dødehavet	['dødə'have]
Mar (m) Mediterrâneo	Middelhavet	['midəl,have]
Mar (m) Egeu	Egeerhavet	[ɛ'geːər,have]
Mar (m) Adriático	Adriahavet	['adria,have]
Mar (m) Arábico	Arabiahavet	[a'rabia,have]
Mar (m) do Japão	Japanhavet	['japan,have]

| Mar (m) de Bering | Beringhavet | ['beriŋ,have] |
| Mar (m) da China Meridional | Sør-Kina-havet | ['sør,çina 'have] |

Mar (m) de Coral	Korallhavet	[kʊ'ral,have]
Mar (m) de Tasman	Tasmanhavet	[tas'man,have]
Mar (m) do Caribe	Karibhavet	[ka'rib,have]

| Mar (m) de Barents | Barentshavet | ['barɛns,have] |
| Mar (m) de Kara | Karahavet | ['kara,have] |

Mar (m) do Norte	Nordsjøen	['nʊːr,ʂøːn]
Mar (m) Báltico	Østersjøen	['øste,ʂøːn]
Mar (m) da Noruega	Norskehavet	['nɔʂkə,have]

200. Montanhas

montanha (f)	fjell (n)	['fjɛl]
cordilheira (f)	fjellkjede (m)	['fjɛl,çɛːdə]
serra (f)	fjellrygg (m)	['fjɛl,rʏg]

cume (m)	topp (m)	['tɔp]
pico (m)	tind (m)	['tin]
sopé (m)	fot (m)	['fʊt]
declive (m)	skråning (m)	['skrɔniŋ]

vulcão (m)	vulkan (m)	[vʉl'kan]
vulcão (m) ativo	virksom vulkan (m)	['virksɔm vʉl'kan]
vulcão (m) extinto	utslukt vulkan (m)	['ʉt,ʂlʉkt vʉl'kan]

erupção (f)	utbrudd (n)	['ʉt,brʉd]
cratera (f)	krater (n)	['kratər]
magma (m)	magma (m/n)	['magma]
lava (f)	lava (m)	['lava]
fundido (lava ~a)	glødende	['glødenə]

desfiladeiro (m)	canyon (m)	['kanjən]
garganta (f)	gjel (n), kløft (m)	['jel], ['klœft]
fenda (f)	renne (m/f)	['rɛnə]
precipício (m)	avgrunn (m)	['av,grʉn]

passo, colo (m)	pass (n)	['pas]
planalto (m)	platå (n)	[pla'to]
falésia (f)	klippe (m)	['klipə]
colina (f)	ås (m)	['ɔs]

glaciar (m)	bre, jøkel (m)	['bre], ['jøkəl]
queda (f) d'água	foss (m)	['fɔs]
géiser (m)	geysir (m)	['gɛjsir]
lago (m)	innsjø (m)	['in'ʂø]

planície (f)	slette (m/f)	['ʂletə]
paisagem (f)	landskap (n)	['lan,skap]
eco (m)	ekko (n)	['ɛkʊ]
alpinista (m)	alpinist (m)	[alpi'nist]

escalador (m)	fjellklatrer (m)	['fjɛl,klatrər]
conquistar (vt)	å erobre	[ɔ ɛ'rʊbrə]
subida, escalada (f)	bestigning (m/f)	[be'stigniŋ]

201. Nomes de montanhas

Alpes (m pl)	Alpene	['alpenə]
monte Branco (m)	Mont Blanc	[,mɔn'blan]
Pirineus (m pl)	Pyreneene	[pyre'neːənə]
Cárpatos (m pl)	Karpatene	[kar'patenə]
montes (m pl) Urais	Uralfjellene	[ʉ'ral ,fjɛlenə]
Cáucaso (m)	Kaukasus	['kaʊkasʉs]
Elbrus (m)	Elbrus	[ɛl'brʉs]
Altai (m)	Altaj	[al'taj]
Tian Shan (m)	Tien Shan	[ti'en,san]
Pamir (m)	Pamir	[pa'mir]
Himalaias (m pl)	Himalaya	[hima'laja]
monte (m) Everest	Everest	['ɛve'rɛst]
Cordilheira (f) dos Andes	Andes	['andəs]
Kilimanjaro (m)	Kilimanjaro	[kiliman'dʂarʊ]

202. Rios

rio (m)	elv (m/f)	['ɛlv]
fonte, nascente (f)	kilde (m)	['çildə]
leito (m) do rio	elveleie (n)	['ɛlvə,læjə]
bacia (f)	flodbasseng (n)	['flʊd ba,seŋ]
desaguar no …	å munne ut …	[ɔ 'mʉnə ʉt …]
afluente (m)	bielv (m/f)	['bi,elv]
margem (do rio)	bredd (m)	['brɛd]
corrente (f)	strøm (m)	['strøm]
rio abaixo	medstrøms	['me,strøms]
rio acima	motstrøms	['mʊt,strøms]
inundação (f)	oversvømmelse (m)	['ovə,svœmelsə]
cheia (f)	flom (m)	['flɔm]
transbordar (vi)	å overflø	[ɔ 'ovər,flø]
inundar (vt)	å oversvømme	[ɔ 'ovə,svœmə]
banco (m) de areia	grunne (m/f)	['grʉnə]
rápidos (m pl)	stryk (m/n)	['stryk]
barragem (f)	demning (m)	['dɛmniŋ]
canal (m)	kanal (m)	[ka'nal]
reservatório (m) de água	reservoar (n)	[resɛrvʊ'ar]
eclusa (f)	sluse (m)	['ʂlʉsə]
corpo (m) de água	vannmasse (m)	['van,masə]

pântano (m)	myr, sump (m)	['myr], ['sʉmp]
tremedal (m)	hengemyr (m)	['hɛŋeˌmyr]
remoinho (m)	virvel (m)	['virvəl]

arroio, regato (m)	bekk (m)	['bɛk]
potável	drikke-	['drikə-]
doce (água)	fersk-	['fæʂk-]

gelo (m)	is (m)	['is]
congelar-se (vr)	å fryse til	[ɔ 'frysə til]

203. Nomes de rios

rio Sena (m)	Seine	['sɛːn]
rio Loire (m)	Loire	[lu'ɑːr]

rio Tamisa (m)	Themsen	['tɛmsən]
rio Reno (m)	Rhinen	['riːnən]
rio Danúbio (m)	Donau	['dɔnaʉ]

rio Volga (m)	Volga	['vɔlga]
rio Don (m)	Don	['dɔn]
rio Lena (m)	Lena	['lenɑ]

rio Amarelo (m)	Huang He	[ˌhwɑn'hɛ]
rio Yangtzé (m)	Yangtze	['jaŋtse]
rio Mekong (m)	Mekong	[me'kɔŋ]
rio Ganges (m)	Ganges	['gaŋes]

rio Nilo (m)	Nilen	['nilən]
rio Congo (m)	Kongo	['kɔŋgʉ]
rio Cubango (m)	Okavango	[ʉka'vangʉ]
rio Zambeze (m)	Zambezi	[sam'besi]
rio Limpopo (m)	Limpopo	[limpɔ'pɔ]
rio Mississípi (m)	Mississippi	['misi'sipi]

204. Floresta

floresta (f), bosque (m)	skog (m)	['skʉg]
florestal	skog-	['skʉg-]

mata (f) cerrada	tett skog (n)	['tɛt ˌskʉg]
arvoredo (m)	lund (m)	['lʉn]
clareira (f)	glenne (m/f)	['glenə]

matagal (m)	krattskog (m)	['krɑtˌskʉg]
mato (m)	kratt (n)	['krɑt]

vereda (f)	sti (m)	['sti]
ravina (f)	ravine (m)	[ra'vinə]
árvore (f)	tre (n)	['trɛ]
folha (f)	blad (n)	['blɑ]

folhagem (f)	løv (n)	['løv]
queda (f) das folhas	løvfall (n)	['løv,fɑl]
cair (vi)	å falle	[ɔ 'fɑlə]
topo (m)	tretopp (m)	['trɛ,tɔp]

ramo (m)	kvist, gren (m)	['kvist], ['gren]
galho (m)	gren, grein (m/f)	['gren], ['græjn]
botão, rebento (m)	knopp (m)	['knɔp]
agulha (f)	nål (m/f)	['nɔl]
pinha (f)	kongle (m/f)	['kuŋlə]

buraco (m) de árvore	trehull (n)	['trɛ,hul]
ninho (m)	reir (n)	['ræjr]
toca (f)	hule (m/f)	['hulə]

tronco (m)	stamme (m)	['stɑmə]
raiz (f)	rot (m/f)	['rut]
casca (f) de árvore	bark (m)	['bɑrk]
musgo (m)	mose (m)	['musə]

arrancar pela raiz	å rykke opp med roten	[ɔ 'rʏkə ɔp me 'rutən]
cortar (vt)	å felle	[ɔ 'fɛlə]
desflorestar (vt)	å hogge ned	[ɔ 'hɔgə 'ne]
toco, cepo (m)	stubbe (m)	['stubə]

fogueira (f)	bål (n)	['bɔl]
incêndio (m) florestal	skogbrann (m)	['skug,brɑn]
apagar (vt)	å slokke	[ɔ 'ʂløkə]

guarda-florestal (m)	skogvokter (m)	['skug,vɔktər]
proteção (f)	vern (n), beskyttelse (m)	['væːɳ], ['be'ʂytəlsə]
proteger (a natureza)	å beskytte	[ɔ be'ʂytə]
caçador (m) furtivo	tyvskytter (m)	['tyf,ʂytər]
armadilha (f)	saks (m/f)	['sɑks]

| colher (cogumelos, bagas) | å plukke | [ɔ 'plukə] |
| perder-se (vr) | å gå seg vill | [ɔ 'gɔ sæj 'vil] |

205. Recursos naturais

recursos (m pl) naturais	naturressurser (m pl)	[nɑ'tur rɛ'suʂər]
minerais (m pl)	mineraler (n pl)	[minə'rɑlər]
depósitos (m pl)	forekomster (m pl)	['forə,kɔmstər]
jazida (f)	felt (m)	['fɛlt]

extrair (vt)	å utvinne	[ɔ 'ut,vinə]
extração (f)	utvinning (m/f)	['ut,viniŋ]
minério (m)	malm (m)	['mɑlm]
mina (f)	gruve (m/f)	['gruvə]
poço (m) de mina	gruvesjakt (m/f)	['gruvə,ʂɑkt]
mineiro (m)	gruvearbeider (m)	['gruvə'ɑr,bæjdər]

| gás (m) | gass (m) | ['gɑs] |
| gasoduto (m) | gassledning (m) | ['gɑs,ledniŋ] |

petróleo (m)	olje (m)	['ɔljə]
oleoduto (m)	oljeledning (m)	['ɔljə‚lednɪŋ]
poço (m) de petróleo	oljebrønn (m)	['ɔljə‚brœn]
torre (f) petrolífera	boretårn (n)	['boːrə‚toːn]
petroleiro (m)	tankskip (n)	['tɑnk‚ʂip]

areia (f)	sand (m)	['sɑn]
calcário (m)	kalkstein (m)	['kɑlk‚stæjn]
cascalho (m)	grus (m)	['grʉs]
turfa (f)	torv (m/f)	['tɔrv]
argila (f)	leir (n)	['læjr]
carvão (m)	kull (n)	['kʉl]

ferro (m)	jern (n)	['jæːn]
ouro (m)	gull (n)	['gʉl]
prata (f)	sølv (n)	['søl]
níquel (m)	nikkel (m)	['nikəl]
cobre (m)	kobber (n)	['kɔbər]

zinco (m)	sink (m/n)	['sink]
manganês (m)	mangan (m/n)	[mɑ'ŋɑn]
mercúrio (m)	kvikksølv (n)	['kvik‚søl]
chumbo (m)	bly (n)	['bly]

mineral (m)	mineral (n)	[minə'rɑl]
cristal (m)	krystall (m/n)	[kry'stɑl]
mármore (m)	marmor (m/n)	['mɑrmʉr]
urânio (m)	uran (m/n)	[ʉ'rɑn]

A Terra. Parte 2

206. Tempo

tempo (m)	vær (n)	['vær]
previsão (f) do tempo	værvarsel (n)	['vær,vɑşəl]
temperatura (f)	temperatur (m)	[tɛmpərɑ'tʉr]
termómetro (m)	termometer (n)	[tɛrmʉ'metər]
barómetro (m)	barometer (n)	[barʉ'metər]
húmido	fuktig	['fʉkti]
humidade (f)	fuktighet (m)	['fʉkti,het]
calor (m)	hete (m)	['he:tə]
cálido	het	['het]
está muito calor	det er hett	[de ær 'het]
está calor	det er varmt	[de ær 'vɑrmt]
quente	varm	['vɑrm]
está frio	det er kaldt	[de ær 'kɑlt]
frio	kald	['kɑl]
sol (m)	sol (m/f)	['sʉl]
brilhar (vi)	å skinne	[ɔ 'şinə]
de sol, ensolarado	solrik	['sʉl,rik]
nascer (vi)	å gå opp	[ɔ 'gɔ ɔp]
pôr-se (vr)	å gå ned	[ɔ 'gɔ ne]
nuvem (f)	sky (m)	['şy]
nublado	skyet	['şy:ət]
nuvem (f) preta	regnsky (m/f)	['ræjn,şy]
escuro, cinzento	mørk	['mœrk]
chuva (f)	regn (n)	['ræjn]
está a chover	det regner	[de 'ræjnər]
chuvoso	regnværs-	['ræjn,væş-]
chuviscar (vi)	å småregne	[ɔ 'smo:ræjnə]
chuva (f) torrencial	piskende regn (n)	['piskenə ,ræjn]
chuvada (f)	styrtregn (n)	['sty:t,ræjn]
forte (chuva)	kraftig, sterk	['krɑfti], ['stærk]
poça (f)	vannpytt (m)	['vɑn,pyt]
molhar-se (vr)	å bli våt	[ɔ 'bli 'vɔt]
nevoeiro (m)	tåke (m/f)	['to:kə]
de nevoeiro	tåke	['to:kə]
neve (f)	snø (m)	['snø]
está a nevar	det snør	[de 'snør]

207. Tempo extremo. Catástrofes naturais

trovoada (f)	tordenvær (n)	['tʊrdən‚vær]
relâmpago (m)	lyn (n)	['lyn]
relampejar (vi)	å glimte	[ɔ 'glimtə]
trovão (m)	torden (m)	['tʊrdən]
trovejar (vi)	å tordne	[ɔ 'tʊrdnə]
está a trovejar	det tordner	[de 'tʊrdnər]
granizo (m)	hagle (m/f)	['haglə]
está a cair granizo	det hagler	[de 'haglər]
inundar (vt)	å oversvømme	[ɔ 'ɔvə‚svœmə]
inundação (f)	oversvømmelse (m)	['ɔvə‚svœməlsə]
terremoto (m)	jordskjelv (n)	['juːr‚sɛlv]
abalo, tremor (m)	skjelv (n)	['sɛlv]
epicentro (m)	episenter (n)	[ɛpi'sɛntər]
erupção (f)	utbrudd (n)	['ʉt‚brʉd]
lava (f)	lava (m)	['lava]
turbilhão (m)	skypumpe (m/f)	['sy‚pʉmpə]
tornado (m)	tornado (m)	[tʊː'ŋadʉ]
tufão (m)	tyfon (m)	[ty'fʊn]
furacão (m)	orkan (m)	[ɔr'kan]
tempestade (f)	storm (m)	['stɔrm]
tsunami (m)	tsunami (m)	[tsʉ'nami]
ciclone (m)	syklon (m)	[sy'klun]
mau tempo (m)	uvær (n)	['ʉː‚vær]
incêndio (m)	brann (m)	['bran]
catástrofe (f)	katastrofe (m)	[kata'strɔfə]
meteorito (m)	meteoritt (m)	[meteʉ'rit]
avalanche (f)	lavine (m)	[la'vinə]
deslizamento (m) de neve	snøskred, snøras (n)	['snø‚skred], ['snøras]
nevasca (f)	snøstorm (m)	['snø‚stɔrm]
tempestade (f) de neve	snøstorm (m)	['snø‚stɔrm]

208. Ruídos. Sons

silêncio (m)	stillhet (m/f)	['stil‚het]
som (m)	lyd (m)	['lyd]
ruído, barulho (m)	støy (m)	['støj]
fazer barulho	å støye	[ɔ 'støjə]
ruidoso, barulhento	støyende	['støjənə]
alto (adv)	høylytt	['højlʏt]
alto (adj)	høy	['høj]
constante (ruído, etc.)	konstant	[kʊn'stant]

grito (m)	skrik (n)	['skrik]
gritar (vi)	å skrike	[ɔ 'skrikə]
sussurro (m)	hvisking (m/f)	['viskiŋ]
sussurrar (vt)	å hviske	[ɔ 'viskə]

| latido (m) | gjøing (m/f) | ['jøːiŋ] |
| latir (vi) | å gjø | [ɔ 'jø] |

gemido (m)	stønn (n)	['stœn]
gemer (vi)	å stønne	[ɔ 'stœnə]
tosse (f)	hoste (m)	['hʉstə]
tossir (vi)	å hoste	[ɔ 'hʉstə]

assobio (m)	plystring (m/f)	['plʏstriŋ]
assobiar (vi)	å plystre	[ɔ 'plʏstrə]
batida (f)	knakk (m/n)	['knɑk]
bater (vi)	å knakke	[ɔ 'knɑkə]

| estalar (vi) | å knake | [ɔ 'knɑkə] |
| estalido (m) | knak (n) | ['knɑk] |

sirene (f)	sirene (m/f)	[si'renə]
apito (m)	fløyte (m/f)	['fløjtə]
apitar (vi)	å tute	[ɔ 'tʉtə]
buzina (f)	tut (n)	['tʉt]
buzinar (vi)	å tute	[ɔ 'tʉtə]

209. Inverno

inverno (m)	vinter (m)	['vintər]
de inverno	vinter-	['vintər-]
no inverno	om vinteren	[ɔm 'vinterən]

neve (f)	snø (m)	['snø]
está a nevar	det snør	[de 'snør]
queda (f) de neve	snøfall (n)	['snø‚fal]
amontoado (m) de neve	snødrive (m/f)	['snø‚drivə]

floco (m) de neve	snøfnugg (n)	['snø‚fnʉg]
bola (f) de neve	snøball (m)	['snø‚bal]
boneco (m) de neve	snømann (m)	['snø‚man]
sincelo (m)	istapp (m)	['is‚tap]

dezembro (m)	desember (m)	[de'sɛmbər]
janeiro (m)	januar (m)	['janʉ‚ar]
fevereiro (m)	februar (m)	['febrʉ‚ar]

| gelo (m) | frost (m/f) | ['frɔst] |
| gelado, glacial | frost | ['frɔst] |

abaixo de zero	under null	['ʉnər nʉl]
geada (f)	lett frost (m)	['let 'frɔst]
geada (f) branca	rimfrost (m)	['rim‚frɔst]
frio (m)	kulde (m/f)	['kʉlə]

está frio	**det er kaldt**	[de ær 'kɑlt]
casaco (m) de peles	**pels** (m)**, pelskåpe** (m/f)	['pɛls], ['pɛlsˌkoːpə]
mitenes (f pl)	**votter** (m pl)	['vɔtər]
adoecer (vi)	**å bli syk**	[ɔ 'bli 'syk]
constipação (f)	**forkjølelse** (m)	[fɔr'çœləlsə]
constipar-se (vr)	**å forkjøle seg**	[ɔ fɔr'çœlə sæj]
gelo (m)	**is** (m)	['is]
gelo (m) na estrada	**islag** (n)	['isˌlɑg]
congelar-se (vr)	**å fryse til**	[ɔ 'frysə til]
bloco (m) de gelo	**isflak** (n)	['isˌflɑk]
esqui (m)	**ski** (m/f pl)	['ʂi]
esquiador (m)	**skigåer** (m)	['ʂiˌgoər]
esquiar (vi)	**å gå på ski**	[ɔ 'gɔ pɔ 'ʂi]
patinar (vi)	**å gå på skøyter**	[ɔ 'gɔ pɔ 'ʂøjtər]

Fauna

210. Mamíferos. Predadores

predador (m)	rovdyr (n)	['rɔvˌdyr]
tigre (m)	tiger (m)	['tigər]
leão (m)	løve (m/f)	['løve]
lobo (m)	ulv (m)	['ʉlv]
raposa (f)	rev (m)	['rev]
jaguar (m)	jaguar (m)	[jagʉ'ar]
leopardo (m)	leopard (m)	[leʉ'pard]
chita (f)	gepard (m)	[ge'pard]
pantera (f)	panter (m)	['pantər]
puma (m)	puma (m)	['pʉma]
leopardo-das-neves (m)	snøleopard (m)	['snø leʉ'pard]
lince (m)	gaupe (m/f)	['gaʉpə]
coiote (m)	coyote, prærieulv (m)	[kɔ'jotə], ['præriˌʉlv]
chacal (m)	sjakal (m)	[ʂa'kal]
hiena (f)	hyene (m)	[hy'enə]

211. Animais selvagens

animal (m)	dyr (n)	['dyr]
besta (f)	best, udyr (n)	['bɛst], ['ʉˌdyr]
esquilo (m)	ekorn (n)	['ɛkʉːn]
ouriço (m)	pinnsvin (n)	['pinˌsvin]
lebre (f)	hare (m)	['harə]
coelho (m)	kanin (m)	[ka'nin]
texugo (m)	grevling (m)	['grɛvliŋ]
guaxinim (m)	vaskebjørn (m)	['vaskəˌbjœːn]
hamster (m)	hamster (m)	['hamstər]
marmota (f)	murmeldyr (n)	['mʉrməlˌdyr]
toupeira (f)	muldvarp (m)	['mʉlˌvarp]
rato (m)	mus (m/f)	['mʉs]
ratazana (f)	rotte (m/f)	['rɔtə]
morcego (m)	flaggermus (m/f)	['flagərˌmʉs]
arminho (m)	røyskatt (m)	['røjskat]
zibelina (f)	sobel (m)	['sʉbəl]
marta (f)	mår (m)	['mɔr]
doninha (f)	snømus (m/f)	['snøˌmʉs]
vison (m)	mink (m)	['mink]

castor (m)	bever (m)	['bevər]
lontra (f)	oter (m)	['ʊtər]
cavalo (m)	hest (m)	['hɛst]
alce (m)	elg (m)	['ɛlg]
veado (m)	hjort (m)	['jɔːt]
camelo (m)	kamel (m)	[ka'mel]
bisão (m)	bison (m)	['bisɔn]
auroque (m)	urokse (m)	['ʉrˌʊksə]
búfalo (m)	bøffel (m)	['bøfəl]
zebra (f)	sebra (m)	['sebra]
antílope (m)	antilope (m)	[anti'lʊpə]
corça (f)	rådyr (n)	['rɔˌdyr]
gamo (m)	dåhjort, dådyr (n)	['dɔˌjɔːt], ['dɔˌdyr]
camurça (f)	gemse (m)	['gɛmsə]
javali (m)	villsvin (n)	['vilˌsvin]
baleia (f)	hval (m)	['val]
foca (f)	sel (m)	['sel]
morsa (f)	hvalross (m)	['valˌrɔs]
urso-marinho (m)	pelssel (m)	['pɛlsˌsel]
golfinho (m)	delfin (m)	[dɛl'fin]
urso (m)	bjørn (m)	['bjœːn̩]
urso (m) branco	isbjørn (m)	['isˌbjœːn̩]
panda (m)	panda (m)	['panda]
macaco (em geral)	ape (m/f)	['ape]
chimpanzé (m)	sjimpanse (m)	[ʂim'pansə]
orangotango (m)	orangutang (m)	[ʊ'raŋgʉˌtaŋ]
gorila (m)	gorilla (m)	[gɔ'rila]
macaco (m)	makak (m)	[ma'kak]
gibão (m)	gibbon (m)	['gibʊn]
elefante (m)	elefant (m)	[ɛle'fant]
rinoceronte (m)	neshorn (n)	['nesˌhʊːn̩]
girafa (f)	sjiraff (m)	[ʂi'raf]
hipopótamo (m)	flodhest (m)	['flʊdˌhɛst]
canguru (m)	kenguru (m)	['kɛŋgʉrʉ]
coala (m)	koala (m)	[kʊ'ala]
mangusto (m)	mangust, mungo (m)	[maŋ'gʉst], ['mʉŋgu]
chinchila (m)	chinchilla (m)	[ʂin'ʂila]
doninha-fedorenta (f)	skunk (m)	['skunk]
porco-espinho (m)	hulepinnsvin (n)	['hʉləˌpinnsvin]

212. Animais domésticos

gata (f)	katt (m)	['kat]
gato (m) macho	hannkatt (m)	['hanˌkat]
cão (m)	hund (m)	['hʉŋ]

cavalo (m)	hest (m)	['hɛst]
garanhão (m)	hingst (m)	['hiŋst]
égua (f)	hoppe, merr (m/f)	['hɔpə], ['mɛr]

vaca (f)	ku (f)	['kʉ]
touro (m)	tyr (m)	['tyr]
boi (m)	okse (m)	['ɔksə]

ovelha (f)	sau (m)	['saʉ]
carneiro (m)	vær, saubukk (m)	['vær], ['saʉˌbʉk]
cabra (f)	geit (m/f)	['jæjt]
bode (m)	geitebukk (m)	['jæjtəˌbʉk]

| burro (m) | esel (n) | ['ɛsəl] |
| mula (f) | muldyr (n) | ['mʉlˌdyr] |

porco (m)	svin (n)	['svin]
leitão (m)	gris (m)	['gris]
coelho (m)	kanin (m)	[ka'nin]

| galinha (f) | høne (m/f) | ['hønə] |
| galo (m) | hane (m) | ['hanə] |

pata (f)	and (m/f)	['an]
pato (macho)	andrik (m)	['andrik]
ganso (m)	gås (m/f)	['gɔs]

| peru (m) | kalkunhane (m) | [kal'kʉnˌhanə] |
| perua (f) | kalkunhøne (m/f) | [kal'kʉnˌhønə] |

animais (m pl) domésticos	husdyr (n pl)	['hʉsˌdyr]
domesticado	tam	['tam]
domesticar (vt)	å temme	[ɔ 'tɛmə]
criar (vt)	å avle, å oppdrette	[ɔ 'avlə], [ɔ 'ɔpˌdrɛtə]

quinta (f)	farm, gård (m)	['farm], ['gɔːr]
aves (f pl) domésticas	fjærfe (n)	['fjærˌfɛ]
gado (m)	kveg (n)	['kvɛg]
rebanho (m), manada (f)	flokk, bøling (m)	['flɔk], ['bøliŋ]

estábulo (m)	stall (m)	['stal]
pocilga (f)	grisehus (n)	['grisəˌhʉs]
estábulo (m)	kufjøs (m/n)	['kuˌfjøs]
coelheira (f)	kaninbur (n)	[ka'ninˌbʉr]
galinheiro (m)	hønsehus (n)	['hønsəˌhʉs]

213. Cães. Raças de cães

cão (m)	hund (m)	['hʉn]
cão pastor (m)	fårehund (m)	['foːrəˌhʉn]
pastor-alemão (m)	schäferhund (m)	['ʂɛfærˌhʉn]
caniche (m)	puddel (m)	['pʉdəl]
teckel (m)	dachshund (m)	['daʂˌhʉn]
buldogue (m)	bulldogg (m)	['bʉlˌdɔg]

boxer (m)	bokser (m)	['bɔksər]
mastim (m)	mastiff (m)	[mɑs'tif]
rottweiler (m)	rottweiler (m)	['rɔt͵væjlər]
dobermann (m)	dobermann (m)	['dɔbermɑn]

basset (m)	basset (m)	['basɛt]
pastor inglês (m)	bobtail (m)	['bɔbtɛjl]
dálmata (m)	dalmatiner (m)	[dɑlmɑ'tinər]
cocker spaniel (m)	cocker spaniel (m)	['kɔker ͵spɑniəl]

| terra-nova (m) | newfoundlandshund (m) | [njʉ'fawnd͵lənds 'hʉn] |
| são-bernardo (m) | sankt bernhardshund (m) | [͵sɑnkt 'bɛːŋɑds͵hʉn] |

husky (m)	husky (m)	['hɑski]
Chow-chow (m)	chihuahua (m)	[ʈʂi'vɑvɑ]
spitz alemão (m)	spisshund (m)	['spis͵hʉn]
carlindogue (m)	mops (m)	['mɔps]

214. Sons produzidos pelos animais

latido (m)	gjøing (m/f)	['jøːiŋ]
latir (vi)	å gjø	[ɔ 'jø]
miar (vi)	å mjaue	[ɔ 'mjaʋe]
ronronar (vi)	å spinne	[ɔ 'spinə]

mugir (vaca)	å raute	[ɔ 'raʋtə]
bramir (touro)	å belje, å brøle	[ɔ 'beljə], [ɔ 'brøle]
rosnar (vi)	å knurre	[ɔ 'knʉrə]

uivo (m)	hyl (n)	['hyl]
uivar (vi)	å hyle	[ɔ 'hylə]
ganir (vi)	å klynke	[ɔ 'klʏnkə]

balir (vi)	å breke	[ɔ 'brekə]
grunhir (porco)	å grynte	[ɔ 'grʏntə]
guinchar (vi)	å hvine	[ɔ 'vinə]

coaxar (sapo)	å kvekke	[ɔ 'kvɛkə]
zumbir (inseto)	å surre	[ɔ 'sʉrə]
estridular, ziziar (vi)	å gnisse	[ɔ 'gnisə]

215. Animais jovens

cria (f), filhote (m)	unge (m)	['ʉŋə]
gatinho (m)	kattunge (m)	['kɑt͵ʉŋə]
ratinho (m)	museunge (m)	['mʉsə͵ʉŋə]
cãozinho (m)	valp (m)	['vɑlp]

filhote (m) de lebre	hareunge (m)	['hɑrə͵ʉŋə]
coelhinho (m)	kaninunge (m)	[kɑ'nin͵ʉŋə]
lobinho (m)	ulvunge (m)	['ʉlv͵ʉŋə]
raposinho (m)	revevalp (m)	['revə͵vɑlp]

ursinho (m)	bjørnunge (m)	['bjœːn̩ʉŋə]
leãozinho (m)	løveunge (m)	['løvəˌʉŋə]
filhote (m) de tigre	tigerunge (m)	['tigərˌʉŋə]
filhote (m) de elefante	elefantunge (m)	[ɛleˈfantˌʉŋə]

leitão (m)	gris (m)	['gris]
bezerro (m)	kalv (m)	['kalv]
cabrito (m)	kje (n), geitekilling (m)	['çe], ['jæjtəˌçiliŋ]
cordeiro (m)	lam (n)	['lam]
cria (f) de veado	hjortekalv (m)	['jɔːʈəˌkalv]
cria (f) de camelo	kamelunge (m)	[kaˈmelˌʉŋə]

| filhote (m) de serpente | slangeyngel (m) | ['ʂlaŋəˌyŋəl] |
| cria (f) de rã | froskeunge (m) | ['frɔskəˌʉŋə] |

cria (f) de ave	fugleunge (m)	['fʉləˌʉŋə]
pinto (m)	kylling (m)	['çyliŋ]
patinho (m)	andunge (m)	['anˌʉŋə]

216. Pássaros

pássaro (m), ave (f)	fugl (m)	['fʉl]
pombo (m)	due (m/f)	['dʉə]
pardal (m)	spurv (m)	['spʉrv]
chapim-real (m)	kjøttmeis (m/f)	['çœtˌmæjs]
pega-rabuda (f)	skjære (m/f)	['ʂæːrə]

corvo (m)	ravn (m)	['ravn]
gralha (f) cinzenta	kråke (m)	['kroːkə]
gralha-de-nuca-cinzenta (f)	kaie (m/f)	['kajə]
gralha-calva (f)	kornkråke (m/f)	['kuːn̩ˌkroːkə]

pato (m)	and (m/f)	['an]
ganso (m)	gås (m/f)	['gɔs]
faisão (m)	fasan (m)	[faˈsan]

águia (f)	ørn (m/f)	['œːn]
açor (m)	hauk (m)	['haʉk]
falcão (m)	falk (m)	['falk]
abutre (m)	gribb (m)	['grib]
condor (m)	kondor (m)	[kʉnˈdʉr]

cisne (m)	svane (m/f)	['svanə]
grou (m)	trane (m/f)	['tranə]
cegonha (f)	stork (m)	['stɔrk]

papagaio (m)	papegøye (m)	[papeˈgøjə]
beija-flor (m)	kolibri (m)	[kʉˈlibri]
pavão (m)	påfugl (m)	['pɔˌfʉl]

avestruz (m)	struts (m)	['strʉts]
garça (f)	hegre (m)	['hæjrə]
flamingo (m)	flamingo (m)	[flaˈmingʉ]
pelicano (m)	pelikan (m)	[peliˈkan]

rouxinol (m)	nattergal (m)	['natər,gal]
andorinha (f)	svale (m/f)	['svalə]

tordo-zornal (m)	trost (m)	['trʊst]
tordo-músico (m)	måltrost (m)	['moːlˌtrʊst]
melro-preto (m)	svarttrost (m)	['svaːˌtrʊst]

andorinhão (m)	tårnseiler (m), tårnsvale (m/f)	['toːn̩ˌsæjlə], ['toːn̩ˌsvalə]
cotovia (f)	lerke (m/f)	['lærkə]
codorna (f)	vaktel (m)	['vaktəl]

pica-pau (m)	hakkespett (m)	['hakəˌspɛt]
cuco (m)	gjøk, gauk (m)	['jøk], ['gaʊk]
coruja (f)	ugle (m/f)	['ʉglə]
corujão, bufo (m)	hubro (m)	['hʉbrʊ]
tetraz-grande (m)	storfugl (m)	['stʊrˌfʉl]
tetraz-lira (m)	orrfugl (m)	['ɔrˌfʉl]
perdiz-cinzenta (f)	rapphøne (m/f)	['rapˌhønə]

estorninho (m)	stær (m)	['stær]
canário (m)	kanarifugl (m)	[ka'nariˌfʉl]
galinha-do-mato (f)	jerpe (m/f)	['jærpə]
tentilhão (m)	bokfink (m)	['bʊkˌfink]
dom-fafe (m)	dompap (m)	['dʊmpap]

gaivota (f)	måke (m/f)	['moːkə]
albatroz (m)	albatross (m)	['albaˌtrɔs]
pinguim (m)	pingvin (m)	[piŋ'vin]

217. Pássaros. Canto e sons

cantar (vi)	å synge	[ɔ 'syŋə]
gritar (vi)	å skrike	[ɔ 'skrikə]
cantar (o galo)	å gale	[ɔ 'galə]
cocorocó (m)	kykeliky	[kykəli'kyː]

cacarejar (vi)	å kakle	[ɔ 'kaklə]
crocitar (vi)	å krae	[ɔ 'kraə]
grasnar (vi)	å snadre, å rappe	[ɔ 'snadrə], [ɔ 'rapə]
piar (vi)	å pipe	[ɔ 'pipə]
chilrear, gorjear (vi)	å kvitre	[ɔ 'kvitrə]

218. Peixes. Animais marinhos

brema (f)	brasme (m/f)	['brasmə]
carpa (f)	karpe (m)	['karpə]
perca (f)	åbor (m)	['obɔr]
siluro (m)	malle (m)	['malə]
lúcio (m)	gjedde (m/f)	['jɛdə]

salmão (m)	laks (m)	['laks]
esturjão (m)	stør (m)	['stør]

arenque (m)	sild (m/f)	['sil]
salmão (m)	atlanterhavslaks (m)	[at'lantərhafs‚laks]
cavala, sarda (f)	makrell (m)	[ma'krɛl]
solha (f)	rødspette (m/f)	['rø‚spɛtə]

lúcio perca (m)	gjørs (m)	['jøːʂ]
bacalhau (m)	torsk (m)	['tɔʂk]
atum (m)	tunfisk (m)	['tʉn‚fisk]
truta (f)	ørret (m)	['øret]

enguia (f)	ål (m)	['ɔl]
raia elétrica (f)	elektrisk rokke (m/f)	[ɛ'lektrisk ‚rɔkə]
moreia (f)	murene (m)	[mʉ'rɛnə]
piranha (f)	piraja (m)	[pi'raja]

tubarão (m)	hai (m)	['haj]
golfinho (m)	delfin (m)	[dɛl'fin]
baleia (f)	hval (m)	['val]

caranguejo (m)	krabbe (m)	['krabə]
medusa, alforreca (f)	manet (m/f), meduse (m)	['manet], [me'dʉsə]
polvo (m)	blekksprut (m)	['blek‚sprʉt]

estrela-do-mar (f)	sjøstjerne (m/f)	['ʂø‚stjæːŋə]
ouriço-do-mar (m)	sjøpinnsvin (n)	['ʂøː'pin‚svin]
cavalo-marinho (m)	sjøhest (m)	['ʂø‚hɛst]

ostra (f)	østers (m)	['østəʂ]
camarão (m)	reke (m/f)	['rekə]
lavagante (m)	hummer (m)	['hʉmər]
lagosta (f)	langust (m)	[laŋ'gʉst]

219. Amfíbios. Répteis

serpente, cobra (f)	slange (m)	['ʂlaŋə]
venenoso	giftig	['jifti]

víbora (f)	hoggorm, huggorm (m)	['hʉg‚ɔrm], ['hʉg‚ɔrm]
cobra-capelo, naja (f)	kobra (m)	['kʉbra]
pitão (m)	pyton (m)	['pytɔn]
jiboia (f)	boaslange (m)	['bɔɑ‚slaŋə]

cobra-de-água (f)	snok (m)	['snʉk]
cascavel (f)	klapperslange (m)	['klapə‚slaŋə]
anaconda (f)	anakonda (m)	[ana'kɔnda]

lagarto (m)	øgle (m/f)	['øglə]
iguana (f)	iguan (m)	[igʉ'an]
varano (m)	varan (n)	[va'ran]
salamandra (f)	salamander (m)	[sala'mandər]
camaleão (m)	kameleon (m)	[kamələ'ʉn]
escorpião (m)	skorpion (m)	[skɔrpi'ʉn]
tartaruga (f)	skilpadde (m/f)	['ʂil‚padə]
rã (f)	frosk (m)	['frɔsk]

| sapo (m) | padde (m/f) | ['padə] |
| crocodilo (m) | krokodille (m) | [krʊkə'dilə] |

220. Insetos

inseto (m)	insekt (n)	['insɛkt]
borboleta (f)	sommerfugl (m)	['sɔmər,fʉl]
formiga (f)	maur (m)	['maʊr]
mosca (f)	flue (m/f)	['flʉə]
mosquito (m)	mygg (m)	['mʏg]
escaravelho (m)	bille (m)	['bilə]

vespa (f)	veps (m)	['vɛps]
abelha (f)	bie (m/f)	['biə]
mamangava (f)	humle (m/f)	['hʉmlə]
moscardo (m)	brems (m)	['brɛms]

| aranha (f) | edderkopp (m) | ['ɛdər,kɔp] |
| teia (f) de aranha | edderkoppnett (n) | ['ɛdərkɔp,nɛt] |

libélula (f)	øyenstikker (m)	['øjən,stikər]
gafanhoto-do-campo (m)	gresshoppe (m/f)	['grɛs,hɔpə]
traça (f)	nattsvermer (m)	['nat,sværmər]

barata (f)	kakerlakk (m)	[kakə'lak]
carraça (f)	flått, midd (m)	['flɔt], ['mid]
pulga (f)	loppe (f)	['lɔpə]
borrachudo (m)	knott (m)	['knɔt]

gafanhoto (m)	vandgresshoppe (m/f)	['van 'grɛs,hɔpə]
caracol (m)	snegl (m)	['snæjl]
grilo (m)	siriss (m)	['si,ris]
pirilampo (m)	ildflue (m/f), lysbille (m)	['il,flʉə], ['lys,bilə]
joaninha (f)	marihøne (m/f)	['mari,hønə]
besouro (m)	oldenborre (f)	['ɔldən,bɔrə]

sanguessuga (f)	igle (m/f)	['iglə]
lagarta (f)	sommerfugllarve (m/f)	['sɔmərfʉl,larvə]
minhoca (f)	meitemark (m)	['mæjtə,mark]
larva (f)	larve (m/f)	['larvə]

221. Animais. Partes do corpo

bico (m)	nebb (n)	['nɛb]
asas (f pl)	vinger (m pl)	['viŋər]
pata (f)	fot (m)	['fʉt]
plumagem (f)	fjærdrakt (m/f)	['fjær,drakt]
pena, pluma (f)	fjær (m/f)	['fjær]
crista (f)	fjærtopp (m)	['fjæ:tɔp]

| brânquias, guelras (f pl) | gjeller (m/f pl) | ['jɛlər] |
| ovas (f pl) | rogn (m/f) | ['rɔŋn] |

larva (f)	larve (m/f)	['lɑrvə]
barbatana (f)	finne (m)	['finə]
escama (f)	skjell (n)	['ʂɛl]

canino (m)	hoggtann (m/f)	['hɔg,tɑn]
pata (f)	pote (m)	['poːtə]
focinho (m)	snute (m/f)	['snʉtə]
boca (f)	kjeft (m)	['çɛft]
cauda (f), rabo (m)	hale (m)	['hɑlə]
bigodes (m pl)	værhår (n)	['vær,hɔr]

| casco (m) | klov, hov (m) | ['klɔv], ['hɔv] |
| corno (m) | horn (n) | ['hʊːɳ] |

carapaça (f)	ryggskjold (n)	['rʏg,ʂɔl]
concha (f)	skall (n)	['skɑl]
casca (f) de ovo	eggeskall (n)	['ɛgə,skɑl]

| pelo (m) | pels (m) | ['pɛls] |
| pele (f), couro (m) | skinn (n) | ['ʂin] |

222. Ações dos animais

| voar (vi) | å fly | [ɔ 'fly] |
| dar voltas | å kretse | [ɔ 'krɛtsə] |

| voar (para longe) | å fly bort | [ɔ 'fly ˌbuːt] |
| bater as asas | å flakse | [ɔ 'flɑksə] |

| bicar (vi) | å pikke | [ɔ 'pikə] |
| incubar (vt) | å ruge på eggene | [ɔ 'rʉgə pɔ 'ɛgenə] |

| sair do ovo | å klekkes | [ɔ 'klekəs] |
| fazer o ninho | å bygge reir | [ɔ 'bʏgə 'ræir] |

rastejar (vi)	å krype	[ɔ 'krypə]
picar (vt)	å stikke	[ɔ 'stikə]
morder (vt)	å bite	[ɔ 'bitə]

cheirar (vt)	å snuse	[ɔ 'snʉsə]
latir (vi)	å gjø	[ɔ 'jø]
silvar (vi)	å hvese	[ɔ 'vesə]

| assustar (vt) | å skremme | [ɔ 'skrɛmə] |
| atacar (vt) | å overfalle | [ɔ 'ɔvər,fɑlə] |

roer (vt)	å gnage	[ɔ 'gnɑgə]
arranhar (vt)	å klore	[ɔ 'klɔrə]
esconder-se (vr)	å gjemme seg	[ɔ 'jɛmə sæj]

brincar (vi)	å leke	[ɔ 'lekə]
caçar (vi)	å jage	[ɔ 'jagə]
hibernar (vi)	å ligge i dvale	[ɔ 'ligə i 'dvɑlə]
extinguir-se (vr)	å dø ut	[ɔ 'dø ʉt]

223. Animais. Habitats

| hábitat | habitat (n) | [habi'tat] |
| migração (f) | migrasjon (m) | [migra'ʂʉn] |

montanha (f)	fjell (n)	['fjɛl]
recife (m)	rev (n)	['rev]
falésia (f)	klippe (m)	['klipə]

floresta (f)	skog (m)	['skʉg]
selva (f)	jungel (m)	['jʉŋəl]
savana (f)	savanne (m)	[sa'vanə]
tundra (f)	tundra (m)	['tʉndra]

estepe (f)	steppe (m)	['stɛpə]
deserto (m)	ørken (m)	['œrkən]
oásis (m)	oase (m)	[ʉ'asə]

mar (m)	hav (n)	['hav]
lago (m)	innsjø (m)	['in'ʂø]
oceano (m)	verdenshav (n)	[værdəns'hav]

pântano (m)	myr (m/f)	['myr]
de água doce	ferskvanns-	['fæʂkˌvans-]
lagoa (f)	dam (m)	['dam]
rio (m)	elv (m/f)	['ɛlv]

toca (f) do urso	hi (n)	['hi]
ninho (m)	reir (n)	['ræjr]
buraco (m) de árvore	trehull (n)	['trɛˌhʉl]
toca (f)	hule (m/f)	['hʉlə]
formigueiro (m)	maurtue (m/f)	['mauːˌtʉə]

224. Cuidados com os animais

| jardim (m) zoológico | zoo, dyrepark (m) | ['suː], [dyre'park] |
| reserva (f) natural | naturreservat (n) | [na'tʉr resɛr'vat] |

viveiro (m)	oppdretter (m)	['ɔpˌdrɛtər]
jaula (f) de ar livre	voliere (m)	[vɔ'ljer]
jaula, gaiola (f)	bur (n)	['bʉr]
casinha (f) de cão	kennel (m)	['kɛnəl]

pombal (m)	duehus (n)	['dʉəˌhʉs]
aquário (m)	akvarium (n)	[a'kvarium]
delfinário (m)	delfinarium (n)	[dɛlfi'narium]

criar (vt)	å avle, å oppdrette	[ɔ 'avlə], [ɔ 'ɔpˌdrɛtə]
ninhada (f)	avkom (n)	['avˌkɔm]
domesticar (vt)	å temme	[ɔ 'tɛmə]
adestrar (vt)	å dressere	[ɔ drɛ'serə]
ração (f)	fôr (n)	['fʉr]
alimentar (vt)	å utfore	[ɔ 'ʉtˌforə]

loja (f) de animais	dyrebutikk (m)	['dyrəbu'tik]
açaime (m)	munnkurv (m)	['munˌkurv]
coleira (f)	halsbånd (n)	['halsˌbɔn]
nome (m)	navn (n)	['navn]
pedigree (m)	stamtavle (m/f)	['stamˌtavlə]

225. Animais. Diversos

alcateia (f)	flokk (m)	['flɔk]
bando (pássaros)	flokk (m)	['flɔk]
cardume (peixes)	stim (m/n)	['stim]
manada (cavalos)	flokk (m)	['flɔk]

| macho (m) | hann (m) | ['han] |
| fêmea (f) | hunn (m) | ['hun] |

faminto	sulten	['sultən]
selvagem	vill	['vil]
perigoso	farlig	['faːli]

226. Cavalos

| cavalo (m) | hest (m) | ['hɛst] |
| raça (f) | rase (m) | ['rasə] |

| potro (m) | føll (n) | ['føl] |
| égua (f) | hoppe, merr (m/f) | ['hɔpə], ['mɛr] |

mustangue (m)	mustang (m)	['mustaŋ]
pónei (m)	ponni (m)	['pɔni]
cavalo (m) de tiro	kaldblodshest (m)	['kalblʊdsˌhɛst]

| crina (f) | man (m/f) | ['man] |
| cauda (f) | hale (m) | ['halə] |

casco (m)	hov (m)	['hɔv]
ferradura (f)	hestesko (m)	['hɛstəˌskʊ]
ferrar (vt)	å sko	[ɔ 'skʊː]
ferreiro (m)	smed, hovslager (m)	['sme], ['hɔfsˌlagər]

sela (f)	sal (m)	['sal]
estribo (m)	stigbøyle (m)	['stigˌbøjlə]
brida (f)	bissel (n)	['bisəl]
rédeas (f pl)	tømmer (m pl)	['tœmər]
chicote (m)	pisk (m)	['pisk]

cavaleiro (m)	rytter (m)	['rʏtər]
colocar sela	å sale	[ɔ 'salə]
montar no cavalo	å stige opp på hesten	[ɔ 'stiːə ɔp pɔ 'hɛstən]

| galope (m) | galopp (m) | [ga'lɔp] |
| galopar (vi) | å galoppere | [ɔ galɔ'perə] |

trote (m)	trav (n)	['trɑv]
a trote	i trav	[i 'trɑv]
ir a trote	å trave	[ɔ 'trɑvə]

| cavalo (m) de corrida | veddeløpshest (m) | ['vɛdeˌløps hɛst] |
| corridas (f pl) | hesteveddeløp (n) | ['hɛstə 'vedeˌløp] |

estábulo (m)	stall (m)	['stɑl]
alimentar (vt)	å utfore	[ɔ 'ʉtˌforə]
feno (m)	høy (n)	['høj]
dar água	å vanne	[ɔ 'vɑnə]
limpar (vt)	å børste	[ɔ 'bøʂtə]

carroça (f)	hestevogn (m/f)	['hɛstəˌvɔŋn]
pastar (vi)	å beite	[ɔ 'bæjtə]
relinchar (vi)	å vrinske, å knegge	[ɔ 'vrinskə], [ɔ 'knɛgə]
dar um coice	å sparke bakut	[ɔ 'spɑrkə 'bɑkˌʉt]

Flora

227. Árvores

árvore (f)	tre (n)	['trɛ]
decídua	løv-	['løv-]
conífera	bar-	['bɑr-]
perene	eviggrønt	['ɛvi‚grœnt]

macieira (f)	epletre (n)	['ɛplə‚trɛ]
pereira (f)	pæretre (n)	['pæərə‚trɛ]
cerejeira (f)	morelltre (n)	[mʉ'rɛl‚trɛ]
ginjeira (f)	kirsebærtre (n)	['çisəbæːr‚trɛ]
ameixeira (f)	plommetre (n)	['plʉmə‚trɛ]

bétula (f)	bjørk (f)	['bjœrk]
carvalho (m)	eik (f)	['æjk]
tília (f)	lind (m/f)	['lin]
choupo-tremedor (m)	osp (m/f)	['ɔsp]
bordo (m)	lønn (m/f)	['lœn]
espruce-europeu (m)	gran (m/f)	['grɑn]
pinheiro (m)	furu (m/f)	['fʉrʉ]
alerce, lariço (m)	lerk (m)	['lærk]
abeto (m)	edelgran (m/f)	['ɛdəl‚grɑn]
cedro (m)	seder (m)	['sedər]

choupo, álamo (m)	poppel (m)	['pɔpəl]
tramazeira (f)	rogn (m/f)	['rɔŋn]
salgueiro (m)	pil (m/f)	['pil]
amieiro (m)	or, older (m/f)	['ʉr], ['ɔldər]
faia (f)	bøk (m)	['bøk]
ulmeiro (m)	alm (m)	['ɑlm]
freixo (m)	ask (m/f)	['ɑsk]
castanheiro (m)	kastanjetre (n)	[kɑ'stɑnje‚trɛ]

magnólia (f)	magnolia (m)	[mɑŋ'nʉlia]
palmeira (f)	palme (m)	['pɑlmə]
cipreste (m)	sypress (m)	[sʏ'prɛs]

mangue (m)	mangrove (m)	[mɑŋ'grʉvə]
embondeiro, baobá (m)	apebrødtre (n)	['ɑpebrø‚trɛ]
eucalipto (m)	eukalyptus (m)	[ɛvkɑ'lyptʉs]
sequoia (f)	sequoia (m)	['sek‚vɔja]

228. Arbustos

arbusto (m)	busk (m)	['bʉsk]
arbusto (m), moita (f)	busk (m)	['bʉsk]

| videira (f) | vinranke (m) | ['vin,rankə] |
| vinhedo (m) | vinmark (m/f) | ['vin,mark] |

framboeseira (f)	bringebærbusk (m)	['briŋə,bær busk]
groselheira-preta (f)	solbærbusk (m)	['sulbær,busk]
groselheira-vermelha (f)	ripsbusk (m)	['rips,busk]
groselheira (f) espinhosa	stikkelsbærbusk (m)	['stikəlsbær,busk]

acácia (f)	akasie (m)	[a'kasiə]
bérberis (f)	berberis (m)	['bærberis]
jasmim (m)	sjasmin (m)	[şas'min]

junípero (m)	einer (m)	['æjnər]
roseira (f)	rosenbusk (m)	['rusən,busk]
roseira (f) brava	steinnype (m/f)	['stæjn,nypə]

229. Cogumelos

cogumelo (m)	sopp (m)	['sɔp]
cogumelo (m) comestível	spiselig sopp (m)	['spiseli ,sɔp]
cogumelo (m) venenoso	giftig sopp (m)	['jifti ,sɔp]
chapéu (m)	hatt (m)	['hat]
pé, caule (m)	stilk (m)	['stilk]

boleto (m)	steinsopp (m)	['stæjn,sɔp]
boleto (m) alaranjado	rødskrubb (m/n)	['rø,skrub]
míscaro (m) das bétulas	brunskrubb (m/n)	['brun,skrub]
cantarela (f)	kantarell (m)	[kanta'rel]
rússula (f)	kremle (m/f)	['krɛmlə]

morchella (f)	morkel (m)	['mɔrkəl]
agário-das-moscas (m)	fluesopp (m)	['flʉə,sɔp]
cicuta (f) verde	grønn fluesopp (m)	['grœn 'flʉə,sɔp]

230. Frutos. Bagas

fruta (f)	frukt (m/f)	['frukt]
frutas (f pl)	frukter (m/f pl)	['fruktər]
maçã (f)	eple (n)	['ɛplə]
pera (f)	pære (m/f)	['pærə]
ameixa (f)	plomme (m/f)	['plumə]

morango (m)	jordbær (n)	['juːr,bær]
ginja (f)	kirsebær (n)	['çişə,bær]
cereja (f)	morell (m)	[mu'rɛl]
uva (f)	drue (m)	['drʉə]

framboesa (f)	bringebær (n)	['briŋə,bær]
groselha (f) preta	solbær (n)	['sul,bær]
groselha (f) vermelha	rips (n)	['rips]
groselha (f) espinhosa	stikkelsbær (n)	['stikəls,bær]
oxicoco (m)	tranebær (n)	['tranə,bær]

laranja (f)	appelsin (m)	[apel'sin]
tangerina (f)	mandarin (m)	[manda'rin]
ananás (m)	ananas (m)	['ananas]
banana (f)	banan (m)	[ba'nan]
tâmara (f)	daddel (m)	['dadəl]

limão (m)	sitron (m)	[si'trʊn]
damasco (m)	aprikos (m)	[apri'kʊs]
pêssego (m)	fersken (m)	['fæşkən]
kiwi (m)	kiwi (m)	['kivi]
toranja (f)	grapefrukt (m/f)	['grɛjp‚frʉkt]

baga (f)	bær (n)	['bær]
bagas (f pl)	bær (n pl)	['bær]
arando (m) vermelho	tyttebær (n)	['tʏtə‚bær]
morango-silvestre (m)	markjordbær (n)	['mark juːr‚bær]
mirtilo (m)	blåbær (n)	['blɔ‚bær]

231. Flores. Plantas

flor (f)	blomst (m)	['blɔmst]
ramo (m) de flores	bukett (m)	[bʉ'kɛt]

rosa (f)	rose (m/f)	['rʊsə]
tulipa (f)	tulipan (m)	[tʉli'pan]
cravo (m)	nellik (m)	['nɛlik]
gladíolo (m)	gladiolus (m)	[gladi'ɔlʉs]

centáurea (f)	kornblomst (m)	['kʊːn‚blɔmst]
campânula (f)	blåklokke (m/f)	['blɔ‚klɔkə]
dente-de-leão (m)	løvetann (m/f)	['løvə‚tan]
camomila (f)	kamille (m)	[ka'milə]

aloé (m)	aloe (m)	['alʊe]
cato (m)	kaktus (m)	['kaktʉs]
fícus (m)	gummiplante (m/f)	['gʉmi‚plantə]

lírio (m)	lilje (m)	['liljə]
gerânio (m)	geranium (m)	[ge'ranium]
jacinto (m)	hyasint (m)	[hia'sint]

mimosa (f)	mimose (m/f)	[mi'mɔsə]
narciso (m)	narsiss (m)	[na'şis]
capuchinha (f)	blomkarse (m)	['blɔm‚kaşə]

orquídea (f)	orkidé (m)	[ɔrki'de]
peónia (f)	peon, pion (m)	[pe'ʊn], [pi'ʊn]
violeta (f)	fiol (m)	[fi'ʊl]

amor-perfeito (m)	stemorsblomst (m)	['stemʊş‚blɔmst]
não-me-esqueças (m)	forglemmegei (m)	[for'glemə‚jæj]
margarida (f)	tusenfryd (m)	['tʉsən‚fryd]
papoula (f)	valmue (m)	['valmʉe]
cânhamo (m)	hamp (m)	['hamp]

hortelã (f)	mynte (m/f)	['mʏntə]
lírio-do-vale (m)	liljekonvall (m)	['liljə kɔn'val]
campânula-branca (f)	snøklokke (m/f)	['snø,klɔkə]

urtiga (f)	nesle (m/f)	['nɛslə]
azeda (f)	syre (m/f)	['syrə]
nenúfar (m)	nøkkerose (m/f)	['nøkə,rʉse]
feto (m), samambaia (f)	bregne (m/f)	['brɛjnə]
líquen (m)	lav (m/n)	['lav]

estufa (f)	drivhus (n)	['driv,hʉs]
relvado (m)	gressplen (m)	['grɛs,plen]
canteiro (m) de flores	blomsterbed (n)	['blɔmstər,bed]

planta (f)	plante (m/f), vekst (m)	['plantə], ['vɛkst]
erva (f)	gras (n)	['gras]
folha (f) de erva	grasstrå (n)	['gras,strɔ]

folha (f)	blad (n)	['bla]
pétala (f)	kronblad (n)	['krɔn,bla]
talo (m)	stilk (m)	['stilk]
tubérculo (m)	rotknoll (m)	['rʉt,knɔl]

broto, rebento (m)	spire (m/f)	['spirə]
espinho (m)	torn (m)	['tʉːɳ]

florescer (vi)	å blomstre	[ɔ 'blɔmstrə]
murchar (vi)	å visne	[ɔ 'visnə]
cheiro (m)	lukt (m/f)	['lʉkt]
cortar (flores)	å skjære av	[ɔ 'ʂæːrə aː]
colher (uma flor)	å plukke	[ɔ 'plʉkə]

232. Cereais, grãos

grão (m)	korn (n)	['kʉːɳ]
cereais (plantas)	cerealer (n pl)	[sere'alər]
espiga (f)	aks (n)	['aks]

trigo (m)	hvete (m)	['vetə]
centeio (m)	rug (m)	['rʉg]
aveia (f)	havre (m)	['havrə]

milho-miúdo (m)	hirse (m)	['hiʂə]
cevada (f)	bygg (m/n)	['bʏg]

milho (m)	mais (m)	['mais]
arroz (m)	ris (m)	['ris]
trigo-sarraceno (m)	bokhvete (m)	['bʉk,vetə]

ervilha (f)	ert (m/f)	['æːʈ]
feijão (m)	bønne (m/f)	['bœnə]
soja (f)	soya (m)	['sɔja]
lentilha (f)	linse (m/f)	['linsə]
fava (f)	bønner (m/f pl)	['bœnər]

233. Vegetais. Verduras

| legumes (m pl) | grønnsaker (m pl) | ['grœn‚sakər] |
| verduras (f pl) | grønnsaker (m pl) | ['grœn‚sakər] |

tomate (m)	tomat (m)	[tʊ'mɑt]
pepino (m)	agurk (m)	[ɑ'gʉrk]
cenoura (f)	gulrot (m/f)	['gʉl‚rʊt]
batata (f)	potet (m/f)	[pʊ'tet]
cebola (f)	løk (m)	['løk]
alho (m)	hvitløk (m)	['vit‚løk]

couve (f)	kål (m)	['kɔl]
couve-flor (f)	blomkål (m)	['blɔm‚kɔl]
couve-de-bruxelas (f)	rosenkål (m)	['rʊsən‚kɔl]
brócolos (m pl)	brokkoli (m)	['brɔkoli]

beterraba (f)	rødbete (m/f)	['rø‚betə]
beringela (f)	aubergine (m)	[ɔbɛr'ʂin]
curgete (f)	squash (m)	['skvɔʂ]
abóbora (f)	gresskar (n)	['grɛskɑr]
nabo (m)	nepe (m/f)	['nepə]

salsa (f)	persille (m/f)	[pæ'ʂilə]
funcho, endro (m)	dill (m)	['dil]
alface (f)	salat (m)	[sɑ'lɑt]
aipo (m)	selleri (m/n)	[sɛle‚ri]
espargo (m)	asparges (m)	[ɑ'spɑrʂəs]
espinafre (m)	spinat (m)	[spi'nɑt]

ervilha (f)	erter (m pl)	['æ:tər]
fava (f)	bønner (m/f pl)	['bœnər]
milho (m)	mais (m)	['mais]
feijão (m)	bønne (m/f)	['bœnə]

pimentão (m)	pepper (m)	['pɛpər]
rabanete (m)	reddik (m)	['rɛdik]
alcachofra (f)	artisjokk (m)	[‚ɑ:ʈi'ʂɔk]

GEOGRAFIA REGIONAL

Países. Nacionalidades

234. Europa Ocidental

Europa (f)	Europa	[ɛʉ'rʉpɑ]
União (f) Europeia	Den Europeiske Union	[den ɛʉrʉ'pɛiskə ʉni'ɔn]
europeu (m)	europeer (m)	[ɛʉrʉ'peər]
europeu	europeisk	[ɛʉrʉ'pɛisk]
Áustria (f)	Østerrike	['østə,rikə]
austríaco (m)	østerriker (m)	['østə,rikər]
austríaca (f)	østerriksk kvinne (m/f)	['østə,riksk ,kvinə]
austríaco	østerriksk	['østə,riksk]
Grã-Bretanha (f)	Storbritannia	['stʉr bri,tɑniɑ]
Inglaterra (f)	England	['ɛŋlɑn]
inglês (m)	brite (m)	['britə]
inglesa (f)	brite (m)	['britə]
inglês	engelsk, britisk	['ɛŋelsk], ['britisk]
Bélgica (f)	Belgia	['bɛlgiɑ]
belga (m)	belgier (m)	['bɛlgiər]
belga (f)	belgisk kvinne (m/f)	['bɛlgisk ,kvinə]
belga	belgisk	['bɛlgisk]
Alemanha (f)	Tyskland	['tʏsklɑn]
alemão (m)	tysker (m)	['tʏskər]
alemã (f)	tysk kvinne (m/f)	['tʏsk ,kvinə]
alemão	tysk	['tʏsk]
Países (m pl) Baixos	Nederland	['nedə,[ɑn]
Holanda (f)	Holland	['hɔlɑn]
holandês (m)	hollender (m)	['hɔ,lendər]
holandesa (f)	hollandsk kvinne (m/f)	['hɔ,lɑnsk ,kvinə]
holandês	hollandsk	['hɔ,lɑnsk]
Grécia (f)	Hellas	['hɛlɑs]
grego (m)	greker (m)	['grekər]
grega (f)	gresk kvinne (m/f)	['grɛsk ,kvinə]
grego	gresk	['grɛsk]
Dinamarca (f)	Danmark	['dɑnmɑrk]
dinamarquês (m)	danske (m)	['dɑnskə]
dinamarquesa (f)	dansk kvinne (m/f)	['dɑnsk ,kvinə]
dinamarquês	dansk	['dɑnsk]
Irlanda (f)	Irland	['irlɑn]
irlandês (m)	irlender, irlending (m)	['ir,lenər], ['ir,leniŋ]

| irlandesa (f) | irsk kvinne (m/f) | ['iːʂk ˌkvinə] |
| irlandês | irsk | ['iːʂk] |

Islândia (f)	Island	['islɑn]
islandês (m)	islending (m)	['isˌleniŋ]
islandesa (f)	islandsk kvinne (m/f)	['isˌlɑnsk ˌkvinə]
islandês	islandsk	['isˌlɑnsk]

Espanha (f)	Spania	['spɑniɑ]
espanhol (m)	spanier (m)	['spɑniər]
espanhola (f)	spansk kvinne (m/f)	['spɑnsk ˌkvinə]
espanhol	spansk	['spɑnsk]

Itália (f)	Italia	[i'tɑliɑ]
italiano (m)	italiener (m)	[itɑ'ljɛnər]
italiana (f)	italiensk kvinne (m/f)	[itɑ'ljɛnsk ˌkvinə]
italiano	italiensk	[itɑ'ljɛnsk]

Chipre (m)	Kypros	['kʏprʊs]
cipriota (m)	kypriot (m)	[kʏpri'ʊt]
cipriota (f)	kypriotisk kvinne (m/f)	[kʏpri'ʊtisk ˌkvinə]
cipriota	kypriotisk	[kʏpri'ʊtisk]

Malta (f)	Malta	['mɑltɑ]
maltês (m)	malteser (m)	[mɑl'tesər]
maltesa (f)	maltesisk kvinne (m/f)	[mɑl'tesisk ˌkvinə]
maltês	maltesisk	[mɑl'tesisk]

Noruega (f)	Norge	['nɔrgə]
norueguês (m)	nordmann (m)	['nuːrmɑn]
norueguesa (f)	norsk kvinne (m/f)	['nɔʂk ˌkvinə]
norueguês	norsk	['nɔʂk]

Portugal (m)	Portugal	[pɔːʈʉ'gɑl]
português (m)	portugiser (m)	[pɔːʈʉ'gisər]
portuguesa (f)	portugisisk kvinne (m/f)	[pɔːʈʉ'gisisk ˌkvinə]
português	portugisisk	[pɔːʈʉ'gisisk]

Finlândia (f)	Finland	['finlɑn]
finlandês (m)	finne (m)	['finə]
finlandesa (f)	finsk kvinne (m/f)	['finsk ˌkvinə]
finlandês	finsk	['finsk]

França (f)	Frankrike	['frɑnkrikə]
francês (m)	franskmann (m)	['frɑnskˌmɑn]
francesa (f)	fransk kvinne (m/f)	['frɑnsk ˌkvinə]
francês	fransk	['frɑnsk]

Suécia (f)	Sverige	['sværiə]
sueco (m)	svenske (m)	['svɛnskə]
sueca (f)	svensk kvinne (m/f)	['svɛnsk ˌkvinə]
sueco	svensk	['svɛnsk]

Suíça (f)	Sveits	['svæjts]
suíço (m)	sveitser (m)	['svæjtsər]
suíça (f)	sveitsisk kvinne (m/f)	['svæjtsisk ˌkvinə]

suíço	sveitsisk	['svæjtsisk]
Escócia (f)	Skottland	['skɔtlɑn]
escocês (m)	skotte (m)	['skɔtə]
escocesa (f)	skotsk kvinne (m/f)	['skɔtsk ˌkvinə]
escocês	skotsk	['skɔtsk]

Vaticano (m)	Vatikanet	['vɑtiˌkɑne]
Liechtenstein (m)	Liechtenstein	['lihtɛnʂtæjn]
Luxemburgo (m)	Luxembourg	['lʉksɛmˌbʉrg]
Mónaco (m)	Monaco	[mʊ'nɑkʊ]

235. Europa Central e de Leste

Albânia (f)	Albania	[ɑl'bɑniɑ]
albanês (m)	albaner (m)	[ɑl'bɑnər]
albanesa (f)	albansk kvinne (m)	[ɑl'bɑnsk ˌkvinə]
albanês	albansk	[ɑl'bɑnsk]

Bulgária (f)	Bulgaria	[bʉl'gɑriɑ]
búlgaro (m)	bulgarer (m)	[bʉl'gɑrər]
búlgara (f)	bulgarsk kvinne (m/f)	[bʉl'gɑʂk ˌkvinə]
búlgaro	bulgarsk	[bʉl'gɑʂk]

Hungria (f)	Ungarn	['ʉŋɑːŋ]
húngaro (m)	ungarer (m)	['ʉŋɑrər]
húngara (f)	ungarsk kvinne (m/f)	['ʉŋɑʂk ˌkvinə]
húngaro	ungarsk	['ʉŋɑʂk]

Letónia (f)	Latvia	['lɑtviɑ]
letão (m)	latvier (m)	['lɑtviər]
letã (f)	latvisk kvinne (m/f)	['lɑtvisk ˌkvinə]
letão	latvisk	['lɑtvisk]

Lituânia (f)	Litauen	['liˌtɑʊən]
lituano (m)	litauer (m)	['liˌtɑʊər]
lituana (f)	litauisk kvinne (m/f)	['liˌtɑʊisk ˌkvinə]
lituano	litauisk	['liˌtɑʊisk]

Polónia (f)	Polen	['pʊlen]
polaco (m)	polakk (m)	[pʊ'lɑk]
polaca (f)	polsk kvinne (m/f)	['pʊlsk ˌkvinə]
polaco	polsk	['pʊlsk]

Roménia (f)	Romania	[rʊ'mɑniɑ]
romeno (m)	rumener (m)	[rʉ'menər]
romena (f)	rumensk kvinne (m/f)	[rʉ'mɛnsk ˌkvinə]
romeno	rumensk	[rʉ'mɛnsk]

Sérvia (f)	Serbia	['særbiɑ]
sérvio (m)	serber (m)	['særbər]
sérvia (f)	serbisk kvinne (m/f)	['særbisk ˌkvinə]
sérvio	serbisk	['særbisk]
Eslováquia (f)	Slovakia	[ʂlʉ'vɑkiɑ]
eslovaco (m)	slovak (m)	[ʂlʉ'vɑk]

eslovaca (f)	slovakisk kvinne (m/f)	[slʉˈvakisk ˌkvinə]
eslovaco	slovakisk	[slʉˈvakisk]
Croácia (f)	Kroatia	[krʉˈatia]
croata (m)	kroat (m)	[krʉˈat]
croata (f)	kroatisk kvinne (m/f)	[krʉˈatisk ˌkvinə]
croata	kroatisk	[krʉˈatisk]
República (f) Checa	Tsjekkia	[ˈtʂɛkija]
checo (m)	tsjekker (m)	[ˈtʂɛkər]
checa (f)	tsjekkisk kvinne (m/f)	[ˈtʂɛkisk ˌkvinə]
checo	tsjekkisk	[ˈtʂɛkisk]
Estónia (f)	Estland	[ˈɛstlan]
estónio (m)	estlender (m)	[ˈɛstˌlendər]
estónia (f)	estisk kvinne (m/f)	[ˈɛstisk ˌkvinə]
estónio	estisk	[ˈɛstisk]
Bósnia e Herzegovina (f)	Bosnia-Hercegovina	[ˈbɔsnia hersegɔˌvina]
Macedónia (f)	Makedonia	[makeˈdɔnia]
Eslovénia (f)	Slovenia	[slʉˈvenia]
Montenegro (m)	Montenegro	[ˈmɔntəˌnɛgrʉ]

236. Países da ex-URSS

Azerbaijão (m)	Aserbajdsjan	[aserbajdˈʂan]
azeri (m)	aserbajdsjaner (m)	[aserbajdˈʂanər]
azeri (f)	aserbajdsjansk kvinne (m)	[aserbajdˈʂansk ˌkvinə]
azeri, azerbaijano	aserbajdsjansk	[aserbajdˈʂansk]
Arménia (f)	Armenia	[arˈmenia]
arménio (m)	armener (m)	[arˈmenər]
arménia (f)	armensk kvinne (m)	[arˈmensk ˌkvinə]
arménio	armensk	[arˈmensk]
Bielorrússia (f)	Hviterussland	[ˈvitəˌrʉslan]
bielorrusso (m)	hviterusser (m)	[ˈvitəˌrʉsər]
bielorrussa (f)	hviterussisk kvinne (m/f)	[ˈvitəˌrʉsisk ˌkvinə]
bielorrusso	hviterussisk	[ˈvitəˌrʉsisk]
Geórgia (f)	Georgia	[geˈɔrgia]
georgiano (m)	georgier (m)	[geˈɔrgiər]
georgiana (f)	georgisk kvinne (m/f)	[geˈɔrgisk ˌkvinə]
georgiano	georgisk	[geˈɔrgisk]
Cazaquistão (m)	Kasakhstan	[kaˈsakˌstan]
cazaque (m)	kasakh (m)	[kaˈsak]
cazaque (f)	kasakhisk kvinne (m/f)	[kaˈsakisk ˌkvinə]
cazaque	kasakhisk	[kaˈsakisk]
Quirguistão (m)	Kirgisistan	[kirˈgisiˌstan]
quirguiz (m)	kirgiser (m)	[kirˈgisər]
quirguiz (f)	kirgisisk kvinne (m/f)	[kirˈgisisk ˌkvinə]
quirguiz	kirgisisk	[kirˈgisisk]

Moldávia (f)	Moldova	[mɔl'dɔva]
moldavo (m)	moldover (m)	[mɔl'dɔvər]
moldava (f)	moldovsk kvinne (m/f)	[mɔl'dɔvsk ˌkvinə]
moldavo	moldovsk	[mɔl'dɔvsk]

Rússia (f)	Russland	['ruslan]
russo (m)	russer (m)	['rusər]
russa (f)	russisk kvinne (m/f)	['rusisk ˌkvinə]
russo	russisk	['rusisk]

Tajiquistão (m)	Tadsjikistan	[ta'dʂikiˌstan]
tajique (m)	tadsjik, tadsjiker (m)	[ta'dʂik], [ta'dʂikər]
tajique (f)	tadsjikisk kvinne (m/f)	[ta'dʂikisk ˌkvinə]
tajique	tadsjikisk	[ta'dʂikisk]

Turquemenistão (m)	Turkmenistan	[turk'meniˌstan]
turcomeno (m)	turkmen (m)	[turk'men]
turcomena (f)	turkmensk kvinne (m/f)	[turk'mensk ˌkvinə]
turcomeno	turkmensk	[turk'mensk]

Uzbequistão (f)	Usbekistan	[us'bekiˌstan]
uzbeque (m)	usbek, usbeker (m)	[us'bek], [us'bekər]
uzbeque (f)	usbekisk kvinne (m/f)	[us'bekisk ˌkvinə]
uzbeque	usbekisk	[us'bekisk]

Ucrânia (f)	Ukraina	[ukra'ina]
ucraniano (m)	ukrainer (m)	[ukra'inər]
ucraniana (f)	ukrainsk kvinne (m/f)	[ukra'insk ˌkvinə]
ucraniano	ukrainsk	[ukra'insk]

237. Asia

| Ásia (f) | Asia | ['asia] |
| asiático | asiatisk | [asi'atisk] |

Vietname (m)	Vietnam	['vjɛtnam]
vietnamita (m)	vietnameser (m)	[vjɛtna'mesər]
vietnamita (f)	vietnamesisk kvinne (m/f)	[vjɛtna'mesisk ˌkvinə]
vietnamita	vietnamesisk	[vjɛtna'mesisk]

Índia (f)	India	['india]
indiano (m)	inder (m)	['indər]
indiana (f)	indisk kvinne (m/f)	['indisk ˌkvinə]
indiano	indisk	['indisk]

Israel (m)	Israel	['israel]
israelita (m)	israeler (m)	[isra'elər]
israelita (f)	israelsk kvinne (m/f)	[isra'elsk ˌkvinə]
israelita	israelsk	[isra'elsk]

judeu (m)	jøde (m)	['jødə]
judia (f)	jødisk kvinne (m/f)	['jødisk ˌkvinə]
judeu	jødisk	['jødisk]
China (f)	Kina	['çina]

chinês (m)	kineser (m)	[çi'nesər]
chinesa (f)	kinesisk kvinne (m/f)	[çi'nesisk ˌkvinə]
chinês	kinesisk	[çi'nesisk]
coreano (m)	koreaner (m)	[kʊre'anər]
coreana (f)	koreansk kvinne (m/f)	[kʊre'ansk ˌkvinə]
coreano	koreansk	[kʊre'ansk]
Líbano (m)	Libanon	['libanɔn]
libanês (m)	libaneser (m)	[liba'nesər]
libanesa (f)	libanesisk kvinne (m/f)	[liba'nesisk ˌkvinə]
libanês	libanesisk	[liba'nesisk]
Mongólia (f)	Mongolia	[mʊŋ'gulia]
mongol (m)	mongol (m)	[mʊŋ'gul]
mongol (f)	mongolsk kvinne (m/f)	[mʊn'gɔlsk ˌkvinə]
mongol	mongolsk	[mʊn'gɔlsk]
Malásia (f)	Malaysia	[ma'lajsia]
malaio (m)	malayer (m)	[ma'lajər]
malaia (f)	malayisk kvinne (m/f)	[ma'lajisk ˌkvinə]
malaio	malayisk	[ma'lajisk]
Paquistão (m)	Pakistan	['pakiˌstan]
paquistanês (m)	pakistaner (m)	[paki'stanər]
paquistanesa (f)	pakistansk kvinne (m/f)	[paki'stansk ˌkvinə]
paquistanês	pakistansk	[paki'stansk]
Arábia (f) Saudita	Saudi-Arabia	['saʊdi a'rabia]
árabe (m)	araber (m)	[a'rabər]
árabe (f)	arabisk kvinne (m)	[a'rabisk ˌkvinə]
árabe	arabisk	[a'rabisk]
Tailândia (f)	Thailand	['tajlan]
tailandês (m)	thailender (m)	['tajlendər]
tailandesa (f)	thailandsk kvinne (m/f)	['tajlansk ˌkvinə]
tailandês	thailandsk	['tajlansk]
Taiwan (m)	Taiwan	['tajˌvan]
taiwanês (m)	taiwaner (m)	[taj'vanər]
taiwanesa (f)	taiwansk kvinne (m/f)	[taj'vansk ˌkvinə]
taiwanês	taiwansk	[taj'vansk]
Turquia (f)	Tyrkia	[tyrkia]
turco (m)	tyrker (m)	['tyrkər]
turca (f)	tyrkisk kvinne (m/f)	['tyrkisk ˌkvinə]
turco	tyrkisk	['tyrkisk]
Japão (m)	Japan	['japan]
japonês (m)	japaner (m)	[ja'panər]
japonesa (f)	japansk kvinne (m/f)	['japansk ˌkvinə]
japonês	japansk	['japansk]
Afeganistão (m)	Afghanistan	[af'ganiˌstan]
Bangladesh (m)	Bangladesh	[bangla'dɛʂ]
Indonésia (f)	Indonesia	[indʊ'nesia]

Jordânia (f)	Jordan	['jordan]
Iraque (m)	Irak	['irak]
Irão (m)	Iran	['iran]
Camboja (f)	Kambodsja	[kam'bodşa]
Kuwait (m)	Kuwait	['kʉvajt]

Laos (m)	Laos	['laɔs]
Myanmar (m), Birmânia (f)	Myanmar	['mjænma]
Nepal (m)	Nepal	['nepal]
Emirados Árabes Unidos	Forente Arabiske Emiratene	[fɔ'rentə a'rabiskə ɛmi'ratenə]

Síria (f)	Syria	['syria]
Palestina (f)	Palestina	[pale'stina]
Coreia do Sul (f)	Sør-Korea	['sør kʉ,rea]
Coreia do Norte (f)	Nord-Korea	['nʉːr kʉ'rɛa]

238. América do Norte

Estados Unidos da América	Amerikas Forente Stater	[a'merikas fɔ'rɛntə 'statər]
americano (m)	amerikaner (m)	[ameri'kanər]
americana (f)	amerikansk kvinne (m)	[ameri'kansk ,kvinə]
americano	amerikansk	[ameri'kansk]

Canadá (m)	Canada	['kanada]
canadiano (m)	kanadier (m)	[ka'nadiər]
canadiana (f)	kanadisk kvinne (m/f)	[ka'nadisk ,kvinə]
canadiano	kanadisk	[ka'nadisk]

México (m)	Mexico	['mɛksikʉ]
mexicano (m)	meksikaner (m)	[mɛksi'kanər]
mexicana (f)	meksikansk kvinne (m/f)	[mɛksi'kansk ,kvinə]
mexicano	meksikansk	[mɛksi'kansk]

239. América Central do Sul

Argentina (f)	Argentina	[argɛn'tina]
argentino (m)	argentiner (m)	[argɛn'tinər]
argentina (f)	argentinsk kvinne (m)	[argɛn'tinsk ,kvinə]
argentino	argentinsk	[argɛn'tinsk]

Brasil (m)	Brasilia	[bra'silia]
brasileiro (m)	brasilianer (m)	[brasili'anər]
brasileira (f)	brasiliansk kvinne (m/f)	[brasili'ansk ,kvinə]
brasileiro	brasiliansk	[brasili'ansk]

Colômbia (f)	Colombia	[kɔ'lʉmbia]
colombiano (m)	colombianer (m)	[kɔlʉmbi'anər]
colombiana (f)	colombiansk kvinne (m/f)	[kɔlʉmbi'ansk ,kvinə]
colombiano	colombiansk	[kɔlʉmbi'ansk]
Cuba (f)	Cuba	['kʉba]
cubano (m)	kubaner (m)	[kʉ'banər]

cubana (f)	kubansk kvinne (m/f)	[kʉ'bɑnsk ˌkvinə]
cubano	kubansk	[kʉ'bɑnsk]

Chile (m)	Chile	['tʂilə]
chileno (m)	chilener (m)	[tʂi'lenər]
chilena (f)	chilensk kvinne (m/f)	[tʂi'lensk ˌkvinə]
chileno	chilensk	[tʂi'lensk]

Bolívia (f)	Bolivia	[bɔ'livia]
Venezuela (f)	Venezuela	[venesʉ'ɛla]
Paraguai (m)	Paraguay	[parag'waj]
Peru (m)	Peru	[pe'ru:]

Suriname (m)	Surinam	['sʉriˌnɑm]
Uruguai (m)	Uruguay	[ʉrygʉ'aj]
Equador (m)	Ecuador	[ɛkʉa'dɔr]

Bahamas (f pl)	Bahamas	[ba'hamas]
Haiti (m)	Haiti	[ha'iti]
República (f) Dominicana	Dominikanske Republikken	[dʉmini'kanskə repʉ'blikən]
Panamá (m)	Panama	['panama]
Jamaica (f)	Jamaica	[ʂa'majka]

240. Africa

Egito (m)	Egypt	[ɛ'gypt]
egípcio (m)	egypter (m)	[ɛ'gyptər]
egípcia (f)	egyptisk kvinne (m/f)	[ɛ'gyptisk ˌkvinə]
egípcio	egyptisk	[ɛ'gyptisk]

Marrocos	Marokko	[ma'rɔkʉ]
marroquino (m)	marokkaner (m)	[marɔ'kanər]
marroquina (f)	marokkansk kvinne (m/f)	[marɔ'kansk ˌkvinə]
marroquino	marokkansk	[marɔ'kansk]

Tunísia (f)	Tunisia	['tʉ'nisia]
tunisino (m)	tuneser (m)	[tʉ'nesər]
tunisina (f)	tunesisk kvinne (m/f)	[tʉ'nesisk ˌkvinə]
tunisino	tunesisk	[tʉ'nesisk]

Gana (f)	Ghana	['gana]
Zanzibar (m)	Zanzibar	['sansibar]
Quénia (f)	Kenya	['kenya]
Líbia (f)	Libya	['libia]
Madagáscar (m)	Madagaskar	[mada'gaskar]

Namíbia (f)	Namibia	[na'mibia]
Senegal (m)	Senegal	[sene'gal]
Tanzânia (f)	Tanzania	['tansaˌnia]
África do Sul (f)	Republikken Sør-Afrika	[repʉ'bliken 'sørˌafrika]

africano (m)	afrikaner (m)	[afri'kanər]
africana (f)	afrikansk kvinne (m)	[afri'kansk ˌkvine]
africano	afrikansk	[afri'kansk]

241. Austrália. Oceania

Austrália (f)	Australia	[au'stralia]
australiano (m)	australier (m)	[au'stralier]
australiana (f)	australsk kvinne (m/f)	[au'stralsk ˌkvine]
australiano	australsk	[au'stralsk]

Nova Zelândia (f)	New Zealand	[nju'selan]
neozelandês (m)	newzealender (m)	[nju'selender]
neozelandesa (f)	newzealandsk kvinne (m/f)	[nju'selansk ˌkvine]
neozelandês	newzealandsk	[nju'selansk]

Tasmânia (f)	Tasmania	[tas'mania]
Polinésia Francesa (f)	Fransk Polynesia	['fransk poly'nesia]

242. Cidades

Amesterdão	Amsterdam	['amstɛrˌdam]
Ancara	Ankara	['ankara]
Atenas	Athen, Aten	[a'ten]

Bagdade	Bagdad	['bagdad]
Banguecoque	Bangkok	['bankɔk]
Barcelona	Barcelona	[barse'luna]
Beirute	Beirut	['bæjˌrʉt]
Berlim	Berlin	[bɛr'lin]

Bombaim	Bombay	['bombɛj]
Bona	Bonn	['bɔn]
Bordéus	Bordeaux	[bor'dɔ:]
Bratislava	Bratislava	[brati'slava]
Bruxelas	Brussel	['brʉsɛl]
Bucareste	Bukarest	['bʉka'rɛst]
Budapeste	Budapest	['bʉdapɛst]

Cairo	Kairo	['kajrʉ]
Calcutá	Calcutta	[kal'kʉta]
Chicago	Chicago	[ʂi'kagʉ]
Cidade do México	Mexico City	['mɛksikʉ 'siti]
Copenhaga	København	['çøbenˌhavn]

Dar es Salaam	Dar-es-Salaam	['daresaˌlam]
Deli	Delhi	['dɛli]
Dubai	Dubai	['dʉbaj]
Dublin, Dublim	Dublin	['døblin]
Düsseldorf	Düsseldorf	['dʉselˌdorf]
Estocolmo	Stockholm	['stɔkhɔlm]

Florença	Firenze	[fi'rɛnse]
Frankfurt	Frankfurt	['frankfʉ:t]
Genebra	Genève	[ʂe'nɛv]
Haia	Haag	['hag]
Hamburgo	Hamburg	['hambʉrg]

Hanói	**Hanoi**	['hanɔj]
Havana	**Havana**	[ha'vana]

Helsínquia	**Helsinki**	['hɛlsinki]
Hiroshima	**Hiroshima**	[hirʊ'ʂima]
Hong Kong	**Hongkong**	['hɔn͵kɔŋ]
Istambul	**Istanbul**	['istanbʉl]
Jerusalém	**Jerusalem**	[je'rʉsalem]
Kiev	**Kiev**	['ki:ef]
Kuala Lumpur	**Kuala Lumpur**	[kʉ'ala 'lʉmpʉr]
Lisboa	**Lisboa**	['lisbʊa]
Londres	**London**	['lɔndɔn]
Los Angeles	**Los Angeles**	[͵lɔs'ændʒələs]
Lion	**Lyon**	[li'ɔn]

Madrid	**Madrid**	[ma'drid]
Marselha	**Marseille**	[mar'sɛj]
Miami	**Miami**	[ma'jami]
Montreal	**Montreal**	[mɔntri'ɔl]
Moscovo	**Moskva**	[mɔ'skva]
Munique	**München**	['mʉnhən]

Nairóbi	**Nairobi**	[naj'rʊbi]
Nápoles	**Napoli**	['napʊli]
Nice	**Nice**	['nis]
Nova York	**New York**	[njʉ 'jork]

Oslo	**Oslo**	['ɔʂlʊ]
Ottawa	**Ottawa**	['ɔtava]
Paris	**Paris**	[pa'ris]
Pequim	**Peking, Beijing**	['pekiŋ], ['bɛjʒin]
Praga	**Praha**	['praha]

Rio de Janeiro	**Rio de Janeiro**	['riu de ʂa'næjrʊ]
Roma	**Roma**	['rʊma]
São Petersburgo	**Sankt Petersburg**	[͵sankt 'petɛʂ͵bʉrg]
Seul	**Seoul**	[se'u:l]
Singapura	**Singapore**	['siŋa'pɔr]
Sydney	**Sydney**	['sidni]

Taipé	**Taipei**	['tajpæj]
Tóquio	**Tokyo**	['tɔkiʊ]
Toronto	**Toronto**	[tɔ'rɔntʊ]
Varsóvia	**Warszawa**	[va'ʂava]
Veneza	**Venezia**	[ve'netsia]
Viena	**Wien**	['vin]

Washington	**Washington**	['vɔʂiɳtən]
Xangai	**Shanghai**	['ʂaŋhaj]

243. Política. Governo. Parte 1

política (f)	**politikk** (m)	[pʊli'tik]
político	**politisk**	[pʊ'litisk]

político (m)	politiker (m)	[pʊ'litikər]
estado (m)	stat (m)	['stat]
cidadão (m)	statsborger (m)	['stats,borgər]
cidadania (f)	statsborgerskap (n)	['statsborgə,skap]

brasão (m) de armas	riksvåpen (n)	['riks,vɔpən]
hino (m) nacional	nasjonalsang (m)	[naʂʊ'nal,saŋ]

governo (m)	regjering (m/f)	[rɛ'jeriŋ]
Chefe (m) de Estado	landets leder (m)	['lanɛts ,ledər]
parlamento (m)	parlament (n)	[pɑ:[ɑ'mɛnt]
partido (m)	parti (n)	[pɑ:'ţi]

capitalismo (m)	kapitalisme (n)	[kapita'lismə]
capitalista	kapitalistisk	[kapita'listisk]

socialismo (m)	sosialisme (m)	[sʊsia'lismə]
socialista	sosialistisk	[sʊsia'listisk]

comunismo (m)	kommunisme (m)	[kʊmʉ'nismə]
comunista	kommunistisk	[kʊmʉ'nistisk]
comunista (m)	kommunist (m)	[kʊmʉ'nist]

democracia (f)	demokrati (n)	[demʊkra'ti]
democrata (m)	demokrat (m)	[demʊ'krat]
democrático	demokratisk	[demʊ'kratisk]
Partido (m) Democrático	demokratisk parti (n)	[demʊ'kratisk pa:'ţi]

liberal (m)	liberaler (m)	[libə'ralər]
liberal	liberal	[libə'ral]

conservador (m)	konservativ (m)	[kʊn'sɛrva,tiv]
conservador	konservativ	[kʊn'sɛrva,tiv]

república (f)	republikk (m)	[repʉ'blik]
republicano (m)	republikaner (m)	[repʉbli'kanər]
Partido (m) Republicano	republikanske parti (n)	[repʉbli'kanskə pa:'ţi]

eleições (f pl)	valg (n)	['valg]
eleger (vt)	å velge	[ɔ 'vɛlgə]
eleitor (m)	velger (m)	['vɛlgər]
campanha (f) eleitoral	valgkampanje (m)	['valg kam'panjə]

votação (f)	avstemning, votering (m)	['af,stɛmniŋ], ['vɔteriŋ]
votar (vi)	å stemme	[ɔ 'stɛmə]
direito (m) de voto	stemmerett (m)	['stɛmə,rɛt]

candidato (m)	kandidat (m)	[kandi'dat]
candidatar-se (vi)	å kandidere	[ɔ kandi'derə]
campanha (f)	kampanje (m)	[kam'panjə]

da oposição	opposisjons-	[ɔpʊsi'ʂʊns-]
oposição (f)	opposisjon (m)	[ɔpʊsi'ʂʊn]

visita (f)	besøk (n)	[be'søk]
visita (f) oficial	offisielt besøk (n)	[ɔfi'sjɛlt be'søk]

internacional	internasjonal	['intɛ:ŋɑʂʊˌnɑl]
negociações (f pl)	forhandlinger (m pl)	[fɔr'hɑndliŋər]
negociar (vi)	å forhandle	[ɔ fɔr'hɑndlə]

244. Política. Governo. Parte 2

sociedade (f)	samfunn (n)	['sɑmˌfʉn]
constituição (f)	grunnlov (m)	['grʉnˌlɔv]
poder (ir para o ~)	makt (m)	['mɑkt]
corrupção (f)	korrupsjon (m)	[kʊrʉp'ʂʊn]

lei (f)	lov (m)	['lɔv]
legal	lovlig	['lɔvli]

justiça (f)	rettferdighet (m)	[rɛt'færdiˌhet]
justo	rettferdig	[rɛt'færdi]

comité (m)	komité (m)	[kʊmi'te]
projeto-lei (m)	lovforslag (n)	['lɔvˌfɔʂlɑg]
orçamento (m)	budsjett (n)	[bʉd'ʂɛt]
política (f)	politikk (m)	[pʉli'tik]
reforma (f)	reform (m/f)	[rɛ'fɔrm]
radical	radikal	[rɑdi'kɑl]

força (f)	kraft (m/f)	['krɑft]
poderoso	mektig	['mɛkti]
partidário (m)	tilhenger (m)	['tilˌhɛŋər]
influência (f)	innflytelse (m)	['inˌflytəlsə]

regime (m)	regime (n)	[rɛ'ʂimə]
conflito (m)	konflikt (m)	[kʊn'flikt]
conspiração (f)	sammensvergelse (m)	['samənˌsværgəlsə]
provocação (f)	provokasjon (m)	[prʊvʊka'ʂʊn]

derrubar (vt)	å styrte	[ɔ 'sty:ʈə]
derrube (m), queda (f)	styrting (m/f)	['sty:ʈiŋ]
revolução (f)	revolusjon (m)	[revʊlʉ'ʂʊn]

golpe (m) de Estado	statskupp (n)	['statsˌkʉp]
golpe (m) militar	militærkupp (n)	[mili'tærˌkʉp]

crise (f)	krise (m/f)	['krisə]
recessão (f) económica	økonomisk nedgang (m)	[økʊ'nɔmisk 'nedˌgɑŋ]
manifestante (m)	demonstrant (m)	[demɔn'strant]
manifestação (f)	demonstrasjon (m)	[demɔnstra'ʂʊn]
lei (f) marcial	krigstilstand (m)	['krigstilˌstan]
base (f) militar	militærbase (m)	[mili'tærˌbasə]

estabilidade (f)	stabilitet (m)	[stabili'tet]
estável	stabil	[sta'bil]

exploração (f)	utbytting (m/f)	['ʉtˌbytiŋ]
explorar (vt)	å utbytte	[ɔ 'ʉtˌbytə]
racismo (m)	rasisme (m)	[ra'sismə]

racista (m)	**rasist** (m)	[ra'sist]
fascismo (m)	**fascisme** (m)	[fa'şismə]
fascista (m)	**fascist** (m)	[fa'şist]

245. Países. Diversos

estrangeiro (m)	**utlending** (m)	['ʉt,leniŋ]
estrangeiro	**utenlandsk**	['ʉtən,lansk]
no estrangeiro	**i utlandet**	[i 'ʉt,lanə]
emigrante (m)	**emigrant** (m)	[ɛmi'grant]
emigração (f)	**emigrasjon** (m)	[ɛmigra'şʉn]
emigrar (vi)	**å emigrere**	[ɔ ɛmi'grɛrə]
Ocidente (m)	**Vesten**	['vɛstən]
Oriente (m)	**Østen**	['østən]
Extremo Oriente (m)	**Det fjerne østen**	['de 'fjæ:ŋə ,østɛn]
civilização (f)	**sivilisasjon** (m)	[sivilisa'şʉn]
humanidade (f)	**menneskehet** (m)	['mɛnəske,het]
mundo (m)	**verden** (m)	['værdən]
paz (f)	**fred** (m)	['frɛd]
mundial	**verdens-**	['værdəns-]
pátria (f)	**fedreland** (n)	['fædrə,lan]
povo (m)	**folk** (n)	['fɔlk]
população (f)	**befolkning** (m)	[be'fɔlkniŋ]
gente (f)	**folk** (n)	['fɔlk]
nação (f)	**nasjon** (m)	[na'şʉn]
geração (f)	**generasjon** (m)	[genera'şʉn]
território (m)	**territorium** (n)	[tɛri'tʉrium]
região (f)	**region** (m)	[rɛgi'ʉn]
estado (m)	**delstat** (m)	['del,stat]
tradição (f)	**tradisjon** (m)	[tradi'şʉn]
costume (m)	**skikk, sedvane** (m)	['şik], ['sɛd,vanə]
ecologia (f)	**økologi** (m)	[økʉlʉ'gi]
índio (m)	**indianer** (m)	[indi'anər]
cigano (m)	**sigøyner** (m)	[si'gøjnər]
cigana (f)	**sigøynerske** (m/f)	[si'gøjnəşkə]
cigano	**sigøynersk**	[si'gøjnəşk]
império (m)	**imperium, keiserrike** (n)	['im'perium], ['kæjsə,rike]
colónia (f)	**koloni** (m)	[kʉlu'ni]
escravidão (f)	**slaveri** (n)	[slavɛ'ri]
invasão (f)	**invasjon** (m)	[inva'şʉn]
fome (f)	**hungersnød** (m/f)	['hʉŋɛş,nød]

246. Grupos religiosos mais importantes. Confissões

religião (f)	**religion** (m)	[religi'ʉn]
religioso	**religiøs**	[reli'gjøs]

crença (f)	tro (m)	['trʊ]
crer (vt)	å tro	[ɔ 'trʊ]
crente (m)	troende (m)	['trʊenə]

| ateísmo (m) | ateisme (m) | [ate'ismə] |
| ateu (m) | ateist (m) | [ate'ist] |

cristianismo (m)	kristendom (m)	['kristən‚dɔm]
cristão (m)	kristen (m)	['kristən]
cristão	kristelig	['kristəli]

catolicismo (m)	katolisisme (m)	[katʊli'sismə]
católico (m)	katolikk (m)	[katʊ'lik]
católico	katolsk	[ka'tʊlsk]

protestantismo (m)	protestantisme (m)	[prʊtɛstan'tismə]
Igreja (f) Protestante	den protestantiske kirke	[den prʊtɛ'stantiskə ‚çirkə]
protestante (m)	protestant (m)	[prʊtɛ'stant]

ortodoxia (f)	ortodoksi (m)	[ɔ:ʈʊdʊk'si]
Igreja (f) Ortodoxa	den ortodokse kirke	[den ɔ:ʈʊ'dɔksə ‚çirkə]
ortodoxo (m)	ortodoks (n)	[ɔ:ʈʊ'dɔks]

presbiterianismo (m)	presbyterianisme (m)	[prɛsbytæria'nismə]
Igreja (f) Presbiteriana	den presbyterianske kirke	[den prɛsbyteri'anskə ‚çirkə]
presbiteriano (m)	presbyterianer (m)	[prɛsbytæri'anər]

| Igreja (f) Luterana | lutherdom (m) | [lʉtər'dɔm] |
| luterano (m) | lutheraner (m) | [lʉtə'ranər] |

| Igreja (f) Batista | baptisme (m) | [bap'tismə] |
| batista (m) | baptist (m) | [bap'tist] |

| Igreja (f) Anglicana | den anglikanske kirke | [den aŋli'kanskə ‚çirkə] |
| anglicano (m) | anglikaner (m) | [aŋli'kanər] |

| mormonismo (m) | mormonisme (m) | [mɔrmo'nismə] |
| mórmon (m) | mormon (m) | [mʊr'mʊn] |

| Judaísmo (m) | judaisme (m) | ['jʉda‚ismə] |
| judeu (m) | judeer (m) | ['jʉ'deər] |

| budismo (m) | buddhisme (m) | [bʉ'dismə] |
| budista (m) | buddhist (m) | [bʉ'dist] |

| hinduísmo (m) | hinduisme (m) | [hindʉ'ismə] |
| hindu (m) | hindu (m) | ['hindʉ] |

Islão (m)	islam	['islam]
muçulmano (m)	muslim (m)	[mʉ'slim]
muçulmano	muslimsk	[mʉ'slimsk]

Xiismo (m)	sjiisme (m)	[ʂi'ismə]
xiita (m)	sjiitt (m)	[ʂi'it]
sunismo (m)	sunnisme (m)	[sʉ'nismə]
sunita (m)	sunnimuslim (m)	['sʉni mʉs‚lim]

247. Religiões. Padres

| padre (m) | prest (m) | ['prɛst] |
| Papa (m) | Paven | ['pɑvən] |

monge (m)	munk (m)	['mʉnk]
freira (f)	nonne (m/f)	['nɔnə]
pastor (m)	pastor (m)	['pɑstʉr]

abade (m)	abbed (m)	['ɑbed]
vigário (m)	sogneprest (m)	['sɔŋnə,prɛst]
bispo (m)	biskop (m)	['biskɔp]
cardeal (m)	kardinal (m)	[kɑːdi'nɑl]

pregador (m)	predikant (m)	[prɛdi'kɑnt]
sermão (m)	preken (m)	['prɛkən]
paroquianos (pl)	menighet (m/f)	['meni,het]

| crente (m) | troende (m) | ['trʉenə] |
| ateu (m) | ateist (m) | [ate'ist] |

248. Fé. Cristianismo. Islão

| Adão | Adam | ['ɑdɑm] |
| Eva | Eva | ['ɛvɑ] |

Deus (m)	Gud (m)	['gʉd]
Senhor (m)	Herren	['hæərən]
Todo Poderoso (m)	Den Allmektige	[den ɑl'mɛktiə]

pecado (m)	synd (m/f)	['sʏn]
pecar (vi)	å synde	[ɔ 'sʏnə]
pecador (m)	synder (m)	['sʏnər]
pecadora (f)	synderinne (m)	['sʏnə,rinə]

| inferno (m) | helvete (n) | ['hɛlvetə] |
| paraíso (m) | paradis (n) | ['pɑrɑ,dis] |

| Jesus | Jesus | ['jesʉs] |
| Jesus Cristo | Jesus Kristus | ['jesʉs ,kristʉs] |

Espírito (m) Santo	Den Hellige Ånd	[dən 'hɛliə ,on]
Salvador (m)	Frelseren	['frelserən]
Virgem Maria (f)	Jomfru Maria	['jɔmfrʉ mɑ,ria]

Diabo (m)	Djevel (m)	['djevəl]
diabólico	djevelsk	['djevəlsk]
Satanás (m)	Satan	['sɑtɑn]
satânico	satanisk	[sɑ'tɑnisk]

anjo (m)	engel (m)	['ɛŋəl]
anjo (m) da guarda	skytsengel (m)	['ʂʏts,ɛŋəl]
angélico	engle-	['ɛŋlə-]

apóstolo (m)	apostel (m)	[a'pɔstəl]
arcanjo (m)	erkeengel (m)	['ærkə,æŋəl]
anticristo (m)	Antikrist	['anti,krist]
Igreja (f)	kirken (m)	['çirkən]
Bíblia (f)	bibel (m)	['bibəl]
bíblico	bibelsk	['bibəlsk]
Velho Testamento (m)	Det Gamle Testamente	[de 'gamlə tɛsta'mentə]
Novo Testamento (m)	Det Nye Testamente	[de 'nye tɛsta'mentə]
Evangelho (m)	evangelium (n)	[ɛvan'gelium]
Sagradas Escrituras (f pl)	Den Hellige Skrift	[dən 'hɛliə ,skrift]
Céu (m)	Himmerike (n)	['himə,rikə]
mandamento (m)	bud (n)	['bʉd]
profeta (m)	profet (m)	[prʊ'fet]
profecia (f)	profeti (m)	[prʊfe'ti]
Alá	Allah	['ala]
Maomé	Muhammed	[mʉ'hamed]
Corão, Alcorão (m)	Koranen	[kʊ'ranən]
mesquita (f)	moské (m)	[mʊ'ske]
mulá (m)	mulla (m)	['mʉla]
oração (f)	bønn (m)	['bœn]
rezar, orar (vi)	å be	[ɔ 'be]
peregrinação (f)	pilegrimsreise (m/f)	['p'iləgrims,ræjsə]
peregrino (m)	pilegrim (m)	['piləgrim]
Meca (f)	Mekka	['mɛka]
igreja (f)	kirke (m/f)	['çirkə]
templo (m)	tempel (n)	['tɛmpəl]
catedral (f)	katedral (m)	[kate'dral]
gótico	gotisk	['gotisk]
sinagoga (f)	synagoge (m)	[syna'gʊgə]
mesquita (f)	moské (m)	[mʊ'ske]
capela (f)	kapell (n)	[ka'pɛl]
abadia (f)	abbedi (n)	['abedi]
convento (m)	kloster (n)	['klɔstər]
mosteiro (m)	kloster (n)	['klɔstər]
sino (m)	klokke (m/f)	['klɔkə]
campanário (m)	klokketårn (n)	['klɔkə,to:n]
repicar (vi)	å ringe	[ɔ 'riŋə]
cruz (f)	kors (n)	['kɔ:ʂ]
cúpula (f)	kuppel (m)	['kʉpəl]
ícone (m)	ikon (m/n)	[i'kʊn]
alma (f)	sjel (m)	['ʂɛl]
destino (m)	skjebne (m)	['ʂɛbnə]
mal (m)	ondskap (n)	['ʊn,skap]
bem (m)	godhet (m)	['gʊ,het]
vampiro (m)	vampyr (m)	[vam'pyr]

bruxa (f)	heks (m)	['hɛks]
demónio (m)	demon (m)	[de'mʊn]
espírito (m)	ånd (m)	['ɔn]
redenção (f)	forløsning (m/f)	[fɔ:'løsniŋ]
redimir (vt)	å sone	[ɔ 'sʊnə]
missa (f)	gudstjeneste (m)	['gʉts‚tjenɛstə]
celebrar a missa	å holde gudstjeneste	[ɔ 'hɔldə 'gʉts‚tjenɛstə]
confissão (f)	skriftemål (n)	['skriftə‚mol]
confessar-se (vr)	å skrifte	[ɔ 'skriftə]
santo (m)	helgen (m)	['hɛlgən]
sagrado	hellig	['hɛli]
água (f) benta	vievann (n)	['viə‚vɑn]
ritual (m)	ritual (n)	[ritʉ'ɑl]
ritual	rituell	[ritʉ'ɛl]
sacrifício (m)	ofring (m/f)	['ɔfriŋ]
superstição (f)	overtro (m)	['ɔvə‚trʊ]
supersticioso	overtroisk	['ɔvə‚trʊisk]
vida (f) depois da morte	livet etter dette	['livə ‚ɛtər 'dɛtə]
vida (f) eterna	det evige liv	[de ‚eviə 'liv]

TEMAS DIVERSOS

249. Várias palavras úteis

ajuda (f)	hjelp (m)	['jɛlp]
barreira (f)	hinder (n)	['hindər]
base (f)	basis (n)	['bɑsis]
categoria (f)	kategori (m)	[kategu'ri]
causa (f)	årsak (m/f)	['oːˌʂak]
coincidência (f)	sammenfall (n)	['samənˌfal]
coisa (f)	ting (m)	['tiŋ]
começo (m)	begynnelse (m)	[be'jinəlsə]
cómodo (ex. poltrona ~a)	bekvem	[be'kvem]
comparação (f)	sammenlikning (m)	['samənˌlikniŋ]
compensação (f)	kompensasjon (m)	[kʊmpɛnsa'ʂʊn]
crescimento (m)	vekst (m)	['vɛkst]
desenvolvimento (m)	utvikling (m/f)	['ʉtˌvikliŋ]
diferença (f)	skilnad, forskjell (m)	['ʂilnad], ['fɔːʂɛl]
efeito (m)	effekt (m)	[ɛ'fɛkt]
elemento (m)	element (n)	[ɛle'mɛnt]
equilíbrio (m)	balanse (m)	[ba'lansə]
erro (m)	feil (m)	['fæjl]
esforço (m)	anstrengelse (m)	['anˌstrɛŋəlsə]
estilo (m)	stil (m)	['stil]
exemplo (m)	eksempel (n)	[ɛk'sɛmpəl]
facto (m)	faktum (n)	['faktum]
fim (m)	slutt (m)	['ʂlʉt]
forma (f)	form (m/f)	['fɔrm]
frequente	hyppig	['hʏpi]
fundo (ex. ~ verde)	bakgrunn (m)	['bakˌgrʉn]
género (tipo)	slags (n)	['ʂlaks]
grau (m)	grad (m)	['grad]
ideal (m)	ideal (n)	[ide'al]
labirinto (m)	labyrint (m)	[laby'rint]
modo (m)	måte (m)	['moːtə]
momento (m)	moment (n)	[mɔ'mɛnt]
objeto (m)	objekt (n)	[ɔb'jɛkt]
obstáculo (m)	hindring (m/f)	['hindriŋ]
original (m)	original (m)	[ɔrigi'nal]
padrão	standard-	['stanˌdar-]
padrão (m)	standard (m)	['stanˌdar]
paragem (pausa)	stopp (m), hvile (m/f)	['stɔp], ['vilə]
parte (f)	del (m)	['del]

partícula (f)	partikel (m)	[pɑːˈʈikəl]
pausa (f)	pause (m)	[ˈpɑʊsə]
posição (f)	posisjon (m)	[pɔsiˈʂʊn]
princípio (m)	prinsipp (n)	[prinˈsip]

problema (m)	problem (n)	[prʊˈblem]
processo (m)	prosess (m)	[prʊˈsɛs]
progresso (m)	fremskritt (n)	[ˈfrɛmˌskrit]
propriedade (f)	egenskap (m)	[ˈɛgənˌskɑp]

reação (f)	reaksjon (m)	[rɛakˈʂʊn]
risco (m)	risiko (m)	[ˈrisikʊ]
ritmo (m)	tempo (n)	[ˈtɛmpʊ]
segredo (m)	hemmelighet (m/f)	[ˈhɛməliˌhet]
série (f)	serie (m)	[ˈseriə]

sistema (m)	system (n)	[sʏˈstem]
situação (f)	situasjon (m)	[situaˈʂʊn]
solução (f)	løsning (m)	[ˈløsniŋ]
tabela (f)	tabell (m)	[tɑˈbɛl]
termo (ex. ~ técnico)	term (m)	[ˈtɛrm]

tipo (m)	type (m)	[ˈtypə]
urgente	omgående	[ˈɔmˌgɔːnə]
urgentemente	omgående	[ˈɔmˌgɔːnə]
utilidade (f)	nytte (m/f)	[ˈnʏtə]

variante (f)	variant (m)	[vɑriˈɑnt]
variedade (f)	valg (n)	[ˈvɑlg]
verdade (f)	sannhet (m)	[ˈsɑnˌhet]
vez (f)	tur (m)	[ˈtʉr]
zona (f)	sone (m/f)	[ˈsʊnə]

250. Modificadores. Adjetivos. Parte 1

aberto	åpen	[ˈɔpən]
afiado	skarp	[ˈskɑrp]
agradável	trivelig, behagelig	[ˈtrivli], [beˈhɑgli]
agradecido	takknemlig	[takˈnɛmli]
alegre	glad, munter	[ˈglɑ], [ˈmʉntər]

alto (ex. voz ~a)	høy	[ˈhøj]
amargo	bitter	[ˈbitər]
amplo	rommelig	[ˈrʊmeli]
antigo	oldtidens, antikkens	[ˈɔlˌtidəns], [anˈtikəns]
apertado (sapatos ~s)	trange	[ˈtraŋə]

apropriado	egnet	[ˈæjnət]
arriscado	risikabel	[risiˈkabəl]
artificial	kunstig	[ˈkʉnsti]
azedo	sur	[ˈsʉr]

| baixo (voz ~a) | lav | [ˈlɑv] |
| barato | billig | [ˈbili] |

| belo | vakker | ['vɑkər] |
| bom | bra | ['brɑ] |

bondoso	god	['gʊ]
bonito	vakker	['vɑkər]
bronzeado	solbrent	['sʊlˌbrɛnt]
burro, estúpido	dum	['dʉm]
calmo	rolig	['rʊli]

cansado	trett	['trɛt]
cansativo	trøttende	['trœtɛnə]
carinhoso	omsorgsfull	['ɔmˌsɔrgsfʉl]
caro	dyr	['dyr]
cego	blind	['blin]

central	sentral	[sɛn'trɑl]
cerrado (ex. nevoeiro ~)	tykk	['tʏk]
cheio (ex. copo ~)	full	['fʉl]
civil	sivil	[si'vil]

clandestino	hemmelig	['hɛməli]
claro	lys	['lys]
claro (explicação ~a)	klar	['klɑr]
compatível	forenelig	[fɔ'renli]

comum, normal	vanlig	['vɑnli]
congelado	frossen, dypfryst	['frɔsən], ['dypˌfrʏst]
conjunto	felles	['fɛləs]
considerável	betydelig	[be'tydəli]
contente	nøgd, tilfreds	['nøgd], [til'frɛds]

contínuo	langvarig	['lɑŋˌvɑri]
contrário (ex. o efeito ~)	motsatt	['mʊtˌsɑt]
correto (resposta ~a)	riktig	['rikti]
cru (não cozinhado)	rå	['rɔ]
curto	kort	['kʊːt]

de curta duração	kortvarig	['kʊːtˌvɑri]
de sol, ensolarado	solrik	['sʊlˌrik]
de trás	bak-	['bɑk-]
denso (fumo, etc.)	tykk	['tʏk]
desanuviado	skyfri	['ʂyˌfri]

descuidado	slurvet	['ʂlʉrvət]
diferente	ulike	['ʉlikə]
difícil	svær	['svær]
difícil, complexo	komplisert	[kʊmpli'sɛːt]
direito	høyre	['højrə]

distante	fjern	['fjæːn̩]
diverso	forskjellig	[fɔ'ʂɛli]
doce (açucarado)	søt	['søt]
doce (água)	fersk-	['fæʂk-]
doente	syk	['syk]
duro (material ~)	hard	['hɑr]
educado	høflig	['høfli]

| encantador | snill | ['snil] |
| enigmático | mystisk | ['mʏstisk] |

enorme	enorm	[ɛ'nɔrm]
escuro (quarto ~)	mørk	['mœrk]
especial	spesial	[spesi'ɑl]
esquerdo	venstre	['vɛnstrə]
estrangeiro	utenlandsk	['ʉtən‚lɑnsk]

estreito	smal	['smɑl]
exato	presis, eksakt	[prɛ'sis], [ɛk'sɑkt]
excelente	utmerket	['ʉt‚mærkət]
excessivo	overdreven	['ɔvə‚drevən]
externo	ytre	['ytrə]

fácil	lett	['let]
faminto	sulten	['sʉltən]
fechado	stengt	['stɛŋt]
feliz	lykkelig	['lʏkəli]
fértil (terreno ~)	fruktbar	['frʉkt‚bɑr]

forte (pessoa ~)	sterk	['stærk]
fraco (luz ~a)	svak	['svɑk]
frágil	skjør	['ʂør]
fresco	kjølig	['çœli]
fresco (pão ~)	fersk	['fæʂk]

frio	kald	['kɑl]
gordo	fet	['fet]
gostoso	lekker	['lekər]
grande	stor	['stʊr]

gratuito, grátis	gratis	['grɑtis]
grosso (camada ~a)	tykk	['tʏk]
hostil	fiendtlig	['fjɛntli]
húmido	fuktig	['fʉkti]

251. Modificadores. Adjetivos. Parte 2

igual	samme, lik	['samə], ['lik]
imóvel	ubevegelig, urørlig	[ʉbe'vɛgli], [ʉ'rø:‖i]
importante	viktig	['vikti]
impossível	umulig	[ʉ'mʉli]
incompreensível	uforståelig	[ʉfo'ʂtəli]

indigente	utfattig	['ʉt‚fɑti]
indispensável	nødvendig	['nød‚vɛndi]
inexperiente	uerfaren	[ʉer'fɑrən]
infantil	barne-	['bɑ:ŋə-]

ininterrupto	uavbrutt	[ʉ:'av‚brʉt]
insignificante	ubetydelig	[ʉbe'tydəli]
inteiro (completo)	hel	['hel]
inteligente	klok	['klʊk]

229

interno	indre	['indrə]
jovem	ung	['ʉŋ]
largo (caminho ~)	bred	['bre]
legal	lovlig	['lɔvli]
leve	lett	['let]

limitado	begrenset	[be'grɛnsət]
limpo	ren	['ren]
líquido	flytende	['flytnə]
liso	glatt	['glat]
liso (superfície ~a)	jevn	['jɛvn]

livre	fri	['fri]
longo (ex. cabelos ~s)	lang	['laŋ]
maduro (ex. fruto ~)	moden	['mʉdən]
magro	slank, tynn	['ṣlank], ['tyn]
magro (pessoa)	benete, mager	['benetə], ['magər]

mais próximo	nærmeste	['nærmɛstə]
mais recente	forrige	['foriə]
mate, baço	matt	['mat]
mau	dårlig	['do:ḷi]
meticuloso	nøyaktig	['nøjakti]

míope	nærsynt	['næˌsynt]
mole	bløt	['bløt]
molhado	våt	['vɔt]
moreno	mørkhudet	['mœrkˌhʉdət]
morto	død	['dø]

não difícil	lett	['let]
não é clara	uklar	['ʉˌklar]
não muito grande	liten, ikke stor	['litən], [ˌikə 'stʉr]
natal (país ~)	hjem-	['jɛm-]
necessário	nødvendig	['nødˌvɛndi]

negativo	negativ	['negaˌtiv]
nervoso	nervøs	[nær'vøs]
normal	normal	[nɔr'mal]
novo	ny	['ny]
o mais importante	viktigste	['viktigstə]

obrigatório	obligatorisk	[ɔbliga'tʉrisk]
original	original	[ɔrigi'nal]
passado	forrige	['foriə]
pequeno	liten	['litən]
perigoso	farlig	['fɑ:ḷi]

permanente	fast, permanent	['fast], ['pɛrmaˌnɛnt]
perto	nær	['nær]
pesado	tung	['tʉŋ]
pessoal	personlig	[pæ'ṣʉnli]
plano (ex. ecrã ~ a)	flat	['flat]

| pobre | fattig | ['fati] |
| pontual | punktlig | ['pʉnktli] |

possível	mulig	['mʉli]
pouco fundo	grunn	['grʉn]
presente (ex. momento ~)	nåværende	['nɔˌværenə]

prévio	foregående	['fɔrəˌgoːŋə]
primeiro (principal)	hoved-, prinsipal	['hɔvəd-], ['prinsiˌpɑl]
principal	hoved-	['hɔvəd-]
privado	privat	[pri'vɑt]

provável	sannsynlig	[sɑn'sʏnli]
próximo	nær	['nær]
público	offentlig	['ɔfentli]
quente (cálido)	het, varm	['het], ['vɑrm]

quente (morno)	varm	['vɑrm]
rápido	hastig	['hɑsti]
raro	sjelden	['ʂɛlən]
remoto, longínquo	fjern	['fjæːn̩]
reto	rett	['rɛt]

salgado	salt	['sɑlt]
satisfeito	fornøyd, tilfreds	[fɔr'nøjd], [til'frɛds]
seco	tørr	['tœr]
seguinte	neste	['nɛstə]
seguro	sikker	['sikər]

similar	lik	['lik]
simples	enkel	['ɛnkəl]
soberbo	utmerket	['ʉtˌmærkət]
sólido	solid, holdbar	[sʊ'lid], ['hɔlˌbɑr]
sombrio	mørk	['mœrk]

sujo	skitten	['ʂitən]
superior	høyest	['højɛst]
suplementar	ytterligere	['ytəˌliərə]
terno, afetuoso	øm	['øm]

tranquilo	rolig	['rʊli]
transparente	transparent	['trɑnspɑˌrɑŋ]
triste (pessoa)	sørgmodig	[sør'mʊdi]
triste (um ar ~)	trist	['trist]
último	sist	['sist]

único	unik	[ʉ'nik]
usado	brukt, secondhand	['brʉkt], ['sekɔnˌhɛn]
vazio (meio ~)	tom	['tɔm]
velho	gammel	['gaməl]
vizinho	nabo-	['nɑbʉ-]

500 VERBOS PRINCIPAIS

252. Verbos A-B

aborrecer-se (vr)	å kjede seg	[ɔ 'çedə sæj]
abraçar (vt)	å omfavne	[ɔ 'ɔmˌfavnə]
abrir (~ a janela)	å åpne	[ɔ 'ɔpnə]
acalmar (vt)	å berolige	[ɔ be'rʊliə]
acariciar (vt)	å stryke	[ɔ 'strykə]
acenar (vt)	å vinke	[ɔ 'vinkə]
acender (~ uma fogueira)	å tenne	[ɔ 'tɛnə]
achar (vt)	å tro	[ɔ 'trʊ]
acompanhar (vt)	å følge	[ɔ 'følə]
aconselhar (vt)	å råde	[ɔ 'roːdə]
acordar (despertar)	å vekke	[ɔ 'vɛkə]
acrescentar (vt)	å tilføye	[ɔ 'tilˌføjə]
acusar (vt)	å anklage	[ɔ 'anˌklagə]
adestrar (vt)	å dressere	[ɔ drɛ'serə]
adivinhar (vt)	å gjette	[ɔ 'jɛtə]
admirar (vt)	å beundre	[ɔ be'ʉndrə]
advertir (vt)	å advare	[ɔ 'adˌvarə]
afirmar (vt)	å påstå	[ɔ 'poˌstɔ]
afogar-se (pessoa)	å drukne	[ɔ 'drʉknə]
afugentar (vt)	å jage bort	[ɔ 'jagə 'bʊːt]
agir (vi)	å handle	[ɔ 'handlə]
agitar, sacudir (objeto)	å riste	[ɔ 'ristə]
agradecer (vt)	å takke	[ɔ 'takə]
ajudar (vt)	å hjelpe	[ɔ 'jɛlpə]
alcançar (objetivos)	å oppnå	[ɔ 'ɔpnɔ]
alimentar (dar comida)	å mate	[ɔ 'matə]
almoçar (vi)	å spise lunsj	[ɔ 'spisə ˌlʉnʂ]
alugar (~ o barco, etc.)	å leie	[ɔ 'læjə]
alugar (~ um apartamento)	å leie	[ɔ 'læjə]
amar (pessoa)	å elske	[ɔ 'ɛlskə]
amarrar (vt)	å binde	[ɔ 'binə]
ameaçar (vt)	å true	[ɔ 'trʉə]
amputar (vt)	å amputere	[ɔ ampʉ'terə]
anotar (escrever)	å notere	[ɔ nʊ'terə]
anular, cancelar (vt)	å avlyse, å annullere	[ɔ 'avˌlysə], [ɔ anʉ'lerə]
apagar (com apagador, etc.)	å viske ut	[ɔ 'viskə ʉt]
apagar (um incêndio)	å slokke	[ɔ 'ʂløkə]
apaixonar-se de …	å forelske seg i …	[ɔ fɔ'rɛlskə sæj i …]

aparecer (vi)	å dukke opp	[ɔ 'dʉkə ɔp]
aplaudir (vi)	å applaudere	[ɔ aplaʊ'derə]
apoiar (vt)	å støtte	[ɔ 'stœtə]
apontar para ...	å sikte på ...	[ɔ 'siktə pɔ ...]

apresentar (alguém a alguém)	å presentere	[ɔ presen'terə]
apresentar (Gostaria de ~)	å presentere	[ɔ presen'terə]
apressar (vt)	å skynde	[ɔ 'ʂynə]
apressar-se (vr)	å skynde seg	[ɔ 'ʂynə sæj]

aproximar-se (vr)	å nærme seg	[ɔ 'nærmə sæj]
aquecer (vt)	å varme	[ɔ 'varmə]
arrancar (vt)	å rive av	[ɔ 'rivə a:]
arranhar (gato, etc.)	å klore	[ɔ 'klɔrə]

arrepender-se (vr)	å beklage	[ɔ be'klagə]
arriscar (vt)	å risikere	[ɔ risi'kerə]
arrumar, limpar (vt)	å rydde	[ɔ 'rʏdə]
aspirar a ...	å aspirere	[ɔ aspi'rerə]
assinar (vt)	å underskrive	[ɔ 'ʉnəˌʂkrivə]

assistir (vt)	å assistere	[ɔ asi'sterə]
atacar (vt)	å angripe	[ɔ 'anˌgripə]
atar (vt)	å binde fast	[ɔ 'binə 'fast]
atirar (vi)	å skyte	[ɔ 'ʂytə]

atracar (vi)	å fortøye	[ɔ fɔː'tøjə]
aumentar (vi)	å øke	[ɔ 'økə]
aumentar (vt)	å øke	[ɔ 'økə]
avançar (sb. trabalhos, etc.)	å gå framover	[ɔ 'gɔ ˌfram'ɔvər]

avistar (vt)	å bemerke	[ɔ be'mærkə]
baixar (guindaste)	å heise ned	[ɔ 'hæjsə ne]
barbear-se (vr)	å barbere seg	[ɔ bar'berə sæj]
basear-se em ...	å være basert på ...	[ɔ 'værə bɑ'sɛːʈ pɔ ...]

bastar (vi)	å være nok	[ɔ 'værə ˌnɔk]
bater (espancar)	å slå	[ɔ 'ʂlɔ]
bater (vi)	å knakke	[ɔ 'knakə]
bater-se (vr)	å slåss	[ɔ 'ʂlɔs]

beber, tomar (vt)	å drikke	[ɔ 'drikə]
brilhar (vi)	å skinne	[ɔ 'ʂinə]
brincar, jogar (crianças)	å leke	[ɔ 'lekə]
buscar (vt)	å søke ...	[ɔ 'søkə ...]

253. Verbos C-D

caçar (vi)	å jage	[ɔ 'jagə]
calar-se (parar de falar)	å slutte å snakke	[ɔ 'ʂlʉtə ɔ 'snakə]
calcular (vt)	å telle	[ɔ 'tɛlə]
carregar (o caminhão)	å laste	[ɔ 'lastə]
carregar (uma arma)	å lade	[ɔ 'ladə]

casar-se (vr)	å gifte seg	[ɔ 'jiftə sæj]
causar (vt)	å forårsake	[ɔ forɔ:'ʂakə]
cavar (vt)	å grave	[ɔ 'gravə]

ceder (não resistir)	å gi etter	[ɔ 'ji 'ɛtər]
cegar, ofuscar (vt)	å blende	[ɔ 'blenə]
censurar (vt)	å bebreide	[ɔ be'bræjdə]
cessar (vt)	å slutte	[ɔ 'ʂlʉtə]

chamar (~ por socorro)	å tilkalle	[ɔ 'til,kalə]
chamar (dizer em voz alta o nome)	å kalle	[ɔ 'kalə]
chegar (a algum lugar)	å nå	[ɔ 'nɔ:]
chegar (sb. comboio, etc.)	å ankomme	[ɔ 'an,kɔmə]

cheirar (tem o cheiro)	å lukte	[ɔ 'lʉktə]
cheirar (uma flor)	å lukte	[ɔ 'lʉktə]
chorar (vi)	å gråte	[ɔ 'gro:tə]
citar (vt)	å sitere	[ɔ si'terə]

colher (flores)	å plukke	[ɔ 'plʉkə]
colocar (vt)	å legge	[ɔ 'legə]
combater (vi, vt)	å kjempe	[ɔ 'çɛmpə]
começar (vt)	å begynne	[ɔ be'jinə]

comer (vt)	å spise	[ɔ 'spisə]
comparar (vt)	å sammenlikne	[ɔ 'samən,liknə]
compensar (vt)	å kompensere	[ɔ kʉmpen'serə]
competir (vi)	å konkurrere	[ɔ kʉnkʉ'rerə]

complicar (vt)	å komplisere	[ɔ kʉmpli'serə]
compor (vt)	å komponere	[ɔ kʉmpʉ'nerə]
comportar-se (vr)	å oppføre seg	[ɔ 'ɔp,førə sæj]
comprar (vt)	å kjøpe	[ɔ 'çœ:pə]

compreender (vt)	å forstå	[ɔ fɔ'ʂtɔ]
comprometer (vt)	å kompromittere	[ɔ kʉmprʉmi'terə]
concentrar-se (vr)	å konsentrere seg	[ɔ kʉnsen'trerə sæj]
concordar (dizer "sim")	å samtykke	[ɔ 'sam,tʏkə]

condecorar (dar medalha)	å belønne	[ɔ be'lœnə]
conduzir (~ o carro)	å kjøre bil	[ɔ 'çœ:rə ,bil]
confessar-se (criminoso)	å tilstå	[ɔ 'til,stɔ]
confiar (vt)	å stole på	[ɔ 'stʉlə pɔ]

confundir (equivocar-se)	å forveksle	[ɔ fɔr'vɛkʂlə]
conhecer (vt)	å kjenne	[ɔ 'çɛnə]
conhecer-se (vr)	å stifte bekjentskap med ...	[ɔ 'stiftə be'çɛn,skap me ...]
consertar (vt)	å bringe orden	[ɔ 'briŋə 'ɔrdən]

consultar ...	å konsultere	[ɔ kʉnsʉl'terə]
contagiar-se com ...	å bli smittet	[ɔ 'bli 'smitət]
contar (vt)	å fortelle	[ɔ fɔ:'tɛlə]
contar com ...	å regne med ...	[ɔ 'rɛjnə me ...]
continuar (vt)	å fortsette	[ɔ 'fɔrt,sɛtə]
contratar (vt)	å ansette	[ɔ 'an,sɛtə]

controlar (vt)	å kontrollere	[ɔ kʉntrɔ'lerə]
convencer (vt)	å overbevise	[ɔ 'ɔvərbeˌvisə]
convidar (vt)	å innby, å invitere	[ɔ 'inby], [ɔ invi'terə]

cooperar (vi)	å samarbeide	[ɔ 'samarˌbæjdə]
coordenar (vt)	å koordinere	[ɔ kɔːdi'nerə]
corar (vi)	å rødme	[ɔ 'rødmə]
correr (vi)	å løpe	[ɔ 'løpə]
corrigir (vt)	å rette	[ɔ 'rɛtə]

cortar (com um machado)	å hugge av	[ɔ 'hʉgə ɑ:]
cortar (vt)	å skjære av	[ɔ 'sæːrə ɑ:]
cozinhar (vt)	å lage	[ɔ 'lɑgə]
crer (pensar)	å tro	[ɔ 'trʉ]
criar (vt)	å opprette	[ɔ 'ɔpˌrɛtə]

cultivar (vt)	å avle	[ɔ 'avlə]
cuspir (vi)	å spytte	[ɔ 'spʏtə]
custar (vt)	å koste	[ɔ 'kɔstə]
dar (vt)	å gi	[ɔ 'ji]

dar banho, lavar (vt)	å bade	[ɔ 'bɑdə]
datar (vi)	å datere seg	[ɔ dɑ'terə sæj]
decidir (vt)	å beslutte	[ɔ be'slʉtə]
decorar (enfeitar)	å pryde	[ɔ 'prydə]
dedicar (vt)	å tilegne	[ɔ 'tilˌegnə]

defender (vt)	å forsvare	[ɔ fɔ'svarə]
defender-se (vr)	å forsvare seg	[ɔ fɔ'svarə sæj]
deixar (~ a mulher)	å forlate, å etterlate	[ɔ fɔ'lɑtə], [ɔ ɛtə'lɑtə]
deixar (esquecer)	å glemme	[ɔ 'glemə]

deixar (permitir)	å tillate	[ɔ 'tiˌlɑtə]
deixar cair (vt)	å tappe	[ɔ 'tɑpə]
denominar (vt)	å kalle	[ɔ 'kɑlə]
denunciar (vt)	å angi	[ɔ 'anˌji]
depender de ... (vi)	å avhenge av ...	[ɔ 'avˌheŋə ɑ: ...]

derramar (vt)	å spille	[ɔ 'spilə]
derramar-se (vr)	å bli spilt	[ɔ 'bli 'spilt]
desaparecer (vi)	å forsvinne	[ɔ fɔ'svinə]
desatar (vt)	å løse opp	[ɔ 'løsə ɔp]
desatracar (vi)	å kaste loss	[ɔ 'kastə lɔs]

descansar (um pouco)	å hvile	[ɔ 'vilə]
descer (para baixo)	å gå ned	[ɔ 'gɔ ne]
descobrir (novas terras)	å oppdage	[ɔ 'ɔpˌdɑgə]
descolar (avião)	å løfte	[ɔ 'lœftə]

desculpar (vt)	å unnskylde	[ɔ 'ʉnˌsylə]
desculpar-se (vr)	å unnskylde seg	[ɔ 'ʉnˌsylə sæj]
desejar (vt)	å ønske	[ɔ 'ønskə]
desempenhar (vt)	å spille	[ɔ 'spilə]

| desligar (vt) | å slokke | [ɔ 'sløkə] |
| desprezar (vt) | å forakte | [ɔ fɔ'raktə] |

destruir (documentos, etc.)	å ødelegge	[ɔ 'ødə‚legə]
dever (vi)	å måtte	[ɔ 'moːtə]
devolver (vt)	å sende tilbake	[ɔ 'sɛnə til'bɑkə]
direcionar (vt)	å vise vei	[ɔ 'visə væj]
dirigir (~ uma empresa)	å styre, å lede	[ɔ 'styrə], [ɔ 'ledə]
dirigir-se (a um auditório, etc.)	å tiltale	[ɔ 'til‚talə]
discutir (notícias, etc.)	å diskutere	[ɔ disku'terə]
distribuir (folhetos, etc.)	å dele ut	[ɔ 'delə ʉt]
distribuir (vt)	å dele ut	[ɔ 'delə ʉt]
divertir (vt)	å underholde	[ɔ 'ʉnər‚holə]
divertir-se (vr)	å more seg	[ɔ 'mʉrə sæj]
dividir (mat.)	å dividere	[ɔ divi'derə]
dizer (vt)	å si	[ɔ 'si]
dobrar (vt)	å fordoble	[ɔ for'doblə]
duvidar (vt)	å tvile	[ɔ 'tvilə]

254. Verbos E-J

elaborar (uma lista)	å sammenstille	[ɔ 'samən‚stilə]
elevar-se acima de ...	å rage over	[ɔ 'rɑge 'ɔvər]
eliminar (um obstáculo)	å fjerne	[ɔ 'fjæːŋə]
embrulhar (com papel)	å pakke inn	[ɔ 'pakə in]
emergir (submarino)	å dykke opp	[ɔ 'dʏkə ɔp]
emitir (vt)	å spre, å sprede	[ɔ 'sprej], [ɔ 'spredə]
empreender (vt)	å foreta	[ɔ 'forə‚ta]
empurrar (vt)	å skubbe, å støte	[ɔ 'skʉbə], [ɔ 'støtə]
encabeçar (vt)	å lede	[ɔ 'ledə]
encher (~ a garrafa, etc.)	å fylle	[ɔ 'fʏlə]
encontrar (achar)	å finne	[ɔ 'finə]
enganar (vt)	å fuske	[ɔ 'fʉskə]
ensinar (vt)	å undervise	[ɔ 'ʉnər‚visə]
entrar (na sala, etc.)	å komme inn	[ɔ 'kɔmə in]
enviar (uma carta)	å sende	[ɔ 'sɛnə]
equipar (vt)	å utstyre	[ɔ 'ʉt‚styrə]
errar (vi)	å gjøre feil	[ɔ 'jørə ‚fæjl]
escolher (vt)	å velge	[ɔ 'vɛlgə]
esconder (vt)	å gjemme	[ɔ 'jɛmə]
escrever (vt)	å skrive	[ɔ 'skrivə]
escutar (vt)	å lye, å lytte	[ɔ 'lye], [ɔ 'lʏtə]
escutar atrás da porta	å tyvlytte	[ɔ 'tyv‚lʏtə]
esmagar (um inseto, etc.)	å knuse	[ɔ 'knʉsə]
esperar (contar com)	å forvente	[ɔ for'vɛntə]
esperar (o autocarro, etc.)	å vente	[ɔ 'vɛntə]
esperar (ter esperança)	å håpe	[ɔ 'hoːpə]

espreitar (vi)	å kikke	[ɔ 'çikə]
esquecer (vt)	å glemme	[ɔ 'glemə]
estar	å ligge	[ɔ 'ligə]

estar convencido	å være overbevist	[ɔ 'værə 'ɔvərbe‚vist]
estar deitado	å ligge	[ɔ 'ligə]
estar perplexo	å være forvirret	[ɔ 'værə fɔr'virət]

estar sentado	å sitte	[ɔ 'sitə]
estremecer (vi)	å gyse	[ɔ 'jisə]
estudar (vt)	å studere	[ɔ stʉ'derə]
evitar (vt)	å unngå	[ɔ 'ʉŋ‚gɔ]

examinar (vt)	å undersøke	[ɔ 'ʉnə‚søkə]
exigir (vt)	å kreve	[ɔ 'krevə]
existir (vi)	å eksistere	[ɔ ɛksi'sterə]
explicar (vt)	å forklare	[ɔ fɔr'klarə]

expressar (vt)	å uttrykke	[ɔ 'ʉt‚rʏkə]
expulsar (vt)	å uteslutte	[ɔ 'ʉtə‚slʉtə]
facilitar (vt)	å lette	[ɔ 'letə]
falar com ...	å tale med ...	[ɔ 'talə me ...]

faltar a ...	å skulke	[ɔ 'skʉlkə]
fascinar (vt)	å sjarmere	[ɔ 'ʂar‚merə]
fatigar (vt)	å trette	[ɔ 'trɛtə]
fazer (vt)	å gjøre	[ɔ 'jørə]

fazer lembrar	å påminne	[ɔ 'po‚minə]
fazer piadas	å spøke	[ɔ 'spøkə]
fazer uma tentativa	å forsøke	[ɔ fɔ'søkə]
fechar (vt)	å lukke	[ɔ 'lʉkə]
felicitar (dar os parabéns)	å gratulere	[ɔ gratʉ'lerə]

ficar cansado	å bli trett	[ɔ 'bli 'trɛt]
ficar em silêncio	å tie	[ɔ 'tie]
ficar pensativo	å gruble	[ɔ 'grʉblə]
forçar (vt)	å tvinge	[ɔ 'tviŋə]
formar (vt)	å danne, å forme	[ɔ 'danə], [ɔ 'fɔrmə]

fotografar (vt)	å fotografere	[ɔ fɔtɔgra'ferə]
gabar-se (vr)	å prale	[ɔ 'pralə]
garantir (vt)	å garantere	[ɔ garan'terə]
gostar (apreciar)	å like	[ɔ 'likə]

gostar (vt)	å elske	[ɔ 'ɛlskə]
gritar (vi)	å skrike	[ɔ 'skrikə]
guardar (cartas, etc.)	å beholde	[ɔ be'holə]
guardar (no armário, etc.)	å stue unna	[ɔ 'stʉə 'ʉna]
guerrear (vt)	å være i krig	[ɔ 'værə i ‚krig]

herdar (vt)	å arve	[ɔ 'arvə]
iluminar (vt)	å belyse	[ɔ be'lysə]
imaginar (vt)	å forestille seg	[ɔ 'fɔrə‚stilə sæj]
imitar (vt)	å imitere	[ɔ imi'terə]
implorar (vt)	å bønnefalle	[ɔ 'bœnə‚falə]

importar (vt)	å importere	[ɔ impɔ:'tɛrə]
indicar (orientar)	å peke	[ɔ 'pekə]
indignar-se (vr)	å bli indignert	[ɔ 'bli indi'gnɛ:t]

infetar, contagiar (vt)	å smitte	[ɔ 'smitə]
influenciar (vt)	å påvirke	[ɔ 'pɔ,virkə]
informar (fazer saber)	å meddele	[ɔ 'mɛd,delə]
informar (vt)	å informere	[ɔ infɔr'merə]

informar-se (~ sobre)	å få vite	[ɔ 'fɔ 'vitə]
inscrever (na lista)	å skrive inn	[ɔ 'skrivə in]
inserir (vt)	å sette inn	[ɔ 'sɛtə in]
insinuar (vt)	å insinuere	[ɔ insinu'erə]

insistir (vi)	å insistere	[ɔ insi'sterə]
inspirar (vt)	å inspirere	[ɔ inspi'rerə]
instruir (vt)	å instruere	[ɔ instru'erə]
insultar (vt)	å fornærme	[ɔ fɔ:'ŋærmə]

interessar (vt)	å interessere	[ɔ intərə'serə]
interessar-se (vr)	å interessere seg	[ɔ intərə'serə sæj]
intervir (vi)	å intervenere	[ɔ interve'nerə]
invejar (vt)	å misunne	[ɔ 'mis,unə]

inventar (vt)	å oppfinne	[ɔ 'ɔp,finə]
ir (a pé)	å gå	[ɔ 'gɔ]
ir (de carro, etc.)	å kjøre	[ɔ 'çœ:rə]
ir nadar	å bade	[ɔ 'badə]

ir para a cama	å gå til sengs	[ɔ 'gɔ til 'sɛŋs]
irritar (vt)	å irritere	[ɔ iri'terə]
irritar-se (vr)	å bli irritert	[ɔ 'bli iri'tɛ:t]
isolar (vt)	å isolere	[ɔ isu'lerə]

jantar (vi)	å spise middag	[ɔ 'spisə 'mi,da]
jogar, atirar (vt)	å kaste	[ɔ 'kastə]
juntar, unir (vt)	å forene	[ɔ fɔ'renə]
juntar-se a ...	å tilslutte seg ...	[ɔ 'til,slutə sæj ...]

255. Verbos L-P

lançar (novo projeto)	å starte	[ɔ 'sta:tə]
lavar (vt)	å vaske	[ɔ 'vaskə]
lavar a roupa	å vaske	[ɔ 'vaskə]
lavar-se (vr)	å vaske seg	[ɔ 'vaskə sæj]

lembrar (vt)	å huske	[ɔ 'huskə]
ler (vt)	å lese	[ɔ 'lesə]
levantar-se (vr)	å stå opp	[ɔ 'stɔ: ɔp]
levar (ex. leva isso daqui)	å fjerne	[ɔ 'fjæ:ŋə]

libertar (cidade, etc.)	å befri	[ɔ be'fri]
ligar (o radio, etc.)	å slå på	[ɔ 'şlɔ pɔ]
limitar (vt)	å begrense	[ɔ be'grɛnsə]

| limpar (eliminar sujeira) | å rense | [ɔ 'rɛnsə] |
| limpar (vt) | å rengjøre | [ɔ rɛn'jørə] |

lisonjear (vt)	å smigre	[ɔ 'smigrə]
livrar-se de ...	å bli kvitt ...	[ɔ 'bli 'kvitt ...]
lutar (combater)	å kjempe	[ɔ 'çɛmpə]
lutar (desp.)	å bryte	[ɔ 'brytə]
marcar (com lápis, etc.)	å markere	[ɔ mar'kerə]

matar (vt)	å døde, å myrde	[ɔ 'dødə], [ɔ 'mʏːdə]
memorizar (vt)	å memorere	[ɔ memʊ'rerə]
mencionar (vt)	å omtale, å nevne	[ɔ 'ɔmˌtalə], [ɔ 'nɛvnə]
mentir (vi)	å lyve	[ɔ 'lyvə]

merecer (vt)	å fortjene	[ɔ fɔ'tjenə]
mergulhar (vi)	å dykke	[ɔ 'dʏkə]
misturar (combinar)	å blande	[ɔ 'blanə]
morar (vt)	å bo	[ɔ 'bʊ]

mostrar (vt)	å vise	[ɔ 'visə]
mover (arredar)	å flytte	[ɔ 'flʏtə]
mudar (modificar)	å endre	[ɔ 'ɛndrə]
multiplicar (vt)	å multiplisere	[ɔ mʉltipli'serə]

nadar (vi)	å svømme	[ɔ 'svœmə]
negar (vt)	å fornekte	[ɔ fɔːˈnɛktə]
negociar (vi)	å forhandle	[ɔ fɔr'handlə]
nomear (função)	å utnevne	[ɔ 'ʉtˌnɛvnə]

obedecer (vt)	å underordne seg	[ɔ 'ʉnerˌɔrdnə sæj]
objetar (vt)	å innvende	[ɔ 'inˌvɛnə]
observar (vt)	å observere	[ɔ ɔbsɛr'verə]
ofender (vt)	å fornærme	[ɔ fɔːˈnærmə]

olhar (vt)	å se	[ɔ 'se]
omitir (vt)	å utelate	[ɔ 'ʉtəˌlatə]
ordenar (mil.)	å beordre	[ɔ be'ɔrdrə]
organizar (evento, etc.)	å arrangere	[ɔ araŋ'ʂerə]

ousar (vt)	å våge	[ɔ 'voːgə]
ouvir (vt)	å høre	[ɔ 'hørə]
pagar (vt)	å betale	[ɔ be'talə]
parar (para descansar)	å stoppe	[ɔ 'stɔpə]
parecer-se (vr)	å ligne, å likne	[ɔ 'linə], [ɔ 'liknə]

participar (vi)	å delta	[ɔ 'dɛlta]
partir (~ para o estrangeiro)	å afrejse	[ɔ 'afˌræjsə]
passar (vt)	å passere	[ɔ pa'serə]
passar a ferro	å stryke	[ɔ 'strykə]

pecar (vi)	å synde	[ɔ 'sʏnə]
pedir (comida)	å bestille	[ɔ be'stilə]
pedir (um favor, etc.)	å be	[ɔ 'be]
pegar (tomar com a mão)	å fange	[ɔ 'faŋə]
pegar (tomar)	å ta	[ɔ 'ta]
pendurar (cortinas, etc.)	å henge	[ɔ 'hɛŋə]

penetrar (vt)	à trenge inn	[ɔ 'trɛŋə in]
pensar (vt)	à tenke	[ɔ 'tɛnkə]
pentear-se (vr)	à kamme	[ɔ 'kamə]

perceber (ver)	à bemerke	[ɔ be'mærkə]
perder (o guarda-chuva, etc.)	à miste	[ɔ 'mistə]
perdoar (vt)	à tilgi	[ɔ 'til,ji]
permitir (vt)	à tillate	[ɔ 'ti,latə]

pertencer a ...	à tilhøre ...	[ɔ 'til,hørə ...]
perturbar (vt)	à forstyrre	[ɔ fɔ'ʂtʏrə]
pesar (ter o peso)	à veie	[ɔ 'væjə]
pescar (vt)	à fiske	[ɔ 'fiskə]

planear (vt)	à planlegge	[ɔ 'plan,legə]
poder (vi)	à kunne	[ɔ 'kʉnə]
pôr (posicionar)	à plassere	[ɔ pla'serə]
possuir (vt)	à besidde, à eie	[ɔ bɛ'sidə], [ɔ 'æjə]

predominar (vi, vt)	à dominere	[ɔ dʉmi'nerə]
preferir (vt)	à foretrekke	[ɔ 'fɔrə,trɛkə]
preocupar (vt)	à bekymre, à uroe	[ɔ be'çʏmrə], [ɔ 'ʉ:rʉə]
preocupar-se (vr)	à bekymre seg	[ɔ be'çʏmrə sæj]
preocupar-se (vr)	à uroe seg	[ɔ 'ʉ:rʉə sæj]

preparar (vt)	à forberede	[ɔ 'fɔrbə,redə]
preservar (ex. ~ a paz)	à bevare	[ɔ be'varə]
prever (vt)	à forutse	[ɔ 'fɔrʉt,sə]
privar (vt)	à berøve	[ɔ be'røvə]

proibir (vt)	à forby	[ɔ fɔr'by]
projetar, criar (vt)	à prosjektere	[ɔ prʉsɛk'terə]
prometer (vt)	à love	[ɔ 'lɔvə]
pronunciar (vt)	à uttale	[ɔ 'ʉt,talə]

propor (vt)	à foreslå	[ɔ 'fɔrə,ʂlɔ]
proteger (a natureza)	à beskytte	[ɔ be'ʂytə]
protestar (vi)	à protestere	[ɔ prʉte'sterə]
provar (~ a teoria, etc.)	à bevise	[ɔ be'visə]

provocar (vt)	à provosere	[ɔ prʉvʉ'serə]
publicitar (vt)	à reklamere	[ɔ rɛkla'merə]
punir, castigar (vt)	à straffe	[ɔ 'strafə]
puxar (vt)	à trekke	[ɔ 'trɛkə]

256. Verbos Q-Z

quebrar (vt)	à bryte	[ɔ 'brytə]
queimar (vt)	à brenne	[ɔ 'brɛnə]
queixar-se (vr)	à klage	[ɔ 'klagə]
querer (desejar)	à ville	[ɔ 'vilə]

| rachar-se (vr) | à sprekke | [ɔ 'sprɛkə] |
| realizar (vt) | à realisere | [ɔ reali'serə] |

| recomendar (vt) | å anbefale | [ɔ 'anbeˌfalə] |
| reconhecer (identificar) | å gjenkjenne | [ɔ 'jenˌçɛnə] |

reconhecer (o erro)	å erkjenne	[ɔ ær'çɛnə]
recordar, lembrar (vt)	å huske	[ɔ 'huskə]
recuperar-se (vr)	å bli frisk	[ɔ 'bli 'frisk]
recusar (vt)	å avslå	[ɔ 'afˌslɔ]

reduzir (vt)	å minske	[ɔ 'minskə]
refazer (vt)	å gjøre om	[ɔ 'jørə ɔm]
reforçar (vt)	å styrke	[ɔ 'styrkə]
refrear (vt)	å avholde	[ɔ 'avˌhɔlə]

regar (plantas)	å vanne	[ɔ 'vanə]
remover (~ uma mancha)	å fjerne	[ɔ 'fjæːŋə]
reparar (vt)	å reparere	[ɔ repɑ'rerə]
repetir (dizer outra vez)	å gjenta	[ɔ 'jɛntɑ]

reportar (vt)	å rapportere	[ɔ rapɔ:'ʈerə]
repreender (vt)	å skjelle	[ɔ 'ʂɛːlə]
reservar (~ um quarto)	å reservere	[ɔ resɛr'verə]
resolver (o conflito)	å løse	[ɔ 'løsə]
resolver (um problema)	å løse	[ɔ 'løsə]

respirar (vi)	å ånde	[ɔ 'ɔŋdə]
responder (vt)	å svare	[ɔ 'svɑrə]
rezar, orar (vi)	å be	[ɔ 'be]
rir (vi)	å le, å skratte	[ɔ 'le], [ɔ 'skrɑtə]

romper-se (corda, etc.)	å gå i stykker	[ɔ 'gɔ i 'stykər]
roubar (vt)	å stjele	[ɔ 'stjelə]
saber (vt)	å vite	[ɔ 'vitə]
sair (~ de casa)	å gå ut	[ɔ 'gɔ ʉt]

sair (livro)	å komme ut	[ɔ 'kɔmə ʉt]
salvar (vt)	å redde	[ɔ 'rɛdə]
satisfazer (vt)	å tilfredsstille	[ɔ 'tilfrɛdsˌstilə]
saudar (vt)	å hilse	[ɔ 'hilsə]
secar (vt)	å tørke	[ɔ 'tœrkə]

seguir ...	å følge etter ...	[ɔ 'følə 'ɛtər ...]
selecionar (vt)	å velge ut	[ɔ 'vɛlgə ʉt]
semear (vt)	å så	[ɔ 'sɔ]
sentar-se (vr)	å sette seg	[ɔ 'sɛtə sæj]

sentenciar (vt)	å dømme	[ɔ 'dœmə]
sentir (~ perigo)	å kjenne	[ɔ 'çɛnə]
ser diferente	å skille seg fra ...	[ɔ 'ʂilə sæj fra ...]

ser indispensável	å være nødvendig	[ɔ 'værə 'nødˌvɛndi]
ser necessário	å være behøv	[ɔ 'værə bə'høv]
ser preservado	å bevares	[ɔ be'vɑres]
ser, estar	å være	[ɔ 'værə]

| servir (restaurant, etc.) | å betjene | [ɔ be'tjenə] |
| servir (roupa) | å passe | [ɔ 'pɑsə] |

significar (palavra, etc.)	å bety	[ɔ 'bety]
significar (vt)	å bety	[ɔ 'bety]
simplificar (vt)	å forenkle	[ɔ fɔ'rɛnklə]
sobrestimar (vt)	å overvurdere	[ɔ 'ɔvərvʉːˌderə]
sofrer (vt)	å lide	[ɔ 'lidə]
sonhar (vi)	å drømme	[ɔ 'drœmə]
sonhar (vt)	å drømme	[ɔ 'drœmə]
soprar (vi)	å blåse	[ɔ 'bloːsə]
sorrir (vi)	å smile	[ɔ 'smilə]
subestimar (vt)	å undervurdere	[ɔ 'ʉnərvʉːˌderə]
sublinhar (vt)	å understreke	[ɔ 'ʉnəˌstrekə]
sujar-se (vr)	å skitne seg til	[ɔ 'ʂitnə sæj til]
supor (vt)	å anta, å formode	[ɔ 'ɑnˌta], [ɔ fɔr'mʉdə]
suportar (as dores)	å tåle	[ɔ 'toːlə]
surpreender (vt)	å forundre	[ɔ fɔ'rʉndrə]
surpreender-se (vr)	å bli forundret	[ɔ 'bli fɔ'rʉndrət]
suspeitar (vt)	å mistenke	[ɔ 'misˌtɛnkə]
suspirar (vi)	å sukke	[ɔ 'sʉkə]
tentar (vt)	å prøve	[ɔ 'prøvə]
ter (vt)	å ha	[ɔ 'ha]
ter medo	å frykte	[ɔ 'fryktə]
terminar (vt)	å slutte	[ɔ 'ʂlʉtə]
tirar (vt)	å ta ned	[ɔ 'ta ne]
tirar cópias	å kopiere	[ɔ kʉ'pjerə]
tirar uma conclusão	å konkludere	[ɔ kʉnklʉ'derə]
tocar (com as mãos)	å røre	[ɔ 'rørə]
tomar emprestado	å låne	[ɔ 'loːnə]
tomar nota	å skrive ned	[ɔ 'skrivə ne]
tomar o pequeno-almoço	å spise frokost	[ɔ 'spisə ˌfrukɔst]
tornar-se (ex. ~ conhecido)	å bli	[ɔ 'bli]
trabalhar (vi)	å arbeide	[ɔ 'arˌbæjdə]
traduzir (vt)	å oversette	[ɔ 'ɔvəˌʂɛtə]
transformar (vt)	å transformere	[ɔ transfɔr'merə]
tratar (a doença)	å behandle	[ɔ be'handlə]
trazer (vt)	å bringe	[ɔ 'briɲə]
treinar (pessoa)	å trene	[ɔ 'trenə]
treinar-se (vr)	å trene	[ɔ 'trenə]
tremer (de frio)	å skjelve	[ɔ 'ʂɛlvə]
trocar (vt)	å utveksle	[ɔ 'ʉtˌvɛkslə]
trocar, mudar (vt)	å veksle	[ɔ 'vɛkslə]
usar (uma palavra, etc.)	å anvende	[ɔ 'anˌvɛnə]
utilizar (vt)	å anvende	[ɔ 'anˌvɛnə]
vacinar (vt)	å vaksinere	[ɔ vaksi'nerə]
vender (vt)	å selge	[ɔ 'sɛlə]
verter (encher)	å helle opp	[ɔ 'hɛlə ɔp]
vingar (vt)	å hevne	[ɔ 'hɛvnə]

| virar (ex. ~ à direita) | å svinge | [ɔ 'sviŋə] |
| virar (pedra, etc.) | å vende | [ɔ 'vɛnə] |

virar as costas	å vende seg bort	[ɔ 'vɛnə sæj bu:t]
viver (vi)	å leve	[ɔ 'levə]
voar (vi)	å fly	[ɔ 'fly]
voltar (vi)	å komme tilbake	[ɔ 'kɔmə til'bɑkə]

votar (vi)	å stemme	[ɔ 'stɛmə]
zangar (vt)	å gjøre sint	[ɔ 'jørə ˌsint]
zangar-se com ...	å være vred på ...	[ɔ 'værə vred pɔ ...]
zombar (vt)	å håne	[ɔ 'ho:nə]

www.ingramcontent.com/pod-product-compliance
Lightning Source LLC
Chambersburg PA
CBHW071328090426
42738CB00012B/2826